Clauß Peter Sajak (Hrsg.)
unter Mitarbeit von Ann-Kathrin Muth und Angelika Pantel

Trialogisch lernen

Bausteine für interkulturelle und
interreligiöse Projektarbeit

HERBERT QUANDT-STIFTUNG

Klett | Kallmeyer

Teil B: „Schulen im Trialog" – Entwicklungen und Ergebnisse des Schulenwettbewerbs

1. Informationen zum Wettbewerb

2. Schulporträts

3. Erfahrungsberichte aus dem Schulenwettbewerb

4. Bausteine für die schulische Projektarbeit

Quellenverzeichnis

Verzeichnis der Autorinnen und Autoren

Vorwort

Trialogisches Lernen ist die Bezeichnung für ein Konzept interreligiösen und interkulturellen Lernens, bei dem Judentum, Christentum und Islam in ein konstruktives Gespräch gebracht werden sollen, das auf Verstehen, Respekt und Wertschätzung zielt. Gerade die religionsgeschichtliche Verwandtschaft der drei Offenbarungsreligionen in der Vatergestalt des Patriarchen Abraham und die religionstheologische Kongruenz im monotheistischen Glauben an den einen Gott bieten die Chance, Juden, Christen und Muslime zum höchstnotwendigen Großprojekt einer Zivilisierung von Religion samt ihres Konflikt- und Gewaltpotenzials in unserer Gesellschaft zusammenzuführen. Zielt interreligiöses Lernen im Allgemeinen darauf, die bewusste Wahrnehmung, die angemessene Begegnung und die differenzierte Auseinandersetzung mit Zeugnissen und Zeugen anderer Religionen einzuüben, so gilt dies umso mehr für die „Menschen der Schrift" (Koran 3:199), also für Juden, Christen und Muslime, die so viele Gemeinsamkeiten in Glaube, Ethos, Kult und Kultur kennen. Gerade mit Blick auf die gesellschaftsprägende Kraft der drei abrahamischen Religionen ist deshalb zu fragen, wieweit wir unsere heutige europäische Kultur überhaupt angemessen verstehen, würdigen und fortschreiben können, ohne uns das gemeinsame Erbe der drei abrahamischen Religionen bewusst zu machen. In Judentum, Christentum und Islam wurzelt die europäische Identität.

Die Herbert Quandt-Stiftung, Bad Homburg v. d. H., hat deshalb im Jahre 1996 den *Trialog der Kulturen* ins Leben gerufen, in dessen Rahmen sie jährlich Persönlichkeiten aus Judentum, Christentum und Islam, die dem Gedanken des Trialogs in besonderer Weise verbunden sind, versammelt und ins Gespräch bringt. Inzwischen sind in diesem Rahmen eine Vielzahl konkreter Projekte entstanden, so auch der Schulenwettbewerb *Schulen im Trialog – Europäische Identität und kultureller Pluralismus*, den die Herbert Quandt-Stiftung im Schuljahr 2005/06 zum ersten Mal ausschrieb. Der konkrete Anlass für den Schulenwettbewerb war eine ernüchternde empirische Studie aus dem Jahr 2003. Zwei Jahre lang hatte eine Gruppe von Theologen und Religionswissenschaftlern der University of Birmingham die Curricula und die schulische Praxis in Europa mit dem Fokus auf das Thema Religion untersucht. Das Ergebnis war besorgniserregend: Die europäischen Curricula waren voll von Stereotypen und Vorurteilen über die drei abrahamischen Religionen und ihre Kulturtraditionen. Als Reaktion auf diese Studie entschloss sich die Stiftung, Lehrer wie Schüler[1] zu Projekten anzuregen, die zur „Wissensvermittlung über das gemeinsame Erbe […] der drei Kulturkreise Judentum, Christentum und Islam" (Ausschreibungstext) beitragen sollten. Mit Erfolg: Inzwischen durchläuft der Schulenwettbewerb im Schuljahr 2009/10 seine fünfte Runde, diesmal unter dem Motto „*Aufwachsen–Er*wachsen. Kindheit und Jugend in Judentum, Christentum und Islam heute".

---

[1] Die in dieser Publikation verwendeten generischen Maskulina werden in nicht-exklusiver Form verstanden. Natürlich sind auch immer Lehrerinnen und Lehrer, Schülerinnen und Schüler usw. gemeint.

Schon bei der Sichtung und Diskussion der beeindruckenden Beiträge zu den ersten beiden Runden entstand in der Jury die Idee, die besonders gelungenen Schulprojekte in irgendeiner Form zu sammeln, auszuwerten und einer größeren Öffentlichkeit zugänglich zu machen. Im Laufe der dritten Wettbewerbsrunde 2007/08 entschied die Herbert Quandt-Stiftung schließlich, eine Dokumentation des Schulenwettbewerbs im Format eines Methodenhandbuchs für das interreligiöse und interkulturelle Lernen erstellen zu lassen. Das Ergebnis ist die vorliegende Publikation.

Der Band gliedert sich in einen eher theoretisch-diskursiven Teil zur Idee des trialogischen Lernens und einen eher praktisch-methodischen Teil, in dem die konkreten Ergebnisse des Schulenwettbewerbs vorgestellt werden.

Beiden Teilen vorangestellt sind zwei einführende Beiträge: Zum einen skizziert Stiftungsvorstand *Albrecht Graf von Kalnein* die Idee und die Geschichte des Schulenwettbewerbs, zum anderen schildert *Barbara John*, langjährige Ausländerbeauftragte des Berliner Senats, wie wichtig die Beiträge der Wettbewerbsschulen für die gesellschaftliche Teilhabe der Kinder und Jugendlichen mit unterschiedlichstem ethischen und religiösen Hintergrund sein können.

Der Theorieteil versucht das Thema *Trialogisch lernen – Neue Perspektiven für das Miteinander der Religionen in der Schule* aus den Perspektiven unterschiedlicher wissenschaftlicher Disziplinen zu entfalten und zu reflektieren. Nach einer Einführung des Tübinger Judaisten *Stefan Schreiner* zum Begriff des Trialogs und des trialogischen Lernens, stellt *Wolfram Weiße*, Direktor des interdisziplinären Zentrums „Weltreligionen im Dialog" an der Universität Hamburg, den Schulenwettbewerb in den Kontext der aktuellen Debatte um das interreligiöse Lernen in der Schule. Dass trialogisches Lernen aber immer auch interkulturelles Lernen bedeutet, zeigt im Anschluss daran die Frankfurter Religionswissenschaftlerin *Bärbel Beinhauer-Köhler*. Schließlich sollen auch die verschiedenen religionstheologischen Perspektiven auf das Anliegen des Trialog-Wettbewerbs zur Geltung kommen: So zeigt die Frankfurter Schulleiterin *Alexa Brum* die Bedeutung des Schulenwettbewerbs aus jüdischer Perspektive auf, während *Clauß Peter Sajak*, Münster, das trialogische Lernen im Diskurs der christlichen Religionspädagogik verortet. Die muslimische Perspektive entfaltet *Rabeya Müller*, Leiterin des Instituts für Interreligiöse Pädagogik und Didaktik in Köln.

Der Praxisteil steht unter der Überschrift *„Schulen im Trialog" – Entwicklungen und Ergebnisse des Schulenwettbewerbs*. Nachdem *Roland Löffler*, Bad Homburg, und *Angelika Pantel*, Berlin, als Mitarbeiter der Herbert Quandt-Stiftung die historischen wie politischen Zusammenhänge des Wettbewerbs referiert haben, folgt der dokumentarische Teil dieser Publikation, in dem alle Wettbewerbsschulen der ersten drei Runden (2005–2008) vorgestellt und die Mitglieder der Wettbewerbsjury porträtiert werden. Aus den Schulen selbst berichten in diesem Teil *Karina Lajchter*, Bremen, *Annette Nawroth*, Berlin, *Silvia Agde-Becke* und *Jürgen Stein*, beide Bad Vilbel, sodass auch die Erfahrungen von engagierten Lehrern mit ihren konkreten Projekten einen angemessenen Ausdruck finden.

Den größten Teil des Buches aber bildet ein Methodencurriculum für das trialogische Lernen, das *Ann-Kathrin Muth*, Münster, für diese Publikation aus den besten Wettbewerbsbeiträgen der Schule zusammengetragen, ausgestaltet und weiterentwickelt hat. Basierend auf Best-Practice-Beispielen aus den verschiedenen Wettbewerbsrunden findet sich hier eine Vielzahl von Anregungen, Vorschlägen und Hinweisen für die konkrete Gestaltung von interreligiösen und interkulturellen Lernprojekten an der eigenen Schule. Wir hoffen, dass gerade dieser Teil zur Nachahmung anregt und Lust macht, sich auf das Leben und Lernen im Trialog einzulassen. Allen Autoren sei an dieser Stelle für ihre hilfreichen Beiträge herzlich Dank gesagt. Auch zur Inspiration und Anregung soll die DVD dienen, die dem Buch beigelegt ist. Auf dieser sind verschiedenste Stimmen aus Schulen und Jury sowie beeindruckende Bilder von den Wettbewerbsbeiträgen zu einer Filmdokumentation zusammengestellt.

Die Herbert Quandt-Stiftung Bad Homburg v.d.H. hat meinen Lehrstuhl im Mai 2008 mit der Auswertung und Publikation des Schulenwettbewerbs beauftragt und dieses Projekt durch entsprechende finanzielle Mittel großzügig unterstützt. Ich danke dem Stiftungsvorstand Dr. Albrecht Graf von Kalnein für sein Zutrauen und Vertrauen in unsere Arbeit hier in Münster, Dr. Roland Löffler und Angelika Pantel für die engagierte und vertrauensvolle Zusammenarbeit im Redaktionsteam des Projekts. Frau Dr. Sibylle Tochtermann, Leiterin des Kallmeyer Fachbuchverlags, sei Dank gesagt für die hochkompetente und unkomplizierte Verlagsbetreuung.

An meinem Lehrstuhl hat ein ganzer Reigen guter Geister an diesem Buchprojekt mitgearbeitet. Friederike Frücht, Ruth Kampen und Katharina Mendelin haben die aufwendigen Geschäfte der Bildbearbeitung, Rechteklärung und Korrektur übernommen, Stefan Bork hat über Monate die gesamte Textverarbeitung und Gestaltung des Manuskripts in gewohnt souveräner Weise betreut. Den größten Dank aber schulde ich meiner Wissenschaftlichen Mitarbeiterin Ann-Kathrin Muth, die dieses Projekt vom ersten Tag an mit begleitet und mitgestaltet hat: Sie ist in den „Trialog der Schulen" als studentische Mitarbeiterin eingestiegen und hat seine Dokumentation – vor allem den umfangreichen Methodenteil – als Wissenschaftliche Mitarbeiterin und Doktorandin unter großem Arbeitsaufwand konsequent zum Abschluss gebracht. Ohne sie hätte das Buch in dieser Form nicht erscheinen können.

Münster, am 29. Juni 2009
am Hochfest der Apostel Petrus und Paulus   Clauß Peter Sajak

Zum Geleit

Albrecht Graf von Kalnein

Der Wettbewerb „Schulen im Trialog" und sein Beitrag zu europäischer Identität und kulturellem Pluralismus

I. Aufbruch und Beharrung, Willkommen und Widerstand – Der Wettbewerb *Schulen im Trialog – Europäische Identität und kultureller Pluralismus* der Herbert Quandt-Stiftung verdeutlicht eine Zeitenschwelle, einen Übergang zwischen zwei Zeiträumen. Auf der einen Seite die Kinder einer zunehmend heterogenen Gesellschaft der Postmoderne im Zeichen von Mobilität, Zuwanderung und kulturellem Pluralismus – Boten des 21. Jahrhunderts; auf der anderen Seite das Schulwesen, das mit seinen hoheitlichen Regelungen und dem kulturellen Kanon Institutionen und Werte des einstigen „Nationalstaats" spiegelt – Erbe des 19. Jahrhunderts. In den Schulen begegnen einander die Beharrlichkeit vorgegebener Strukturen und Muster mit der Beweglichkeit sich ändernder Lebensformen und Glaubenswelten. Dem Glauben im Sinne gefühlter Bindungen an Tradition und Herkunft kommt dabei besondere Bedeutung zu; gerade in einer Zeit der Mobilität und weltweiten Verflechtung gewinnt die Rückbindung an die Herkunft, gewinnt Religion an Stellenwert.

In solchem Spannungsfeld auf sich allein gestellt würde so manche Schule scheitern, abgleiten in seelenlose Routine und kritiklose Umsetzung vorgegebener Lehrplanziele. Der Wettbewerb *Schulen im Trialog* für Hessen und Berlin trat 2005 an, hier Denkanstöße und Förderimpulse zu vermitteln. Die Ziele waren hochgesteckt: Zum einen galt es, eine ambitionierte Grundüberzeugung zu verdeutlichen, die „europäische Identität" und „kulturellen Pluralismus" widerspiegelt. Die Stiftung bekannte sich damit zugleich zur Europäischen Union im Sinne einer überstaatlichen Wertegemeinschaft und zur Moderne im Sinne einer durch Kultur vermittelten Vielfalt. Mit dem Förderinstrument „Wettbewerb" setzte sie, zum anderen, sowohl auf Leistungsbereitschaft wie auf reale Handlungsspielräume von Schule, trotz deren oft beklagter Gängelung, der klammen Kassen in der Schulverwaltung und manch prekärer Familiensituation.

Ob diese Ziele zu hoch gesteckt waren, inwieweit sie erreicht wurden, welche generelle Empfehlungen sich ableiten lassen – dies zu klären kann weder Sache eines engagierten Laienautors noch des Urhebers eben dieses Wettbewerbs sein. Solche Erkundungen obliegen den Fachleuten und Experten, die im vorliegenden Buch unter Herausgeberschaft Clauß Peter Sajaks versammelt werden konnten. Ich will im Folgenden lediglich die Beweggründe in Bad Homburg zur Einrichtung dieses ausgreifenden Wettbewerbs darlegen. Vielleicht lässt sich daran auch ein wenig von dem zunehmenden Gestaltungsanspruch von Stiftungen für Gemeinwesen und Stadtgesellschaft ablesen.

II. Der Wettbewerb steht im Zeichen des 1996 eingerichteten *Trialogs der Kulturen* der Herbert Quandt-Stiftung und verkörpert dessen dritte Phase. Als eine der ersten Einrichtungen in Deutschland griffen wir, zunächst in diskursiver Form, die Frage nach den gesellschaftlichen Auswirkungen kultureller Differenzen auf, die mit dem Begriff von „Clash of Civilisations" (Samuel Huntington) wenige Jahre zuvor undifferenziert, doch suggestiv für die angloamerikanische Welt thematisiert worden waren. Wir folgten damit einer Anregung George Lord Weidenfelds, London, des langjährigen Mitglieds unseres Stiftungsrates. Die Stiftung richtete ein „Standing Committee" ehrwürdiger Entscheidungsträger aus den drei Kulturkreisen ein, das sich, unter Federführung Thomas Gaulys, mehrfach am Taunus wie auswärts traf, um übergreifende Aspekte kultureller Spannungen so kundig wie diskret zu diskutieren und einzuordnen. Vorrangiges Ergebnis hiervon war das *Homburger Manifest* vom Herbst 1998, welches auf zwei Zielgruppen für gesellschaftliches Handeln verwies – auf die Medien bzw. Nachwuchsjournalisten sowie auf Schulwesen und Curricula.

Damit war es möglich, sich konkreten Fragestellungen dieses so sensiblen wie vielfältigen Themenkomplexes mit Rat und Tat zuzuwenden. Mitte 1999 nahm die Stiftung sich die Frage vor: Was sagen Schulbücher und Curricula großer europäischer Staaten über die aus Sicht der Mehrheitsgesellschaften anderen Religionen und Kulturkreise aus? Auf Initiative Wolfgang R. Assmanns beauftragte die Stiftung das Religionswissenschaftliche Seminar der University of Birmingham (Joergen Nielsen, Markus Vinzent) mit einer Erhebung und Auswertung der Lehrpläne zu Geschichte, Religion sowie Sprache und Literatur in den Staaten Griechenland, Italien, Spanien, Frankreich, Großbritannien, Schweden, Finnland und Deutschland. Die von Lisa Kaul-Seidman zusammengetragenen Ergebnisse wurden im Juni 2003 dem Bundespräsidenten Rau in Form des Bandes *Europäische Identität und kultureller Pluralismus: Judentum, Christentum und Islam in europäischen Lehrplänen* übergeben. Die Ergebnisse erwiesen sich als erstaunlich durchgängig: Einförmiges Verständnis von Bevölkerung und Kultur, Ausblendung von gelebter Vielfalt, „postchristliches Weltbild. Gelebtes Christentum bleibt weitgehend außen vor" (M. Vinzent; vgl. hierzu den Beitrag von Roland Löffler S. 74 ff.).

Immerhin: So wenig reflektiert die Curricula auch waren, fanden sich in den ca. 160 untersuchten Schulen zahlreiche Beispiele guter Praxis. Gerade die Schulen in Ländern, die sich nicht zu getreu an die Curricula hielten, wie etwa in Italien, wiesen Beispiele auf, wie sich die Heterogenität in Lebenswelt und Klassenzimmer angemessen behandeln ließ.

III. Dies bot den Ausgangspunkt für die dritte Entwicklungsstufe. Denn forderte dieser Befund nicht dazu heraus, Best-Practice-Fälle zu suchen und zu fördern, in denen mit kultureller Vielfalt und neuer Glaubenssuche unter Jugendlichen beispielhaft umgegangen wurde? Die Stiftung entschloss sich im Frühsommer 2005 anstelle einer Tournee mit den Ergebnissen jener Studie, deren Gehalt in pragmatischer Form und mit exemplarischem Anspruch zu prüfen und zu propagieren. Das Instrumentarium dazu war mit Blick auf sachdienliche Erfahrungen anderer Stiftungen rasch zusammengestellt – Arbeitskraft im Hause, ein verbindlicher Kriterienkatalog, eine externe Jury aus Fachleuten, flankierende Absprachen mit dem Kultusministerium. Schwerpunkt solchen Anstiftens sollte unser Sitzland Hessen sein, im Sinne des überregionalen Anspruchs später erweitert um einen anderen Typus an (Bundes-) Land, um Berlin.

Von entscheidender Bedeutung waren der Kriterienkatalog sowie die Expertenjury. Legte jener für alle Beteiligten in transparenter Form fest, wonach die Leistungen der teilnehmenden Schulen bewertet würden, so half diese zu hilfreicher „Gewaltenteilung" zwischen Entscheidern (der Jury) und Initiatoren oder Betreibern (Stiftung). Die Mitglieder der Jury beschreiben einen Spannungsbogen zwischen Wissenschaft und Schulalltag, Elternvertretern und Schülergeneration, Religionsgemeinschaften und Kultusministerien – Stefan Schreiner, Wolfram Weiße, Alexa Brum, Nihat Sorgeç, Sibylle Goldacker, Ahmed Qubad, Rabeya Müller, Jörn Dulige, Clauß Peter Sajak, Barbara John, Bärbel Beinhauer-Köhler und Michael Elfner.

Der Kriterienkatalog versucht, verbindliche Anhaltspunkte für die Qualität der Umsetzung zu fixieren bei einem hohen Maß an Gestaltungsraum der Inhalte für die Schulen. Er stützte sich auf Erfahrungen, die ich in früherem Amt für die ZEIT-Stiftung erwerben konnte – im Rahmen des LERN-WERK Hamburg, für Hauptschüler unter Vorsitz von Loki Schmidt und Reiner Lehberger. Die Kriterien fragen, unter anderem, nach der Verzahnung zwischen Projektgruppe und dem gesamten Lehrerkollegium, nach Art und Grad des Einbezugs der Elternschaft, nach der Bestandskraft oder -fähigkeit des jeweiligen Trialog-Projektes inklusive der Wechselwirkung mit den ansässigen Glaubensgemeinschaften; sie prüfen die Steuerungskraft der einzelnen Wettbewerbsschule und die Rückwirkungen auf die strukturelle Ebene der Lehrerfort- sowie Referendarsausbildung.

Thema und Titel des jeweiligen Projektes dagegen werden lediglich auf deren Bezug zum Rahmenthema des einzelnen Wettbewerbsjahres geprüft. Denn gerade hier gilt, was die Herbert Quandt-Stiftung in ihrer Bildungsarbeit generell anstrebt – bei klar markierten, nachvollziehbaren Leistungs- und Qualitätsstandards ein Maximum an Subsidiarität, an Zutrauen, an Unterstützung für die je einzelne Schule.

Land und Leute werden „bunt", vielfältiger und heterogener; da fällt es zunehmend schwer, das Schulwesen mit verordneten Normen und uniformem Vorgehen zu steuern. Schulen müssen die gesellschaftliche Herausforderung annehmen; meistern können sie dies nur, wenn sie beides verbinden lernen und anwenden dürfen, Leistungsbereitschaft und Steuerungskraft. Der Schulenwettbewerb sowie die weiteren Förderprojekte der Stiftung sollen dazu beitragen, die „Schwellenorte" (Hans Jonas) zwischen Gesellschaft und Staat, zwischen beständiger Tradition und beweglicher Zukunft zu stärken zugunsten von Schulalltag, Bildungserfolg(en) und gesellschaftlicher Prosperität.

Barbara John

Der Wettbewerb „Schulen im Trialog" und sein Beitrag zur Integration

„Was unter Integration genau zu verstehen ist? – Bitte, nur nicht an dieser Allerweltsfrage zu lange rühren." Neben den langatmigen soziologischen Konzepten taucht, vorrangig in Politikeräußerungen, oft der Satz „Integration ist keine Einbahnstraße" auf. Was das für alle „Verkehrsteilnehmer" in Sachen Integration nun genau bedeuten soll, das bleibt ungesagt. Es ist auch besser so.

Ich bevorzuge ohnehin das Konzept „Teilhabe". Es ist konkreter als der Integrationsbegriff, denn es zielt auf messbare Ergebnisse. Der Maßstab ist Gleichbehandlung. Vor allem unterstellt der Begriff der Teilhabe nicht automatisch die Vorstellung, Einwanderer stünden zuerst einmal draußen und sollten sich nun in eine bestehende Ordnung, in eine kulturelle Praxis begeben, die in sich abgeschlossen zu sein scheint.

Teilhabe dagegen signalisiert Bewegung, Interaktion, Mitgestalten, sich einbringen, Veränderung. Und genau darum geht es beim Wettbewerb *Schulen im Trialog*. Teilhabe wird erreicht, wenn die soziale und politische Wirklichkeit geprägt ist durch Rechtsgleichheit, durch Vertrauen zwischen Einheimischen und Einwanderern, durch Chancengleichheit und durch Vielfalt. Während rechtliche Gleichheit und Chancengerechtigkeit gesetzlicher Grundlagen bedürfen, brauchen Kategorien wie Vertrauen und Vielfalt neben staatlichen auch zivilgesellschaftliche Akteure. Vor allem brauchen sie Anstöße. Genau das leistet der Schulenwettbewerb, und zwar sehr direkt, sehr nachhaltig und sehr greifbar. Vertrauen und Vielfalt entstehen und wachsen durch Austausch, durch Begegnung, durch Dialog und durch Interaktion. Genau das sind die Grundelemente des Wettbewerbs. Dabei geht es immer um konkrete und praktische Zusammenarbeit zwischen Schülern der großen Buchreligionen. Jeder bringt sich ein mit seinen Ideen, seinen Erfahrungen und auch mit seinen Vorurteilen. Wenn dann das gemeinsame Projekt entstanden ist, sind alle verändert; so zeigen es die Erfahrungen mit dem Wettbewerb. Jeder muss raus aus seiner „Deckung" und sich den kritischen Fragen der Teilnehmer stellen. Dann beginnt der Aushandlungsprozess. Das ist gelebte Demokratie auf einem Feld, das sonst eher als Privatsache betrachtet wird. Und wenn der Wettbewerb abgeschlossen ist, geht es weiter, denn nun gibt es mehr Anknüpfungspunkte untereinander als je zuvor. Mitschüler aus der jeweiligen Religion werden dann oft zum Erklärer, zu Experten in der Sache, sicher manchmal auch zur „Klagemauer".

Im vergangenen Jahr versetzte ein Artikel im Berliner Kurier mit der Überschrift „Schweine-Esser sind Schweine" die Öffentlichkeit in Aufregung. Eingeleitet wurde der Beitrag so: „Auf Schulhöfen und selbst in Kindergärten tobt der Kinder-Kampf der Kulturen – um Kopftücher und Essgewohnheiten. In Neukölln sind die Kinder, die nicht an den Propheten Mohammed glauben, auf dem Rückzug."

Dann wurden einige der kindlichen Kampfparolen zitiert, die an einer Grundschule zu hören waren. Dazu zählte das Wort „Christ", das nach Aussagen der Schulleiterin

13

„ein häufig gebrauchtes Schimpfwort" ist und der Satz: „Wer Schweinefleisch isst, ist ein Schwein."

So weit so schlecht und leicht durchschaubar: Der Zeitung ging es wohl um billige Stimmungsmache gegen Muslime. So verstärken Medien nicht selten Konflikte.

Das wirklich Bedauerliche jedoch war, dass sich die Schule und die Schulverwaltung des Bezirks hilflos zeigten und keine Idee entwickelten, wie sich die Kinder trotz unterschiedlicher Essgewohnheiten wertschätzen können. Stattdessen wurde eine Scheinlösung gewählt: Schweinefleisch wurde kurzerhand vom Kita-Speiseplan gestrichen, denn es gab ja, nach Angaben der Schulverwaltung, nur noch wenige nicht-muslimische Kinder in der Einrichtung. Ergebnis: Vorurteile auf beiden Seiten wurden bestätigt und verfestigt.

Dabei bot gerade dieser Minikonflikt eine ideale Gelegenheit, die Schüler, das Umfeld der Schule mit den vielen gastronomischen Betrieben, die umliegenden Gebetsstätten und die Eltern in ein Projekt einzubeziehen, dass alle Beteiligten über Unterschiede und Gemeinsamkeiten religiös bedingter Ernährungsgewohnheiten staunen und lernen lässt.

Konfliktbearbeitung, wie es unter anderem der Wettbewerb vorsieht, ist oft der Anfang tiefgreifender Annäherung, Konfliktvermeidung ist aber der Weg, sich weiter voneinander zu entfernen.

Teilhabe passiert nicht irgendwo, sie findet vor Ort statt oder gar nicht. Künftige Integrationsprogramme können nur erfolgreich sein, wenn sie direkt auf das Zusammenleben im Kiez einwirken. Sie sprechen sich in der Nachbarschaft herum und beziehen so mehr Personen ein als die unmittelbar am Wettbewerb Beteiligten.

Weil der Wettbewerb ausdrücklich um religiösen Pluralismus wirbt, nicht um Multikulturalismus, schon gar nicht um Assimilierung, hat er die Zeichen der Zeit erkannt. Das Konzept des Multikulturalismus fußt auf der irrigen Vorstellung, dass Eingewanderte, auch die der zweiten Generation, mit ihrer Religion auch ihre Herkunftskultur behalten. Religion und Kultur bilden danach eine Einheit. Erste Befragungen junger Muslime zeigen jedoch ein anderes Bild. Auf die Frage, ob und wie er seinen Glauben praktiziere, was er anders mache als die Eltern, antwortet ein in Deutschland aufgewachsener gläubiger Muslim:

> *„Ich verwende die deutsche Sprache in der Moschee.*
> *Ich bin offener für neue Interpretationen.*
> *Ich fühle mich gläubigen Muslimen, darunter auch deutschstämmigen, mehr verbunden als Muslimen meiner Herkunftsethnie. Glaubensgemeinschaft ist wichtiger als Kulturgemeinschaft.*
> *Muslimisch-orientalische Kleidung ist für mich unwichtig.*
> *Ich lese Übersetzungen des Koran. Die sind mir auch wichtiger als vielen der ersten Generation.*
> *Ich richte mich nach westlichen Gelehrten in vielen Fragen („Wann beginnt der Ramadan? Darf ich Gelatine essen?" usw.).*
> *Ich kann mir eine Ehe auch mit Nicht-Muslimen vorstellen.*
> *Ich bin offener für ‚westliche' Unterhaltungsmedien: Internet, Filme, Musik."*

Es wird deutlich, dass die Glaubenspraxis einhergeht mit einer Entwurzelung aus der Herkunftskultur. Der persönliche Glaube wird wichtiger als die tradierte Lehre und Überlieferung.

In der Öffentlichkeit unübersehbar ist, dass die Art sich zu kleiden, was man isst, welche Musik gehört wird, bereits stark von westlichen Gewohnheiten geprägt ist. Die Eltern, die sich in ihrer religiösen Praxis noch ausschließlich am Auswanderungsland orientierten, haben mehr und mehr als Vorbilder im Glauben ausgedient.

In der politischen und gesellschaftlichen Öffentlichkeit wird diese Form kultureller Entwurzelung bisher kaum wahrgenommen. Anders ist es beim Schulenwettbewerb. Hier besteht die Chance, dass die Beteiligten sowohl als Gläubige wie auch als Deutsche (nicht mehr als Türken oder Araber) anerkannt werden. Das allerdings geschieht noch zu selten, wie ein junger Deutschstämmiger berichtet, der nach seiner Konversion zum Islam gefragt wurde, warum er unbedingt Türke sein wolle.

So fördert der Trialog der Religionen Erkenntnisse, Einsichten und Entwicklungen, die endlich wegführen von der Vorstellung, Religionen und Glaubensvorstellungen seien keinem Wandel unterworfen, schon gar nicht bei Muslimen.

Das Selbstverständnis vieler Religionsgemeinschaften ist dabei, sich unter den Bedingungen der Einwanderung und den notwendigen Anpassungen an moderne demokratische Gesellschaften zu verändern. Damit geht eine kritische Auseinanderset-

Erste Deutsch-Türkische Lehrerakademie der Herbert Quandt-Stiftung im Jahr 2008 in Istanbul

zung mit kulturellen Traditionen einher. Das ist übrigens auch bei Christen und Juden der Fall.

So trägt gerade der Schulenwettbewerb dazu bei, die kulturbezogene Sichtweise auf Glaubensgemeinschaften zu überwinden und ihnen einen anerkannten Platz in einer säkularen Gesellschaft einzuräumen. Mehr Teilhabe geht nicht. Was die Wettbewerbsschulen erarbeiten, das wird schrittweise in die Gesellschaft hineinwachsen.

Teil A

**Trialogisch lernen –
Neue Perspektiven für das
Miteinander der Religionen
in der Schule**

Stefan Schreiner

Trialog der Kulturen
Anmerkungen zu einer wegweisenden Idee

Anderthalb Jahrzehnte ist es bereits her, dass die Herbert Quandt-Stiftung gemeinsam mit dem britischen Verleger Lord Weidenfeld einen *Trialog der Kulturen* zu etablieren begonnen hat (vgl. www.herbert-quandt-stiftung.de). Mit diesem Schritt wollte (und will) sie dem Anfang der 1990er-Jahre von Samuel Huntington entworfenen Szenario eines „Clash of Civilizations" und der in diesem Zusammenhang von ihm heraufbe-schworenen akuten Konfliktgefahr, die seit den Ereignissen des 11. September 2001, des 11. März 2004, des 7. Juli 2005 und ähnlicher für viele Realität geworden zu sein schien, „das Verständigungspotenzial der drei abrahamischen Weltreligionen und Kul-turen – Judentum, Christentum und Islam – entgegensetzen", ein Anliegen, dessen Aktualität und Dringlichkeit seither nur noch gewachsen ist und daher nachhaltige Unterstützung verdient. Seither hat sich die Herbert Quandt-Stiftung bemüht, diesen Trialog in vielfältiger Weise zu praktizieren, sei es durch alljährlich stattfindende Ta-gungen (vgl. *Trialogue of Cultures*, Bd. 7; 9; 11; 12; Herbert Quandt-Stiftung 2008) sei es durch Anregung, Förderung und Begleitung „konkreter Projekte in den Bereichen Bildung und Medien, die der Vertiefung des Wissens über die unterschiedlichen Kul-turen dienen und auf diese Weise einen Beitrag zur Entdämonisierung kultureller Dif-ferenz leisten sollen" (Kaul-Seidman u. a. 2003).

Ob der aus philologischer Perspektive zweifelhafte Begriff des „Trialogs" dabei der richtige und geeignete Begriff zur Bezeichnung der Sache ist, um die es geht, mag hier dahingestellt bleiben. Dies umso mehr, als mit „Trialog" zunächst einmal nicht mehr angezeigt werden soll, als „dass sich der von der Stiftung unterstützte interkul-turelle Dialog auf die drei abrahamischen Religionen und nicht auf beliebig viele Teil-nehmer bezieht". Und in diesem „technisch" zu nennenden Sinne als Bezeichnung eines Gesprächs mit drei Beteiligten hat das Kunstwort „Trialog" durchaus seine Be-rechtigung und Geschichte. Zwar klingt es so, als habe es jemand geprägt, dem es an altsprachlicher Bildung mangelt, und manch einer betrachtet dieses Kunstwort daher als Nonsenswort. Nicht übersehen werden darf dabei freilich, dass es als Bezeich-nung eines Dreiergesprächs indessen nicht erst von des Griechischen unkundigen Zeitgenossen stammt, sondern (s)eine lange Geschichte hat, die von John Wycliff über Nikolaus von Kues, Martin von Leibitz und anderen bis zur zeitgenössischen Musik reicht, wie Marvin David Levys 18-Minuten-Stück *Trialogus I* von 1972 beweist. Wyc-liff hatte mit dem Begriff „Trialogus" eine 1384 verfasste Abhandlung überschrieben, in der er Wahrheit, Lüge und Klugheit miteinander diskutieren lässt; ähnlich taten es Martin von Leibitz in seinem *Trialogus de gratitudine beneficiorum – Ain dreired von der danckperchait umb die götlichen guttat* von 1651, und Nikolaus von Kues in seinem *Trialogus de possest* („Dreiergespräch über das Können-Ist"), in dessen Titel er gleich zwei Kunstworte verwendet, neben dem „trialogus" auch noch das von ihm geschaffene „possest" (zusammengesetzt aus „posse" und „est"), um damit auf die ursprüngliche, in Gott als dem Ursprung aller Dinge bestehende Einheit von Möglichsein und Wirklichsein hinzudeuten und nicht in die aristotelische Aporie zwischen der Unendlichkeit des Möglichen und der Endlichkeit des Wirklichen zu fallen. Kurzum, ein Blick in die Geschichte des Begriffs „Trialog" lässt genügend Beispiele finden, die seine Verwendung zur Bezeichnung eines Gesprächs mit drei Beteiligten nicht nur zu belegen, sondern auch zu rechtfertigen geeignet sind. Zudem trägt der heutige mediale Sprachgebrauch dazu bei, das Wort „Trialog" in diesem Sinne zu popularisieren, so dass seiner weiteren Verwendung formal zumindest nichts im Wege steht.

Eine ganz andere Frage ist, ob der Begriff „Trialog" auch inhaltlich geeignet ist, Idee und Zielsetzung des oben erwähnten Anliegens zu beschreiben; und dies scheint mir durchaus der Fall zu sein. Hinzuweisen ist dazu zuerst und vor allem auf die Analogie zu Martin Bubers Begriff des „Dialogs", denn durch ihn hat der Begriff „Dialog" eine spezifische Prägung erhalten, die auch im Blick auf den Begriff „Trialog" sinnvoll und nutzbringend anwendbar sein kann. Auch wenn das Di- im Begriff „Dialog" nichts mit „zwei" zu tun hat, und Dialog dem entsprechend jedes Gespräch meint, unabhängig von der Zahl derer, die an ihm teilnehmen, also auch ein Gespräch mit drei, vier oder mehr Beteiligten noch immer ein Dialog bleibt, hat Martin Buber im Anschluss an Ferdinand Ebner den Begriff des Dialogs gleichwohl als ein besonderes „Zweiergespräch" bzw. Gespräch zwischen zwei Beteiligten aufgefasst und in ihm eine spezifische Form der Zwiesprache erkannt. Als „dialogisches Prinzip" ist sie bekanntlich zum Schlüsselbegriff seiner ganzen Philosophie geworden, wie er sie in seiner Schrift Ich und Du (1923) begründet hat (Buber 1962a, 1962b). Auf die beiden Grundworte „Ich-Du" und „Ich-Es" aufbauend, beschreibt er darin das Ich des Menschen aus seinem Bezug zu dem doppelten Gegenüber von Du und Es. Zum Ich wird das Ich des Menschen dabei allerdings allein durch seine Bezogenheit auf ein Du, nicht auf ein Es, wie Buber in seinen nachgerade klassischen Sätzen formuliert hat: „Wer Du spricht, hat kein Etwas zum Gegenstand. Denn wo Etwas ist, ist anderes Etwas, jedes Es grenzt an andere Es. Es ist nur dadurch, daß es an etwas grenzt. Wo aber Du gesprochen wird, ist kein Etwas. Du grenzt nicht. Wer Du spricht, hat kein Etwas, hat nichts. Aber er steht in der Beziehung. […] Die Welt als Erfahrung gehört dem Grundwort Ich-Es zu. Das Grundwort Ich-Du stiftet die Welt der Beziehung." (Buber 1962a, S. 8f.) Und diese Beziehung gilt – bildlich gesprochen – sowohl auf horizontaler als auch vertikaler Ebene horizontal: in Hinsicht auf das Leben des Menschen mit der Natur und, mehr noch, auf das Leben mit anderen Menschen vertikal: in Hinsicht auf das Leben des Menschen mit Gott. In jedem Falle bezieht das Ich des Menschen seinen Sinn erst aus seiner Beziehung zu einem Du.

Ohne die Grundlinien der Buberschen Philosophie hier weiter nachbuchstabieren zu wollen, scheint mir dieses „dialogische Prinzip" dennoch einen guten Ansatz zur inhaltlichen Füllung auch des Trialogs zu bieten. Denn der Trialog, das Dreierge-spräch zwischen den drei monotheistischen Religionen und Kulturen, kann von dem Zweiergespräch zwischen Judentum und Christentum, dem unbestreitbar durch Bu-bers Idee vom Leben aus der Beziehung inspirierten jüdisch-christlichen/christlich-jüdischen Dialog also, profitieren. Dem entsprechend wäre das den jüdisch-christli-chen/christlich-jüdischen Dialog prägende Buber'sche „dialogische Prinzip" zu einem „trialogischen Prinzip" hin weiterzudenken.

Bekanntermaßen haben Christentum und Judentum zu allen Zeiten ihrer gemein-samen Geschichte in wechselseitiger Bezogenheit aufeinander und gegenseitiger Be-einflussung existiert. Das Christentum ist nicht einfach eine aus dem Judentum her-vorgegangene, nachjüdische Religion und Kultur, sondern es ist ebenso nachjüdisch, wie das Judentum ist, d. h. wie das nachchristliche Judentum sein Selbstverständnis aus dem Gegenüber zum Christentum und in Antwort darauf entfaltet hat. Durch die Geschichte hindurch aber bestand diese wechselseitige Bezogenheit aufeinander in wechselseitiger Abgrenzung gegeneinander und dem damit verbundenen immer neu-en Bemühen, das Eigene durch Negation des jeweils Anderen zu definieren. Christli-cherseits ist dieses Verfahren bereits in den Schriften des Neuen Testaments angelegt und durch die Christentums- und Theologiegeschichte hindurch immer wieder neu praktiziert worden, wie die lange Tradition der *Adversus-Judaeos*-Literatur, ihr Um-fang nicht weniger als ihre Vielfalt, und deren juristische und soziale Konsequenzen, belegt (Schreckenberg 1995): Christlich ist das, was nicht jüdisch ist. Das Judentum bildet nicht mehr als die Hintergrundfolie, vor dem sich, je dunkler der Hintergrund gemalt wird, desto leuchtender das Christentum abhebt. Ein Interpretationsmuster, dem die jüdische antichristliche Polemik gefolgt ist. Zu den sicher bedeutsamsten Er-gebnissen des jüdisch-christlichen/christlich-jüdischen Dialogs heute gehört daher zweifellos die nach – und angesichts – der langen Geschichte jüdisch-christlicher/ christlich-jüdischer „Vergegnung" (wie Martin Buber sie nannte) wieder gewonnene Begegnung zwischen Judentum und Christentum, die die zwischen ihnen bestehen-de wechselseitige Bezogenheit aufeinander in einem positiven Sinne verstehen lässt, indem sie sie von ihrer beider, wenn auch je unverwechselbar eigenen Beziehung zu dem Einen Gott her neu denkt; und von ihr her gedacht, erscheint der wechselseitige Einfluss auf die Prägung des jeweils anderen nicht mehr als dessen Negation, son-dern Bereicherung und Vertiefung. Christliche wie jüdische Theologie, wenn sie denn „intellektuelle Rechenschaft über den eigenen Glauben" (Fackenheim 1968, S. 96) ablegen, kommen nicht (mehr) umhin zuzugestehen, dass das Eigene erst in der Be-gegnung (nicht „Vergegnung") mit dem jeweils Anderen aussagbar wird.

Was bedeutet dies, übertragen auf den *Trialog*, auf das Dreiergespräch zwischen Judentum, Christentum und Islam?

Auszugehen ist zunächst davon, dass auch die zwischen Juden, Christen und Muslimen geschehene Geschichte eine ebensolche „Vergegnung" gewesen ist wie diejenige, die zwischen Juden und Christen geschehen ist. Zwar gilt auch hier, dass Judentum, Christentum und Islam zu allen Zeiten ihrer gemeinsamen Geschichte in wechselseitiger Bezogenheit aufeinander und gegenseitiger Beeinflussung existiert haben. Nicht nur der Islam ist eine nachjüdische und nachchristliche Religion und Kultur, sondern das Christentum ist ebenso nachjüdisch und nachislamisch, wie das Judentum nachchristlich und nachislamisch ist. Im Blick auf die Geschichte gilt aber zugleich auch, dass hier dasselbe Interpretationsmuster zu beobachten ist, dem zufolge wechselseitige Bezogenheit aufeinander durchweg Abgrenzung gegeneinander meint, und das Eigene durch Negation des Anderen definiert wird, wie dem Analogon zur christlichen *Adversus-Judaeos*-Literatur, der über die Jahrhunderte gepflegten polemisch-apologetischen Literatur zwischen Juden, Christen und Muslimen, hinlänglich deutlich zu entnehmen ist.

Während der jüdisch-christliche/christlich-jüdische Dialog der letzten Jahrzehnte indessen von der „Vergegnung" allmählich zu neuer Begegnung zwischen Judentum und Christentum geführt hat, ohne dass die Hinterlassenschaft der Zeit der „Vergegnung" schon völlig überwunden wäre, steht das Bemühen um die Überwindung der Hinterlassenschaft der Zeit der „Vergegnung" zwischen Juden, Christen und Muslimen erst ganz am Anfang und scheint heute wieder schwieriger geworden zu sein, als sie vor einem Jahrzehnt noch gewesen ist. Ein wirkliches Dreiergespräch zwischen Juden, Christen und Muslimen, das – analog dem auf Bubers „dialogischem Prinzip" aufbauenden jüdisch-christlichen/christlich-jüdischen Gespräch – ein „trialogisches Prinzip" zur Grundlage hat, ist eine noch vor uns liegende Aufgabe. „Trialogisches Prinzip" meint dabei das Ergebnis der Erkenntnis, dass nicht nur Judentum und Christentum ihr Selbst aus der Begegnung mit dem jeweils Anderen beziehen, sondern gleiches auf den Islam zutrifft, der als drittes Kind Abrahams zu Judentum und Christentum untrennbar hinzugehört. Judentum und Christentum können um ihrer Selbst willen ebenso wenig auf die Begegnung mit dem Islam verzichten, wie der Islam um seines Selbst willen der Begegnung mit Judentum und Christentum bedarf. Freilich ist diese Erkenntnis noch längst nicht Allgemeingut geworden, und zwar auf keiner der drei Seiten. Dass diese wechselseitige Bezogenheit der drei monotheistischen Religionen aufeinander in dieser Weise (neu) gedacht werden kann, setzt allerdings unabdingbar voraus, dass alle drei einander zugestehen, in gleicher Unmittelbarkeit zu dem Einen Gott zu stehen, von der her erst die Rede von einer Wechselbeziehung zwischen den drei monotheistischen Religionen möglich und sinnvoll ist. Wie weit indessen die Voraussetzung bereits gegeben ist, ist ebenfalls erst noch zu prüfen.

Diese oben erwähnte Erkenntnis betrifft freilich nicht nur den Bereich der Religion. Sie betrifft ebenso auch den Bereich der Kulturen und Zivilisationen, die sich der gestaltenden Kraft der drei Religionen verdanken. In dieser Hinsicht muss es Anliegen

und Aufgabe eines Trialogs der Kulturen heute sein, unmissverständlich klar zu machen, dass alle Rede von der christlichen, der jüdischen und/oder der islamischen
Kultur und Zivilisation nur verkürzte und verkürzende Rede ist. Denn keine der drei
Kulturen und/oder Zivilisationen ist ohne ihre wechselseitige Bezogenheit auf die jeweils anderen beiden zu denken oder zu verstehen. Das gilt erst recht, wenn es um
deren geschichtliche Verwirklichungen geht, beispielsweise in Gestalt der europäischen Kultur und Zivilisation, die nur allzu oft und gerne als „christlich", bestenfalls
noch „christlich-jüdisch" apostrophiert wird. Zwar ist die Idee „Europa", die Idee eines „christlichen Europa" zumal, ebenso wie ihre geschichtliche Verwirklichung aus
der Konfrontation mit dem Islam und dem Sieg über ihn hervorgegangen – erinnert
sei hier nur an den Mythos von Karl Martells Sieg über die Muslime im Jahre 732 bei
Tours und Poitiers (ob die Schlacht überhaupt je stattgefunden hat, ist ohnehin eine of-
fene Frage), den Edward Gibbon in seinen Werken beschworen hat, sowie an die Ver-
treibung der Muslime aus Spanien 1492 und vor allem den „Entsatz von Wien" 1683,
durch den Jan III. Sobieski das Abendland davor bewahrt hat, von den muslimischen
Osmanen verschlungen zu werden (Cardini 2000; vgl. auch Brown 1998; Schreiner
2008) – das christliche Europa selbst aber, seine Kultur und Zivilisation sind keineswegs rein christlich geprägt, sondern mindestens ebenso intensiv und nachhaltig wie
durch die klassische Antike und das Judentum durch den Islam. Und es ist vielleicht
kein Zufall, dass, wie die italienische Renaissance und der europäische Humanismus
mit einer Wiederentdeckung der klassischen Antike einhergingen, so die europäische
Aufklärung mit einer Wiederentdeckung der Welt des „Orients" und der Kultur des
Islams (und damit zugleich der Befreiung der arabischen Studien aus der Bevormun-
dung durch die christliche Theologie) (Fück 1955, bes. S. 97–174).

Gleiches gilt *mutatis mutandis* übrigens auch für die islamische Kultur und Zivilisation, die sich Jahrhunderte hindurch gerade durch ihre Fähigkeit auszeichnete,
anderes in sich aufzunehmen und mit dem Eigenen zu einer neuen, in sich nicht nur
lebendigen und lebensfähigen Synthese zu verschmelzen, sondern produktiv weiter
zu entwickeln (Miquel/Laurens 2004). Eben diese geschichtlichen Erfahrungen in die
Gegenwart zu übersetzen und für heute fruchtbar zu machen, muss daher Anliegen
und Aufgabe eines Trialogs der Kulturen sein.

Natürlich macht es nicht nur aus praktisch-pragmatischen Gründen Sinn, den *Trialog der Kulturen* auf die drei monotheistischen Religionen zu beschränken. Wenn er
im oben definierten Sinne geführt werden und nicht der Gefahr erliegen soll, dass
sein Proprium zugunsten eines allgemeinen interkulturellen Dialogs aufgegeben
wird, kann er nur als Trialog geführt werden. Denn ein Gespräch zwischen Judentum, Christentum und Islam ist und bleibt aus historischen, religionsgeschichtlichen,
vor allem aber aus theologischen Gründen ein Gespräch *sui generis*. Ebenso auch ein
Trialog der aus ihnen hervorgegangenen Kulturen, der auf der Grundlage des oben
angedeuteten „trialogischen Prinzips" basiert und von daher nicht, schon gar nicht
beliebig erweitert werden kann.

Selbstverständlich ist nicht zu bestreiten, dass die drei monotheistischen Religionen und die aus ihnen hervorgegangenen Kulturen und Zivilisationen im Laufe der Geschichte im Zuge ihrer Ausbreitung, gleichviel in welche Regionen der Erde hinein, mit zahlreichen anderen in Berührung gekommen sind und dadurch manche Akkulturations- und Inkulturationsprozesse ausgelöst worden sind, die zu unterschiedlichen Kultursymbiosen geführt haben. Dennoch ist das Bewusstsein einer prinzipiellen Differenz zwischen den drei monotheistischen Religionen (und daraus erwachsenen Kulturen und Zivilisationen) einerseits und anderen Religionen (und aus ihnen erwachsenen Kulturen und Zivilisationen) andererseits deswegen nicht verloren gegangen, aus jüdischer und islamischer Perspektive noch weniger als aus christlicher. Denn anders als das Christentum kennen das Judentum mit seiner Konzeption der „Frommen der Völker der Welt" (Katz 1981) und der Islam mit seiner Konzeption der „Leute der Schrift" (Arkoun 1999, S. 101–117; S. 138–143; S. 247–267; Busse 1991) immerhin Ansätze zu einer Affirmation der beiden jeweils anderen Religionen, an deren positive Implikationen heute mehr denn je zu erinnern ist.

Ein auf der Grundlage eines solchen „trialogischen Prinzips" geführter *Trialog der Kulturen*, der sich zugleich seiner geschichtlichen Bedingungen und Dimensionen bewusst ist, besitzt das Potenzial, zur Lösung der Probleme beizutragen, die „durch den mit der Entgrenzung und Vernetzung von Wirtschaftsräumen verbundenen Globalisierungsprozess auf der einen und die weltweite Migration auf der anderen Seite" (Steinacker 2006, S. 2) entstanden sind. Kann er doch deutlich machen, dass das,

Markt der Möglichkeiten im Jahr 2009 in Bad Homburg v.d.H.

was als Überwindung der „räumlichen Trennung unterschiedlicher Kulturen in einem bisher nicht gekannten Maße" infolge des oben erwähnten Globalisierungsprozesses auf der einen und der weltweiten Migration auf der anderen Seite (ebd.) beschrieben worden ist, letztlich nichts anderes ist als die nach außen hin sichtbare Verleiblichung der dem Trialog zugrunde liegenden Idee.

Literatur

Arkoun, M. 1999: Der Islam. Annäherung an eine Religion. Heidelberg

Brown, P. 1998: Die Entstehung des christlichen Europa. München

Buber, M. 1962a: Ich und Du. In: Ders.: Werke. Bd. I: Schriften zur Philosophie. Heidelberg. S. 77–170

Buber, M. 1962b: Zwiesprache. In: Ders.: Werke. Bd. I: Schriften zur Philosophie. Heidelberg. S. 171–214

Busse, H. 1991: Die theologischen Beziehungen des Islams zu Judentum und Christentum. Grundlagen des Dialogs im Koran und die gegenwärtige Situation. 2. Auflage. Darmstadt

Cardini, F. 2000: Europa und der Islam. Geschichte eines Missverständnisses. (Europa bauen) München

Fackenheim, E. 1968: An Outline of Modern Jewish Theology. In: Ders.: Quest for Past and Future. Essays in Jewish Theology. Bloomington u. a., S. 96–111

Fück, J. 1955: Die arabischen Studien in Europa. Leipzig

Herbert Quandt-Stiftung (Hrsg.) 2003: One year after 9/11: The future of the trialogue in Europe. (Trialogue of Cultures, Bd. 7) Bad Homburg v. d. H.

- 2005: Europe's Middle East? Bosnia-Herzegovina and the Dayton Agreement in Perspective. (Trialogue of Cultures, Bd. 9) Bad Homburg v. d. H.

- 2006: Mediterranean Sea – Gap or Bridge? Perspectives on Cooperation in Education and Scholarship between Germany and the Arab World. (Trialogue of Cultures, Bd. 11) Bad Homburg v. d. H.

- 2007: Religionen in der Schule. Bildung in Deutschland und Europa vor neuen Herausforderungen. (Trialogue of Cultures, Bd. 12) Bad Homburg v. d. H.

- 2008: Reisen nach Jerusalem. Nachwuchsjournalisten zu Alltag und Politik in Israel, Palästina und Deutschland. Bad Homburg v. d. H.

Katz, J. 1981: Exclusiveness and Tolerance. Studies in Jewish-Gentile Relations in Medieval and Modern Times. 2. Auflage. (Scripta judaica, Bd. 3) New York

Kaul-Seidman, L./Nielsen, J. S./Vinzent, M. (Hrsg.) 2003: Europäische Identität und kultureller Pluralismus: Judentum, Christentum und Islam in europäischen Lehrplänen. Empfehlungen für die Praxis. Bad Homburg v. d. H.

Miquel, A./Laurens, H. 2004: Der Islam. Eine Kulturgeschichte: Religion, Gesellschaft, Politik. Heidelberg

Schreckenberg, H. 1995: Die christlichen Adversus-Judaeos-Texte und ihr literarisches und historisches Umfeld. 3 Bände. 3. Auflage. (Europäische Hochschulschriften, Reihe 23, Theologie) Frankfurt a. M. u. a.

Schreiner, S. 2008: Das „christliche Europa" – eine Fiktion. In: J. Micksch (Hrsg.): Vom christlichen Abendland zum abrahamischen Europa. (Interkulturelle Beiträge, Bd. 24) Frankfurt a. M. S. 126–144

Steinacker, P. 2006: Grußwort. In: Stabsbereich Öffentlichkeitsarbeit der Evangelischen Kirche in Hessen und Nassau (Hrsg.): EKHN Mitteilungen 8. S. 2

Wolfram Weiße

Interreligiöse Bildung in Europa

Neue Entwicklungen in der öffentlichen Debatte, in der Forschung und im Trialog an Schulen

1. Einleitung

Nachdem es in Westeuropa lange Zeit so schien, dass sich Religionen im Rahmen einer kontinuierlich fortschreitenden Säkularisierung im individuellen wie gesellschaftlichen Bereich verflüchtigen würden, haben wir es in den vergangenen Jahren mit einer gegenteiligen Entwicklung zu tun. Wir sind, wie es genannt worden ist, in eine „post-säkulare Phase" (Eder 2002) eingetreten, in der das alte Paradigma der Säkularität nicht mehr tragfähig ist, aber die neue Bedeutung von Religion in einer Phase des Überganges noch nicht austariert ist.

Der Themenbereich Religion ist in den vergangenen Jahren im akademischen Diskurs wie in der öffentlichen Diskussion mit exponentiell steigender Zunahme beachtet worden. An den Universitäten werden Exzellenzzentren zu Religion und Gesellschaft und zu Fragen des interreligiösen Dialogs gegründet. Europäische Institutionen weisen in politisch hochrangigen Erklärungen auf die große Bedeutung von Religionen für den Zusammenhalt in Gesellschaften und die Lösungsmöglichkeiten von sozialen Konflikten hin, hoch angesehene Politiker wie der frühere Bundeskanzler Schmidt sehen Religionen als zentrales Thema des 21. Jahrhunderts und international renommierte Wissenschaftler aus ganz verschiedenen Disziplinen nehmen das Thema Religion neu auf. Als Beispiel für diese generelle Entwicklung mag das Interesse des Philosophen Jürgen Habermas seit seiner Rede bei der Verleihung des Preises des deutschen Buchhandels im Herbst 2001 gelten. Vorher hat sich Habermas nicht zu religiösen Fragen geäußert. Seit Jahren redet und publiziert er dazu und bringt die Diskussion aus philosophischer Warte und im Interesse an öffentlichen Fragen entscheidend weiter. Hierzu nur wenige Anmerkungen: Habermas schließt ganz ausdrücklich an philosophische Traditionen an, wenn er sagt, dass „die großen Religionen zur Geschichte der Vernunft selbst gehören" (Habermas 2005, S. 12 f.). Für die Gegenwart sieht er eine Herausforderung darin, zur Überwindung eines „säkularistisch verhärteten und exklusiven Selbstverständnisses" (ebd., S. 145) in der westlichen Moderne beizutragen. Religiöse Überlieferungen seien notwendig, um Bewusstseinsdefizite zu überwinden.[1] Schließlich sieht Habermas ein besonderes Po-

---

[1] „Religiöse Überlieferungen leisten bis heute die Artikulation eines Bewusstseins von dem, was fehlt. Sie halten eine Sensibilität für Versagtes wach. Sie bewahren die Dimensionen unseres gesellschaftlichen und persönlichen Zusammenlebens, in denen noch die Fortschritte der kulturellen und gesellschaftlichen Rationalisierung abgründige Zerstörungen angerichtet haben, vor dem Vergessen" (Habermas 2005, S. 13).

tenzial in religiöser Toleranz, die er als „Schrittmacher für einen richtig verstandenen Multikulturalismus und die gleichberechtigte Koexistenz verschiedener kultureller Lebensformen innerhalb eines demokratisch verfassten Gemeinwesens" bezeichnet (ebd., S. 263 f.).

Mit dem letzten Zitat von Habermas ist die Brücke geschlagen zu dem Bereich religiöser Verständigungspotenziale. Die Frage, inwieweit Religionen eine Ressource für wechselseitige Verständigung bilden können – wo aber auch religiös bedingte Konfliktpotenziale liegen –, erlangt gegenwärtig eine immer stärkere Bedeutung. Transformationsprozesse in allen europäischen Gesellschaften verlangen neue Antworten, damit die religiös-kulturelle Vielfalt eine Ressource für menschliches Zusammenleben und nicht einen Faktor für Missverständnisse, Spaltung und Feindschaft bildet. Hierfür langt es nicht, ein Nebeneinander von Menschen unterschiedlicher sprachlicher, kultureller und religiöser Zugehörigkeiten zu dulden; vielmehr ist es mehr denn je notwendig, auf den Anderen zuzugehen und ihn anzuerkennen, wie es jüngst Paul Ricoeur herausgestellt hat. Ihm ist beides wichtig: den Anderen in seiner Andersheit anzuerkennen und sich selber als verantwortliches und handelndes Subjekt zu erkennen, um in wechselseitiger Anerkennung zu einer Gewissheit der eigenen Identität zu gelangen (Ricoeur 2006). Er plädiert damit für eine Identitätsfindung, die nicht durch die Wahrung der eigenen Identität durch Abschluss von anderen, sondern nur im Bezug zu ihnen zu finden ist. Dieser Ansatz birgt weitreichende Konsequenzen für den persönlichen und gesellschaftlichen Bereich. In diesem Rahmen gewinnt auch die Beachtung religiöser Vielfalt an Bedeutung. Wenn die Anerkennung und das Erkennen des Anderen ein notwendiger Pol für die Erkenntnis des Subjekts und das Anerkanntsein im sozialen Leben ist, dann bildet die Pluralität religiöser Positionen eine Chance, um wechselseitige Anerkennung einzuüben.

Seit dem 11. September 2001 sind die Gefahren weltweit ins Bewusstsein getreten, die mit religiöser Instrumentalisierung verbunden sein können. Die Herausforderungen, die sich stellen, sind umfassend: Es gilt, Religionen und Religiosität sowohl in ihrer zunehmenden Bedeutung, als auch in ihren ambivalenten Expressionen und Funktionen wahrzunehmen. Hierbei spielt das Feld der Bildung eine wichtige Rolle. Der Grad, in dem Religion als Faktor für Vorurteile und Konflikte dient, ist dabei genauso zu untersuchen wie das Potenzial von Religionen für Dialog und ein friedliches Zusammenleben von Menschen in Europa. Der Tübinger Politikwissenschaftler Andreas Hasenclever hat dabei auf den großen Stellenwert interreligiöser und interkultureller Bildung verwiesen. Er vertritt die These, dass es eine Korrelation zwischen religiöser Bildung und politischem Verhalten gibt: Je geringer der Grad religiöser Bildung sei, desto größer sei die Gefahr, dass sich religiöse Unterschiede für politische Mobilisierung ausbeuten lassen (Hasenclever 2003). Ohne an dieser Stelle darauf einzugehen, inwieweit diese These von Hasenclever zu belegen und zu begründen ist, wird deutlich, dass religiöse Bildung in Europa wichtiger denn je ist. Über Analysen in einzelnen europäischen Ländern hinaus ist es wichtig, den Gesamtrahmen Europas für weitergehende Überlegungen abzustecken. Hierzu soll die folgende Skizze zum Forschungsprojekt REDCo dienen; in diesem Rahmen wird auch auf empirische Ergebnisse zum Religionsunterricht auf europäischer Ebene mit den auf Hamburg und Hessen gerichteten Fallbeispielen eingegangen. Am Schluss werden Schlaglichter auf neuere Perspektiven für interreligiöses Lernen in Europa und auf die Relevanz von Schulprojekten wie dem „Trialog-Schulenwettbewerb" der Herbert Quandt-Stiftung geworfen.

2. Religionsunterricht in Europa. Das REDCo-Projekt und Analysen zum Unterricht

In den letzten Jahren hat es eine zunehmende Beachtung des Religionsunterrichts auf europäischer Ebene gegeben. Dies drückt sich zum einen in wissenschaftlichen Veröffentlichungen, zum anderen in einem Interesse der europäischen Institutionen selber aus, das sich in groß angelegten Konferenzen ebenso wie in Forschungsprogrammen niedergeschlagen hat. Das zeigt sich z.B. in dem Forschungsprojekt REDCo (Weiße 2007 und 2009b), das von der Forschungsabteilung der Europäischen Kommission in Brüssel seit März 2006 gefördert wird. Dieses Projekt ist das erste, das mit einer Summe von über einer Million Euro über drei Jahre finanziert wird. Es zeigt, dass sich die Europäische Union in weit stärkerem Maße als bisher dem Thema von Werten und Religionen in Europa zuwendet.

2.1 Das europäische Forschungsprojekt REDCo. Ein Überblick zum Vorhaben

REDCo ist das Akronym für den Titel des Projektes: **R**eligion in **E**ducation. A contribution to **D**ialogue or a factor of **Co**nflict in transforming societies of European Countries. Es wird im Rahmen der europäischen Ausschreibung der Priority 7 zu „Citizens and governance in a knowledge based society" in der Rubrik „Werte und Religionen in Europa" vom 1.3.2006 bis 31.3.2009 mit einer Summe von knapp 1,2 Millionen Euro gefördert. Der Autor dieses Artikels ist der Gesamtprojektleiter des REDCo-Projektes.

I. Ziele: Das Hauptziel des *geplanten* Projektes besteht darin, die Möglichkeiten und Grenzen von Religion im Bildungsbereich europäischer Länder zu untersuchen und miteinander zu vergleichen. Historische und gegenwartsbezogene Analysen tragen dazu bei, Ansätze und Konstellationen herauszuarbeiten, in denen Religion im Bildungsbereich zu einem dialogfördernden Faktor der Entwicklung Europas werden kann. Durch theoretisch-konzeptionelle und empirische Analysen ist eine Grundlage dafür gelegt worden, um besseren Aufschluss zum Beitrag von Religion im Bildungsbereich für die Transformationsprozesse in europäischen Ländern zu erlangen. Der Vergleich zwischen diesen Analysen ermöglicht historische Tiefenschärfe und analytischen Aufschluss für gegenwärtige Problemstellungen und Perspektiven und für die Kernfragen von Dialog und/oder Konflikt im Rahmen europäischer Identitäten.

Die Ergebnisse dieses Projektes sollen dazu beitragen, in weit besserem Maße als bisher erkennen zu können, wie für Kinder, Jugendliche und Studierende grundlegende Fragen von Religion und Religiosität so im Bildungsbereich verankert werden können, dass – ohne Unterschiede auszublenden – die Gemeinsamkeiten von Religionen und Werten sowie der Respekt vor Differenz gestärkt werden kann. Das Projekt richtet seine Aufmerksamkeit darauf, wie die Identifikation mit der „eigenen" Religion und den „eigenen" religiös-kulturellen Werten so möglich ist, dass damit eine Orientierung erworben werden kann, die die eigene Identitätsentwicklung fördert (Peukert 2005), aber offen ist für die Entwicklung einer kollektiven „europäischen Identität" – wobei diese nicht als monolithisch, sondern als in sich plural und dialogorientiert gedacht ist.

II. Teilnehmende Länder und Disziplinen: Diese Pluralität bildet sich auch in den gewählten Ländern ab, auf die sich unsere Analysen beziehen. Die religiöse und gesellschaftliche Vielfalt dieser Länder und die Herausforderungen im Zeichen von „Transition" kann abgekürzt folgendermaßen gekennzeichnet werden: Deutschland mit zwei Volkskirchen (Katholische Kirche und protestantische Kirchen) und Norwegen mit einer Volkskirche (Lutheraner) bewegen sich hin zu einer religiösen und kulturellen Pluralisierung. Die Niederlande und England besitzen starke Kirchen (Reformierte in den Niederlanden, Anglikaner in Großbritannien), weisen schon seit längerer Zeit eine religiös-kulturelle Pluralisierung auf, die allerdings nicht ungefährdet ist. Das traditionell katholisch dominante Frankreich besitzt ein laizistisches System, das sich aber immer stärker von der wachsenden Relevanz von Religionen im öffentlichen Bereich herausgefordert sieht. Im ebenfalls traditionell katholischen Spanien gibt es eine neue Entwicklung hin auf eine religiöse und interreligiöse Öffnung mit einer Diskussion über neue Formen von katholischem und der Einführung von islamischem Religionsunterricht. In Estland und Russland liegen starke religiöse Traditionen vor (Lutheraner in Estland, Russisch-Orthodoxe in Russland), die durch den Kommunismus an den Rand gedrängt worden waren; seit einigen Jahren gibt es in diesen Ländern eine postkommunistische Öffnung auf Religionen hin.

Die Forschungsgruppe („Consortium") wurde so festgelegt, dass die genannten Länder berücksichtigt sind. Die Kollegen haben intensive Erfahrungen in internationaler und interdisziplinärer Forschung auf dem Gebiet von Religion und Bildung, haben Kooperationserfahrungen untereinander und ergänzen sich in den von ihnen vertretenen Disziplinen der Theologie, Islamwissenschaft, Erziehungswissenschaft, Religionspädagogik, Soziologie, Politologie und Ethnologie.[2]

---

[2] Es handelt sich um die folgenden Wissenschaftler: Prof. Dr. Wolfram Weiße, Universität Hamburg/ Deutschland ist Gesamtprojektleiter von REDCo (Coordinator) und leitet zusammen mit Prof. Dr. Thorsten Knauth (jetzt Universität Duisburg-Essen) das Hamburger Teilprojekt. Projektleiter der anderen REDCo-Teilprojekte sind: Prof. Dr. Robert Jackson, University of Warwick/England; Prof. Dr. Jean-Paul Willaime, Sorbonne in Paris/Frankreich; Prof. Dr. Siebren Miedema und Dr. Ina ter Avest, Freie Universität Amsterdam und Prof. Dr. Cok Bakker, Universität Utrecht/Niederlande; Prof. Dr. Geir Skeie, Universität Stavanger/ Norwegen; Dr. Pille Valk, Universität von Tartu/Estland; Prof. Dr. Muhammad Kalisch, Dr. Dan-Paul Jozsa, Universität Münster/Deutschland; Prof. Dr. Vladimir Fedorov und Prof. Dr. Fedor Kozyrev, Russian Christian Academy for Humanities, St. Petersburg/Russland sowie Dr. Aurora Alvarez-Veinguer und Prof. Dr. Gunther Dietz, Universität Granada/Spanien.

III. Theoretische Ansätze: In allen Projekten werden die zeitgeschichtlichen und kontextuellen Voraussetzungen in den jeweiligen Ländern analysiert, um die Ausgangsposition für gegenwärtige und zukünftige Entwicklungen zu erheben (Jackson u. a. 2007). Die Anlage der Forschung an allen Projektstandorten zeichnet sich durch eine Verbindung theoretisch-konzeptioneller und sozialwissenschaftlich-empirischer Methoden aus.

Der Terminus „religiöse Bildung" wird in einem weiten Sinn gebraucht. Er bezieht sich sowohl auf den Beitrag zu persönlicher Entwicklung wie auf Fragen sozialer Verantwortung und gesellschaftlichen Zusammenhalts. Unser Interesse richtet sich weniger auf Glaubenssysteme oder die Weltreligionen; wir konzentrieren uns stärker auf Formen und Vorstellungen der Religiosität von Jugendlichen. Mit Bezug auf Emmanuel Lévinas (1993) beziehen wir uns auf die „Nachbarreligionen" (Weiße 2003) – auf die Religion und Religiosität der Nachbarn im Klassenzimmer in der Schule, im Stadtteil und in der Gesellschaft insgesamt. Wir befassen uns mit Religionen und Religiosität, wie sie gegenwärtig in verschiedenen Regionen Europas auftreten. Wir sehen den Beitrag von Religion im Blick auf Ausdrucksformen von Religion, die nicht statisch und abgeschlossen, sondern prozesshaft gedacht sind (Miedema 2004). Ebenso werden Vorstellungen von Identität herangezogen, die individuell und sozial auf Entwicklung gerichtet sind (Skeie 2001). Von diesen Voraussetzungen aus wird es möglich, den Austausch mit anderen Positionen nicht zu fürchten, sondern an der Begegnung mit Anderen zu wachsen. Diese Grundannahmen sind gut mit dem theoretischen Ansatz zu verbinden, der für uns im Zentrum steht, nämlich der „Interpretative Ansatz" (Jackson 1997 und 2004). Dieser zeichnet sich durch drei Grundelemente aus:

a) Die „Repräsentation" besagt, dass Religionen nicht homogen sind, sondern die Unterschiedlichkeit innerhalb Religionen und die Einzigartigkeit jedes einzelnen Mitgliedes einer Religion zu beachten sind.

b) Die „Interpretation" zielt darauf ab, dass die Schüler ihre eigenen Voreinstellungen nicht beiseite legen sollen, sondern dass die eigene Perspektive einen wichtigen Part im Lernprozess bildet.

c) „Reflexivität" unterstreicht die Prozessorientierung und den kritischen Ansatz von Lernprozessen.

Die angesprochenen theoretischen Ansätze ergänzen sich und richten das Interesse auf empirisch fundierte Analysen im Gebiet von Religion.

IV. Empirische Vorhaben: In allen Teilprojekten spielen die mit empirischen Methoden erhobenen Ergebnisse eine zentrale Rolle. Als Methoden werden überall eingesetzt: Teilnehmende Beobachtung, halbstrukturierte Interviews, qualitative und quantitative Fragebögen sowie Interaktionsanalysen, vor allem auf der Grundlage von videografierten Stunden. In allen Projekten richtet sich das Hauptinteresse auf Schüler im Alter von 14–16 Jahren. Wir verbinden dabei hermeneutische und empirische Methoden, um mehr darüber zu erfahren, was Schüler im Feld von Religion und Religiosität wissen, wie sie die Funktion von Religion für Dialog und Verständigung sehen und welche Wünsche sie für die Einbeziehung von Religion und Religiosität im Rahmen von Schule haben. Zusätzlich zu den entsprechenden Untersuchungen in den beteiligten Ländern werden Vergleichsanalysen durchgeführt. So wurden in einem qualitativ angelegten Fragebogen pro Land jeweils mindestens 70 Schüler gebeten, nach ihrer Auffassung zu den erwähnten Fragen Auskunft zu geben. Auf dieser Grundlage wurde eine quantitative Befragung entworfen, in die mindestens 400 Schüler pro Land mit einbezogen worden sind.

Die Ergebnisse sind nicht nur in Form von akademischen Analysen verarbeitet (z. B. Knauth u. a. 2008), sondern auch in eine größere Öffentlichkeit transportiert worden. So sind z. B. Veranstaltungen im Europäischen Parlament in Brüssel Anfang Dezember 2008 und im Europarat in Straßburg Mitte März 2009 durchgeführt worden (vgl. www.redco.uni-hamburg.de, recherchiert am 17. 9. 2009). Hierfür sind Filme und eine Ausstellung erarbeitet worden, die plastische Einblicke in unsere Arbeit und deren Ergebnisse gewähren.

2.2 Analysen zum Religionsunterricht

Bislang gab es weder für unsere Frage nach Dialog und Konflikt noch zu benachbarten Fragestellungen international vergleichende empirische Analysen, die mit qualitativen Methoden durchgeführt worden wären[3]. Um dieses Defizit überwinden zu helfen, wurde eine derartige Untersuchung im Rahmen von REDCo durchgeführt, die mittlerweile veröffentlicht ist (Knauth u. a. 2008). Unser Sample wurde so angelegt, dass unterschiedliche sozial-ökonomische und kulturell-religiöse Faktoren mit maximaler Variation einbezogen wurden und eine Gender-Balance angestrebt wurde. In fast allen Ländern lag die erreichte Fallzahl deutlich über dem geplanten Minimum von 70 ausgefüllten Fragebögen, so dass unsere Materialressource insgesamt bei über 1000 schriftlichen Antworten aus allen acht an REDCo beteiligten Ländern liegt.

I. Europa: Wie sahen einige wichtige Ergebnisse der qualitativen Studie aus, die im Winterhalbjahr 2006/07 durchgeführt wurde? Abgesehen von den erwartbaren Unterschieden, die wir in den Aussagen von Schülern in unseren acht europäischen Ländern sehen (und das ist nicht verwunderlich, wenn man sich die Spannbreite von Estland sowie Russland auf der einen Seite und Frankreich sowie Spanien auf der anderen Seite vergegenwärtigt), haben sich auch starke Gemeinsamkeiten der befragten Schüler in allen diesen Ländern herausgeschält. Dies sind die Folgenden:

a) Für diejenigen Schüler, die keiner Religionsgemeinschaft zugehören, bildet die

---

[3] Vorhandene Untersuchungen zur Frage von Religion und Religiosität bei Jugendlichen sind in der Regel nur auf ein Land bezogen und sie sind dazu hauptsächlich quantitativ angelegt. Der von der Bertelsmann Stiftung vorgelegte internationale Religionsmonitor 2008 (Bertelsmann Stiftung 2007) kann aber über unsere Fragestellung nur bedingt Aufschluss geben. Die einzige international-vergleichende Studie, die mehrere europäische Länder zum Thema „Religion von Jugendlichen" umfasst und z. T. auch Fragestellungen nach religiöser Heterogenität aufnimmt, ist die quantitative Studie eines von Ziebertz geleiteten Forschungskonsortiums (Kay / Ziebertz 2006).

Schule das hauptsächliche oder sogar einzige Forum, um etwas über Religion und über die Religiosität von ihren Mitschülern zu erfahren.

b) Für Schüler mit Religionszugehörigkeit bildet die Schule den Hauptort, um andere Religionen und einzelne Mitglieder kennenzulernen.

c) Viele Schüler haben Vorurteile anderen Religionen gegenüber, sind aber zugleich bereit, mit anderen Religionen ins Gespräch zu kommen, weil das von ihnen als interessant angesehen wird. Die Schule gilt als das wichtigste, mitunter das einzige Forum, um in einen solchen Dialog zu kommen.

d) Fast alle Schüler halten eine interreligiöse Verständigung sowohl auf personaler als auch sozialer Ebene für möglich und notwendig. Schulen bieten eine gute Möglichkeit, dies einzuüben.

Ohne in Details zu gehen, ist in unserer Gesamtuntersuchung der große Stellenwert von Schule für interreligiöse Verständigung in den Voten der Jugendlichen sehr deutlich. Der Wunsch von Schülern, mehr über andere Religionen zu erfahren, erscheint umso bemerkenswerter, als gleichzeitig auch Vorurteilsstrukturen anderen Religionen gegenüber in der Analyse deutlich heraustreten. Angesichts dieses Befundes liegt es nahe, die Anstrengungen in der Schule zu verstärken, das Kennenlernen anderer Religionen zu ermöglichen, den interreligiösen Dialog auf einer dieser Altersgruppe angemessenen Ebene einzuüben. Damit könnte ein wichtiger Schritt verbunden sein, um Vorurteile, die sich ansonsten womöglich verfestigen würden, abbauen zu helfen.

Ich möchte an dieser Stelle konkreter werden und durch ein Fallbeispiel klarmachen, was diese allgemeinen Tendenzen in zwei schulischen Kontexten, nämlich in Hamburg und Hessen, heißen können. Ich stelle dies anhand einer unserer gestellten Fragen dar, und zwar der nach einem von Schülern gewünschten gemeinsamen oder getrennten Religionsunterricht.

In den gegenwärtigen Debatten ist es m. E. wichtig, die Schüler, denen der Religionsunterricht dient, selber zu Wort kommen zu lassen. In der oben genannten Befragung, die im Rahmen von REDCo in Europa durchgeführt wurde, haben wir auch in Hamburg und Hessen Schüler zu einer Reihe von Fragen Antworten aufschreiben lassen, unter anderem zu ihren Wünschen an den Religionsunterricht. Sollte dieser nach Konfessionen oder Religionen getrennt sein oder für alle gemeinsam angeboten werden?

II. Hamburg: In Hamburg wird – anders als in den meisten Bundesländern – der Religionsunterricht für alle Schüler gemeinsam erteilt. Er ist auf den Dialog in der Klasse bzw. in Religionskursen ausgerichtet und trennt nicht nach Konfession, Religion oder Weltanschauung. Nur wenige Antworten auf die Frage, ob der Religionsunterricht gemeinsam oder getrennt angeboten werden sollte, plädieren für einen nach Konfessionen und Religionen getrennten Religionsunterricht. Die Gründe hierfür beziehen sich auf die Lehrerrolle, das mögliche Konfliktpotenzial im religiös-thematischen Bereich, ein generelles Desinteresse und den – nicht weiter begründeten und in sich ambivalenten – Wunsch, in einer religiös homogenen Gruppe unterrichtet zu werden. Diese Voten von Schülern bieten wichtige Anhaltspunkte für die Weiterentwicklung der didaktischen Konstruktion von Religionsunterricht in Hamburg. Sie verstärken die Notwendigkeit von Überlegungen zur Verbesserung und Pluralisierung der Lehramtsausbildung; sie unterstreichen die Relevanz der Wahrnehmung von Konflikten im Klassenzimmer, die sich auch an religiösen Positionen entzünden können; sie weisen auf die Relevanz von Binnendifferenzierungen.

Die weit überwiegenden Antworten der Hamburger Schüler gehen alle in dieselbe Richtung: Der „Religionsunterricht für alle" solle beibehalten werden. Das sagen die meisten Schüler, egal ob sie einen christlichen, muslimischen oder z. B. einen konfessionslosen Hintergrund haben. Ohne die analytischen Schritte, mit denen das Material der Fragebögen bearbeitet worden ist, und die komplexen Strukturen der Analyse hier nachzuvollziehen (vgl. aber hierzu die Analysen meines Kollegen Thorsten Knauth, 2008 und 2009), sollen die Denkmuster und Argumentationsfiguren exemplarisch verdeutlicht werden.

Aus der Fülle derartiger Äußerungen greife ich drei Positionen von Schülerinnen im Alter von 14–16 Jahren aus den Fragebögen heraus, die sich zum einen auf religionspädagogische, zum anderen auf gesellschaftliche und schließlich auf theologische Sachverhalte beziehen.

Als erste soll eine muslimische Schülerin zu Wort kommen:

> *„Ich persönlich finde es besser, wenn Schüler aus verschiedenen Religionen zusammen unterrichtet werden. So kann man viel besser erfahren, was andere denken, als wenn man dies einfach in einem Buch nachliest. Es ist viel besser, wenn man Menschen aus anderen Religionen kennenlernt, die was zu ihren Religionen sagen können. Wenn z. B. in meiner Religionsklasse nur Muslime wären, wären wir alle derselben Meinung und würden gar nicht so richtig, also überhaupt nicht diskutieren können oder was Neues lernen. Man lernt dann nur das, was man in der Moschee lernt. Um dies zu lernen, gehe ich doch auch zur Moschee! Es würde für mich nicht sehr interessant sein, wenn ich in der Schule alles, was ich gelernt habe, noch mal wiederholen müsste. Es wäre langweilig. "* (Knauth 2009, S. 90 f.)

An dieser Stellungnahme wird deutlich, wie wichtig für Schüler der direkte Austausch mit Klassenkameraden anderer religiöser Zugehörigkeit sein kann. Ihr Votum für eine Arbeitsteilung zwischen Schule und Gemeinde entspricht unserem religionspädagogischen Grundverständnis in Hamburg, die Schule nicht mit Aufgaben zu überfrachten, die besser in der Familie oder der Gemeinde aufgehoben sind.

Im zweiten Zitat äußert sich eine Schülerin ohne Religionszugehörigkeit folgendermaßen:

> *„Ich fände es nicht so gut, wenn sie getrennt unterrichtet werden. Dadurch kann man leichter etwas über andere Religionen erfahren. Außerdem denke ich, dass dadurch leichter der Hass auf Leute, die nicht der eigenen oder bestimmten Religion angehören, vermindert werden kann. Außerdem können die Leute, die einer bestimmten Religion angehören, bestimmte Dinge in ihrer*

Religion erklären. Ich finde, wenn man die Schüler, die verschiedenen Religionen angehören, trennen würde, kommt es so rüber, als wenn sie anders wären (als wenn man Ausländer und Nicht-Ausländer oder Schwarze und Weiße getrennt unterrichten würde)." (Knauth 2009, S. 91)

Diese Schülerin weist besonders auf die gesellschaftlich-politische Gefahr durch Separation hin. Sie geht – so wie wir es in unseren Untersuchungen in Europa insgesamt gesehen haben – davon aus, dass Vorurteile und Hass zwischen Menschen unterschiedlicher Religion bestehen können, aber sie hält es auch für möglich, diese durch Begegnung zu reduzieren. Sie thematisiert damit eine sozialethisch ausgerichtete Begründung für ein dialogorientiertes Lernen, das in ganz Europa durch eine Verbindung von interreligiösem Lernen und „Citizenship Education" eine zunehmend große Rolle einnimmt.

Die dritte Äußerung stammt von einer Schülerin mit christlichem Hintergrund:

„Die Schüler sollten zusammen unterrichtet werden, denn sonst würde es eine Spaltung in der Klasse geben. Außerdem könnte es zum Verstoß der Gebote führen. Denn es heißt: Liebe deinen Nächsten wie dich selber. Bei der Spaltung läuft man auf die Gefahr zu, [gegen] dieses Gebot zu verstoßen." (Knauth 2009, S. 92)

Diese Schülerin begründet ihr Votum gegen eine Aufspaltung der Schüler im Religionsunterricht nicht nach Konfession oder Religionen, sondern theologisch mit dem Gebot der Nächstenliebe. Diese Stellungnahme zeigt ein Bewusstsein darüber, dass religiöse Gebote soziale und strukturelle Implikationen haben können.

III. Hessen: Hier hat mein Kollege, der Soziologe Prof. Dr. Markus Friederici, eine Schule untersucht (unveröffentlichte Analyse), die auch Preisträger im „Trialog-Schulenwettbewerb" der Quandt-Stiftung ist. Die Anschauungen der Jugendlichen zur Frage, ob im Religionsunterricht Schüler mit verschiedenen Religionen und Weltanschauungen zusammen unterrichtet werden sollten, gehen weit auseinander.

Die Befürworter eines gemeinsamen Religionsunterrichts – alle zwischen 14 und 16 Jahren – betonen die Notwendigkeit, von anderen zu lernen und andere Anschauungen kennenzulernen. Als Argument wird genannt, dass es nur einen Gott gebe, an den alle glauben, und dieser Gott in unterschiedlichen Religionen lediglich einen anderen Namen trage.

„Ich finde nicht, dass Schüler nach Religionen getrennt unterrichtet werden sollten, denn wir glauben alle an einen Gott, und Gott sagt ja eigentlich, dass alle Menschen gleich sind."
„Sie sollten zusammen unterrichtet werden, weil man dann Erfahrungen austauschen kann."

(Friederici, 2009, S. 168)

Die Kritiker eines gemeinsamen Religionsunterrichts führen aus, dass die unterschiedlichen Anschauungen, die mit den religiösen Inhalten verbunden sind, zu Konflikten führen. Negative Emotionen können daher vermieden werden, wenn Schüler ihrem

Glauben entsprechend getrennt unterrichtet werden. Zudem kann man nach Auffassung dieser Gruppe von Jugendlichen mehr über die eigene Religion lernen.

> *„Ich finde, sie sollten getrennt werden, da es sonst sehr schnell zu Konflikten kommen kann. Bei sehr streng religiösen Schülern brodeln oft die Emotionen."*
> *„Auf jeden Fall sollte getrennt unterrichtet werden, da Welten aufeinander prallen und es zu Konfliktsituationen kommen kann, der in einen Streit über Religionen ausarten kann."*

(ebd.)

Eine geringe Anzahl von Jugendlichen findet beide Möglichkeiten gut, für andere ist die Fragestellung nicht wichtig.

> *„Mir ist es egal. Alle reden von dem Glauben und Gott. Man sollte das alles gechillter nehmen und das Leben genießen. Ist doch egal, was man glaubt, Hauptsache man ist glücklich."*

(ebd.)

Wir müssen noch abwägen, welche Konstruktionen von Religionsunterricht angemessen sind, aber eines ist sicher: Der Einbezug von Religion in schulischer Bildung ist notwendig, damit Kenntnisse erworben werden und wechselseitige Verständigung ermöglicht wird. Ungeachtet der Konstruktion von Religionsunterricht ist es unabdingbar, Begegnung und Dialog zu ermöglichen, damit nicht nur über andere Religionen gesprochen wird, sondern Religionen in ihren unterschiedlichen Ausformungen und mit ihren unterschiedlichen Gesichtern erfahrbar werden. Schließlich erscheint es für den schulischen Bereich als notwendig, neue und kreative Ansätze für die Erschließung des traditionellen und aktuellen Potenzials der Religionen zu fördern, so wie es z. B. – siehe die anderen Beiträge in diesem Buch – im schulischen Trialog-Programm der Herbert Quandt-Stiftung in die Wege geleitet wird.

3. Europäische Perspektiven und der Trialog der Kulturen

Die erhöhte Aufmerksamkeit für Religion und Bildung in Europa trägt mit dazu bei, dass Forschungsprojekte wie das skizzierte REDCo-Projekt wissenschaftlich und gesellschaftspolitisch Resonanz finden. Ziel kann dabei nicht sein, ein einheitliches System für Religionsunterricht in ganz Europa zu verordnen. Aber es erscheint als wichtig, dass in vergleichender Analyse herausgestellt werden kann, mit welchen Ansätzen Religion im Bildungsbereich Europas gestärkt werden sollte, um zu Verständigung und Dialog beizutragen, wo aber auch Vorsicht angebracht ist vor Konzeptionen und Ansätzen, die eher auf Spaltung, Isolation und Konflikt zielen. Damit könnte es möglich werden, Religion in Schule und Hochschule so zu verankern, dass Schüler sowie Studierende einen Raum finden, um persönliche Fragen im religiösen Bereich miteinander auszuloten und nicht im Gegeneinander zu finden versuchen.

Für die zukünftige Entwicklung in Europa ist ein friedliches Zusammenleben von Menschen unterschiedlicher Religion und Kultur nicht nur aus gesellschaftlichen Gründen notwendig. In umfangreichen, auf die USA bezogenen Analysen ist deutlich geworden, dass sich eine „kreative Klasse", die für die wirtschaftliche Entwicklung in einer Region entscheidend ist, nicht so gerne in homogen ausgeprägten Landstrichen, sondern vorzugsweise in Regionen etabliert, in denen Differenz aller Art ausgeprägt vorhanden ist (Florida 2003). Hieran anknüpfend kann man sagen, dass ein zivilisierter Umgang mit kultureller und religiöser Unterschiedlichkeit auch eine Vorbedingung darstellt für eine wirtschaftlich dynamische Entwicklung. Vertreter in Politik und Gesellschaft könnten die Erfahrungen in Schulen nutzen, die auf interreligiöse Verständigung setzen, und in ihren Schulprogrammen einen entsprechenden Schwerpunkt setzten.

Auffallend ist in den letzten ca. zehn Jahren, dass sich verstärkt europäische Institutionen der Frage interkulturellen und interreligiösen Lernens zuwenden. So hat das *European Monitoring Centre on Racism and Xenophobia* in einer Studie betont, dass Möglichkeiten für den Dialog an Schulen verbessert werden müssen, um zunehmenden Spannungen und Vorurteilen in der Gesellschaft entgegenzuwirken. Dies ist besonders wichtig für Schüler, deren Positionen sich in einem noch unabgeschlossenen Entwicklungsprozess befinden. Für diese sei die Begegnung mit anderen religiösen und kulturellen Standpunkten wichtig, um

- andere Standpunkte auch dann zu respektieren, wenn sie nicht den eigenen entsprechen,
- Religionen und Kulturen nicht als monolithisch anzusehen, sondern als bestimmt durch die tägliche Praxis von vielen Menschen und als veränderbar,
- Barrieren gegen den ideologischen Missbrauch von Religion und gegen die Instrumentalisierung für politische Konflikte aufzurichten. (European Monitoring Centre on Racism and Xenophobia 2005)

Auf europäischer Ebene wird z. B. im Europarat zunehmend Wert darauf gelegt, theoretische und praktische Impulse für interreligiöses und interkulturelles Lernen miteinander zu verbinden. Dies kann sehr gut im jüngst publizierten Handbuch zu *Religious Diversity and Intercultural Education* (Keast 2007) erkannt werden. Reflektierte Ziele und theoretische Ansätze von Dialog sind hier mit Beispielen und Methoden verbunden, wie die „Fähigkeit des Zusammenlebens" (Milot 2007, S. 29) durch einen auf interreligiösen Dialog ausgerichteten Unterricht in der Schule gefördert werden kann.

Dies ist der Hintergrund, um die europaweite Relevanz von Projekten wie dem *Trialog der Kulturen* der Herbert Quandt-Stiftung zu erfassen. In der Tat ist es sehr beeindruckend, sich die Zahl, die Qualität und die Kreativität dieser Projekte auf Schulebene vor Augen zu führen. Es ist angesichts der vielen Belastungen erstaunlich, wie engagiert derartige Projekte von Lehrern sowie Schulleitungen in die Wege geleitet werden. So kann interreligiöses Lernen, so kann der Dialog zwischen den Kulturen nachhaltig und beeindruckend Gestalt gewinnen: In Form von einzelnen Projekten und im Rahmen von Schulprogrammen, in denen die Verständigung zwischen Judentum, Christentum und Islam einen zentralen Stellenwert einnimmt.

Wie könnte eine produktive Korrelation zwischen den Bestrebungen auf europäischer Ebene und einer schulbezogenen Entwicklungsarbeit möglich sein? Folgendes wäre vorstellbar: Während das Trialog-Programm durch den Wettbewerb und durch Preisgelder einen Aktivitäts- und Kreativschub zum Thema „Dialog der Religionen an Schulen" in ausgewählten Regionen Deutschlands bewirkt, und während der Europarat einen politischen Einfluss in ganz Europa besitzt, sind das REDCo-Projekt und andere europäische Forschungsprojekte – gleichsam in der Mitte – an Universitäten angesiedelt, an denen in verschiedenen europäischen Ländern Projektleitungen und hoch motivierte jüngere Forscher ihre Zeit, Energie und Kreativität zu unserem Themengebiet investieren. Bei allen überlappenden Aktivitäten erscheint es als sinnvoll, sich mit den jeweils unterschiedlichen Potenzialen wechselseitig zu ergänzen und eine Arbeitsteilung anzustreben. Projekte wie REDCo können eine Forschungsbasis liefern, um interreligiöses Lernen unter ganz verschiedenen Bedingungen europäischer Länder zu analysieren und an der Erarbeitung einer gesamteuropäischen Perspektive für die Einübung in den Dialog an öffentlichen Schulen Europas mitzuwirken. Der „Trialog-Schulenwettbewerb" kann in seinen ganz konkreten, stimulierenden Effekten für ein solches Vorhaben gar nicht hoch genug eingeschätzt werden. Die Kreativität und das Engagement dieses Wettbewerbs für eine nachhaltige Schulentwicklung, in der neue Wege interreligiösen Lernens beschritten werden, beinhaltet ein großes Potenzial. Dieses Potenzial sollte auf andere Regionen Europas ausgedehnt werden. Dies könnte durch Institutionen wie den Europarat unterstützt werden.

Die Ressourcen dieser unterschiedlichen Akteure könnten einen Pool von Möglichkeiten darstellen, den Lehrer, Politiker und gesellschaftlich einflussreiche Personen nutzen könnten, um zu tragfähigen Perspektiven für ein gemeinsames Ziel zu gelangen: zu dem Ziel interkultureller Verständigung, dem Respekt für andere Menschen mit ihren religiösen und kulturellen Überzeugungen, für den interreligiösen Dialog an öffentlichen Schulen Europas. Hierfür wird es im Einzelnen unterschiedliche Wege geben. Aber wichtig ist es, dass diese Wege zur Anerkennung anderer und einem Anerkanntsein durch andere führen, so wie dies z. B. Paul Ricoeur vorschwebt. Dies wird ein wichtiger Beitrag zur persönlichen Orientierung und zum sozialen Frieden sein.

Literatur

Bertelsmann Stiftung 2007: Religionsmonitor 2008. Gütersloh

Buber, M. 1992: Das dialogische Prinzip. 6. Auflage. Gerlingen

Council of Europe (Hrsg.) 2008: White Paper on Intercultural Dialogue „Living Together as Equals in Dignity". 118th Session of the Committee of Ministers (Strasbourg, 7 May 2008). (CM Documents, 2008, 30)

Doedens, F./Weiße, W. (Hrsg.) 1997: Religionsunterricht für alle. Hamburger Perspektiven zur Religionsdidaktik. (Religionspädagogik in einer multikulturellen Gesellschaft, Bd. 1) Münster u.a.

Eder, K. 2002: Europäische Säkularisierung – ein Sonderweg in die postsäkulare Gesellschaft? In: Berliner Journal für Soziologie 12,3. S. 331–343

European Monitoring Centre on Racism and Xenophobia (Hrsg.) 2005: Majorities' Attitudes Towards Minorities: Key Findings from the Eurobarometer and the European Social Survey. Vienna

Florida, R. 2003: Cities and the creative class. In: City und Community 2,1 March 2003. S. 3–19

Friederici, M. 2009: Religion in Schule und Alltag. Ergebnisse einer Untersuchung an einer Gesamtschule in Hessen. In: D.-P. Jozsa/T. Knauth/W. Weiße (Hrsg.) 2009: Religionsunterricht, Dialog und Konflikt. Analysen im Kontext Europas. Münster. S. 158–171

Habermas, J. 2005: Zwischen Naturalismus und Religion. Philosophische Aufsätze. Frankfurt a. M.

Hasenclever, A. 2003: Geteilte Werte – Gemeinsamer Frieden? Überlegungen zu zivilisierenden Kraft von Religionen und Glaubensgemeinschaften. In: H. Küng/D. Senghaas (Hrsg.): Friedenspolitik. Ethische Grundlagen internationaler Beziehungen. München. S. 288–318

Heimbrock, H. G. 2004: Religionsunterricht im Kontext Europa. Einführung in die kontextuelle Religionsdidaktik in Deutschland. Stuttgart

Jackson, R. 1997: Religious Education. An Interpretive Approach. London

- 2004: Rethinking Religious Education and Plurality: Issues in Diversity and Pedagogy. London

- /Miedema, S./Weiße, W./Willlaime, J.-P. (Hrsg.) 2007: Religion and Education in Europe: Developments, Contexts and Debates. (Religious Diversity and Education in Europe, Bd. 3) Münster

Jozsa, D.-P./Knauth, T./Weiße, W. (Hrsg.) 2009: Religionsunterricht, Dialog und Konflikt. Analysen im Kontext Europas. Münster.

Kaul-Seidman, L./Nielsen, J. S./Vinzent, M. 2003: Europäische Identität und kultureller Pluralismus: Judentum, Christentum und Islam in europäischen Lehrplänen. Empfehlungen für die Praxis. Bad Homburg v. d. H.

Kay, W. K./Ziebertz, H.-G. (Hrsg.) 2006: Youth in Europe II. An international empirical study about religiosity. (International practical theology, Bd. 4) Berlin

Keast, J. (Hrsg.) 2007: Religious Diversity and Intercultural Education. A reference book for schools. Straßburg

Kermani, N. 2001: Brauchen wir den interreligiösen Dialog? In: UNESCO Heute 48,4. S. 13–15

- 2008: „Lieber gemeinsam als getrennt." Der „Religionsunterricht für alle" aus Schülerperspektive. In: W. Weiße (Hrsg.): Dialogischer Religionsunterricht in Hamburg. Positionen, Analysen und Perspektiven im Kontext Europas. (Religionen im Dialog, Bd. 2) Münster u. a. S. 75–86

- 2009: Zur Bedeutung von Religion in Schule und Lebenswelt von Jugendlichen in Hamburg. In: D.-P. Jozsa/T. Knauth/W. Weiße (Hrsg.) 2009: Religionsunterricht, Dialog und Konflikt. Analysen im Kontext Europas. Münster. S. 35–102

Knauth, T./Jozsa, D.-P./Bertram-Troost, G./Ipgrave, J. (Hrsg.) 2008: Encountering Religious Pluralism in School and Society – A Qualitative Study of Teenage Perspectives in Europe. (Religious Diversity and Education in Europe, Bd. 5) Münster

- /Weiße, W. (Hrsg.) 2002: Akademie der Weltreligionen. Konzeptionelle und praktische Ansätze. Dokumentation eines Symposions am 19./20.12.2001 mit Vertreterinnen und Vertretern von Weltreligionen in Hamburg und Mitgliedern der Universität Hamburg. Hamburg

Knitter, P. F. 1997: Horizonte der Befreiung. Auf dem Weg zu einer pluralistischen Theologie der Religionen. Frankfurt a. M. u. a.

Lévinas, E. 1993: Penser Dieu à partir de l'éthique. In: Ders.: Dieu, la Mort et le Temps. (Edition Passagen, Bd. 43) Paris. S. 154–164

Miedema, S. 2004: Beyond Foundationalism. A Plea for a New Normativity in the Philosophy of Religious Education. In: R. Larsson/ C. Gustavsson (Hrsg.): Towards a European Perspective on Religious Education. Stockholm. S. 36–45

Milot, M. 2007: The Religious Dimension in Intercultural Education. In: J. Keast (Hrsg.) 2007: Religious Diversity and Intercultural Education. A reference book for schools. Straßburg. S. 19–30

Moore, D.L. 2007: Overcoming Religious Illiteracy. A Cultural Studies Approach to the Study of Religion in Secondary Education. New York

Peukert, H. 1994: Bildung als Wahrnehmung des Anderen. Der Dialog im Bildungsdenken der Moderne. In: I. Lohmann/W. Weiße (Hrsg.): Dialog zwischen den Kulturen. Erziehungshistorische und religionspädagogische Gesichtspunkte interkultureller Bildung, Münster u. a. S. 1–14

- 2005: Identität. In: P. Eicher (Hrsg.): Neues Handbuch theologischer Grundbegriffe. Bd. 2. München. S. 184–192

Ricoeur, P. 2006: Wege der Anerkennung. Erkennen, Wiedererkennen, Anerkanntsein. Frankfurt a. M.

Skeie, G. 2001: Citizenship, Identity Politics and Religious Education. In: H.-G. Heimbrock/C. Th. Scheilke/P. Schreiner (Hrsg.): Towards Religious Competence. Diversity as a Challenge for Education in Europe. (Schriften aus dem Comenius-Institut, Bd. 3) Münster. S. 237–252

- /Weiße, W. 2008: Religions, Education, Dialogue and Conflict: Positions and Perspectives of Students in Germany and Norway. In: T. Knauth/D.-P. Jozsa/G. Bertram-Troost/J. Ipgrave (Hrsg.): Encountering Religious Pluralism in School and Society – A Qualitative Study of Teenage Perspectives in Europe. (Religious Diversity and Education in Europe, Bd. 5) Münster. S. 327–338

UNESCO/Institute of Oriental Studies 2007: Intercultural Dialogue and Cultural Diversity. Almaty

Weiße, W. 1999: Ökumenische Theologie und interreligiöse Dialogerfahrungen. Anstöße für die Religionspädagogik. In: Ders. (Hrsg.): Vom Monolog zum Dialog. Ansätze einer dialogischen Religionspädagogik. 2. Auflage. (Jugend – Religion – Unterricht, Bd. 1) Münster. S. 181–202

- 2002a: „Akademie der Weltreligionen" an der Universität Hamburg: Vorüberlegungen und Perspektiven. In: Th. Knauth/W. Weiße (Hrsg.): Akademie der Weltreligionen: Konzeptionelle und praktische Ansätze. Dokumentation eines Symposions am 19./20.12.2001 mit Vertreterinnen und Vertretern von Weltreligionen in Hamburg und Mitgliedern der Universität Hamburg. Hamburg. S. 15–25

- 2002b: Leitsätze für einen dialogischen und ökumenischen Religionsunterricht für alle in Hamburg. In: Ders. (Hrsg.): Wahrheit und Dialog. Theologische Grundlagen und Impulse gegenwärtiger Religionspädogogik. (Religionspädagogik in einer multikulturellen Gesellschaft, Bd. 4) Münster u. a. S. 121–143

- (Hrsg.) 2002c: Wahrheit und Dialog. Theologische Grundlagen und Impulse gegenwärtiger Religionspädagogik. (Religionspädagogik in einer multikulturellen Gesellschaft, Bd. 4) Münster u. a.

- 2003: Difference without Discrimination: Religious Education as a Field of Learning for Social Understanding? In: R. Jackson (Hrsg.). International Perspectives on Citizenship, Education and Religious Diversity. London. S. 191–208

- 2006: Interkulturalität – Interreligiosität. In: G. Adam/R. Lachmann/M. Rothgangel (Hrsg.): Ethische Schlüsselprobleme. Lebensweltlich, theologisch, didaktisch. (Theologie für Lehrer, Bd. 4) Göttingen. S. 216–232

- 2007: The European Research Project on Religion and Education ‚REDCo'. An Introduction. In: R. Jackson/S. Miedema/W. Weiße/J.-P. Willlaime (Hrsg.): Religion and Education in Europe: Developments, Contexts and Debates. (Religious Diversity and Education in Europe, Bd. 3) Münster. S. 9–25

- (Hrsg.) 2008: Dialogischer Religionsunterricht in Hamburg. Positionen, Analysen und Perspektiven im Kontext Europas. (Religionen im Dialog, Bd. 2) Münster u. a.
- (Hrsg.) 2009a: Theologie im Plural. Eine akademische Herausforderung. (Religionen im Dialog, Bd. 1) Münster u. a.
- 2009b: Das Forschungsprojekt REDCo: Religion im Bildungswesen: Ein Beitrag zum Dialog oder ein Konfliktfaktor in sich verändernden Gesellschaften europäischer Staaten. In: D.-P. Jozsa/T. Knauth/W. Weiße (Hrsg.) 2009: Religionsunterricht, Dialog und Konflikt. Analysen im Kontext Europas. Münster. S. 11–25

Bärbel Beinhauer-Köhler

Interkulturelles Lernen und Entwicklung interkultureller Kompetenz aus religionswissenschaftlicher Perspektive

Der Beitrag des Wettbewerbs „Schulen im Trialog"

1. Ein interkulturelles und interreligiöses Kochbuch

Im Rahmen des Schulenwettbewerbs der Herbert Quandt-Stiftung 2006/07 stellte die Emil-Fischer-Schule in Berlin-Reinickendorf ein später prämiertes Projekt vor. In der Berufsschule hatten Schüler der Hauswirtschaft ein interkulturelles und interreligiöses Kochbuch entwickelt unter dem Titel *Die Berufsbildung der Hauswirtschaft im Trialog der Kulturen. Interkulturelles Lernen mit besonderem Blick auf religiös begründete Speisetraditionen bzw. Speisegesetze des Judentums, des Christentums und des Islams.*

Die Schüler setzten sich eingangs anhand von Fachliteratur und von Kochbüchern mit religiösen Speiseregeln auseinander und erstellten dann eine Sammlung von Rezepten, die in einem „Büfett der Begegnung" von Mitgliedern sämtlicher berücksichtigter Kulturen gemeinsam genossen werden können. Einer Erprobungsphase in Lehrküchen und Mensa folgte die Erstellung des Kochbuchs.

Dieses enthält kleine theoretische Einführungen in jeweilige Speisegesetzgebungen. Erklärt werden die Regeln des jüdischen „Kaschruth"; für das Christentum, das in einer frühchristlichen Tendenz jüdische Regeln von „rein" und „unrein" ablehnt, wird die historische Klosterküche in ihrer diätetischen Dimension beleuchtet sowie für den Islam das Regelwerk, das Speise als erlaubt, arabisch „halal", qualifiziert. Den Hauptteil des Kochbuchs bilden Rezepte, die Mitgliedern aller drei Religionen problemlos serviert werden können: von Hering in saurer Sahne, arabischem Hummus, warmem Kartoffelsalat, Bagels, Roter Grütze bis hin zu Rosinen-Zimt-Schnecken.

Wie bewertet eine Religionswissenschaftlerin diesen Befund, unabhängig davon, dass sie sich als Hobbyköchin die Auseinandersetzung mit dem Kochbuch auch ganz praktisch in der Küche vorstellen könnte? – Am Beginn der Überlegungen steht eine fachwissenschaftliche Positionierung. Es folgen religionsvergleichende Einblicke in historische Formen der Tradierung sakralen Wissens und Formen der Religionsbegegnung. Dies mündet in Beschreibungen moderner Gesellschaften und deren Lern- und Begegnungsräumen, um den Schulenwettbewerb sinnvoll einordnen zu können.

2. Die religionswissenschaftliche Perspektive

Die im vorliegenden Sammelband sowie Titel des Kochbuchs verwendeten Leitbegriffe „interkulturelles Lernen" und „interkulturelle Kompetenz" verlangen im Rahmen eines religionswissenschaftlichen Beitrags zunächst nach einer Bestimmung der Begriffe „Religion" und „Kultur". Beide Bereiche sind seit dem sogenannten *cultural turn*, der die Sozial- und Kulturwissenschaften seit den 70er-Jahren prägt, ein Stück weit austauschbar, insofern als Religionen mit Clifford Geertz als bestimmte Typen kultureller Zeichen- und Symbolsysteme aufgefasst werden können, über welche die Mitglieder einer Gemeinschaft kommunizieren (vgl. dazu paradigmatisch Geertz 1987, S. 48).

Darüber hinaus sind die Leitbegriffe des Bandes und Kochbuchs solche der modernen Pädagogik, nicht primär solche der Religionswissenschaft. Letztere orientiert sich in ihren Fachdebatten an anderen Parametern, anstelle des „interkulturellen Lernens" an dem des „religiösen" oder pointierter noch „sakralen Wissens" (beispielsweise sanskrit „veda" oder arabisch „cilm"), dessen Tradierungsformen untersucht werden. Im Hintergrund stehen etablierte Religionen, die ihre, auf eine außermenschliche und nichtalltägliche Wirklichkeit zurückgeführten Vorstellungen und Rituale über lange Jahrhunderte in streng reglementierten Formen durch autorisierte oder gar ordinierte Personen weitergaben. Erst mit der Moderne haben auch religionsintern Perspektivverschiebungen in Richtung der „Lernenden" stattgefunden und werden hier überhaupt Spielräume der Aneignungsformen dieses Wissens reflektiert. Der Begriff der „Tradition", wie ihn der Marburger Religionswissenschaftler Michael Pye verwendet, gibt diesem Spannungsverhältnis zwischen Tradition im Sinne von Bewahrung und einer dennoch in jeder Generation erfolgenden Neuinterpretation des Überlieferten Ausdruck:

> „Thus, while people sometimes speak of 'a tradition', by which they mean a more or less precisely fixed cultural element, the more interesting usage in the study of religion is ‚tradition' understood as the act of handing on, which implies process and movement." (Pye 1991, S. 29)

Das Lernziel "interkulturelle Kompetenz" ist ebenfalls eines der modernen Pädagogik bzw. Schulpolitik, das sicherlich in pluralistischen Gesellschaften überaus sinnvoll, jedoch aus Sicht der Religionswissenschaft in mehrerer Hinsicht erläuterungsbedürftig ist. Die klassische Arbeitsform der Religionswissenschaft ist die Deskription historischer oder empirischer Sachverhalte. Spätestens seit Gerardus v. d. Leeuw hat sich die *epoché*, die Zurückhaltung von wertenden Urteilen über untersuchte Religionen, als elementarer Methodenbaustein durchgesetzt (v. d. Leeuw 1933, S. 781–787). Somit ist die Begegnung von Religionen und Kulturen vorwiegend ein Thema der Rekonstruktion von Religionsgeschichte oder Gegenwartskultur. Etwa Ulrich Berner beschäftigt sich vor diesem Hintergrund mit Begegnungs- und Mischformen der sehr vielschichtigen Religionswelt der Antike und Spätantike. Er arbeitet mit dem Begriff des „Synkretismus", den er als metasprachlichen Begriff umdeutet und bewusst seiner negativen Konnotation aus der christlich geprägten Sprachkultur entledigt (Berner 1982). Dass sich Kulturen und Religionen fortwährend begegnen, befruchten und in der Begegnung verändern, ist also aus Sicht der Religionswissenschaft kein Novum. Untersucht wird vielmehr, wie diese Begegnungen religionsintern verarbeitet werden (Köhler 1998).

Insofern ist eine Fokussierung von „interkultureller Kompetenz" eine unter Umständen die Neutralität der Religionswissenschaft herausfordernde, da auf Religion von außen verändernd einwirkende Forderung: Denn organisierte und institutionalisierte Religionen berufen sich je auf eigene absolute und überzeitliche Werte und nehmen ihre realen Veränderungen weniger wahr. Alterität wird gewöhnlich durch Apologetik verarbeitet und eine Anerkennung anderer im Sinne der Toleranz ist nur unter bestimmten Bedingungen möglich, klassisch z. B. der, dass heilsgeschichtlich vorausgehende Religionen als Vorläufer anerkannt und auch gewürdigt werden, so Juden durch Christen und beide durch Muslime. Um sich selbst als kulturelles System zu tradieren und zu erhalten, bedarf es jedoch angesichts ganz andersartiger oder zeitlich nachfolgender Weltanschauungen offenbar der Kontrolle von Dogmen und Orthopraxie, die gewöhnlich durch leistungsfähige religiöse Spezialisten gewährleistet werden (Gladigow 1988, S. 33–35).

Dem steht eine zweite Forschungsrichtung gegenüber, repräsentiert etwa durch Friedrich Heiler, die sich seit der Mitte des 20. Jahrhunderts selbst normativ und dialogisch mit der sogenannten „Verstehenden Religionswissenschaft" positionierte. Hier wird unter der Annahme eines in der Romantik wurzelnden universalistischen Weltbilds und Glaubens an den „Einen Gott" das Gemeinsame in allen Religionen gesucht. Theologie und Religionswissenschaft werden vermischt, unter Umständen zum Nachteil der Deskription von Religionen. Religionswissenschaft wird hier zu einem weiteren „Dialogpartner" im Kreis der Religionsvertreter, die eine solche Art der Verständigung suchen.

Eine streng sachbezogene Religionswissenschaft reflektiert demgegenüber zwar ihre eigenen weltanschaulichen Prämissen, macht diese jedoch gewöhnlich nicht zur Grundlage ihrer Forschungen, in dem Sinne, dass interkulturelle Verständigung das Leitmotiv der Arbeit bilden würde. Allein als bewusst ergänzender Arbeitsschritt möchte sie zu außerakademischen gesellschaftlichen Fragen beitragen, indem sie ihre Sachkenntnis über Religionen beisteuert und so das kognitive Wissen über Glaubensinhalte, religiöse Praxis und Alltagskulturen vermeintlich „fremder" Religionen oder Kulturen mehrt. Erst in jüngster Zeit wird darüber hinaus eine sogenannte „anwendungsbezogene" Religionswissenschaft verstärkt diskutiert und werden Potenziale der Religionswissenschaft für gesellschaftliche Felder wissenschaftlich reflektiert (Klöcker/Tworuschka 2008).

Die Pädagogik und insbesondere Religionspädagogik ist ein solcher für die Religionswissenschaft denkbarer Praxisbereich, in den religionswissenschaftliche Perspektiven nutzbringend übertragen werden könnten. Für den Religionsunterricht, aber auch für kulturgeschichtliche oder sozialpolitische Themen anderer Fächer, kann sie einerseits in der sachlichen Beschreibung Kenntnisse über klassische Religionen, Begegnungsräume von Religion und Alltag, Religion und Kultur oder Religion und Politik vermitteln. Zudem vermag sie über ihre Kenntnis interner Mechanismen von Religionen und „Sakralität" methodische Impulse zu setzen. Denn sie untersucht seit Jahrzehnten nicht zuletzt die Frage der Erzeugung religiöser Emotionen, jüngst verstärkt im Bereich der sogenannten Religionsästhetik (Beinhauer-Köhler u. a. 2009).

In den letzten Jahren wird sowohl in Reflexionen von Pädagogik und Didaktik als auch auf schulpolitischer Ebene diskutiert, welche Formen speziell des Religionsunterrichts sinnvoll seien. Gewöhnlich wird dabei, streng geschieden, auf entweder die Innen- oder die Außenperspektive abgehoben. Ersteres wird verbunden mit dem „Religionsunterricht", entwickelt durch Theologie und mit Religionsgemeinschaften als Trägern von Ausbildungsgängen und Curricula. Letzteres wird gewöhnlich verbunden mit „Religionskunde" und der Vermittlung von Kenntnissen über „andere" Religionen.

Dieses oft als Konkurrenz begriffene Spannungsfeld kann die Religionswissenschaft positiv auflösen: Sie erkennt, dass Religionen zwar ein Ideal eines überzeitlichen „sakralen Wissens" tradieren, an dem man durch Vorgänge der „Teilhabe" partizipiert, gerade die Religionen der vorderorientalischen Tradition aber zahlreiche Mechanismen der Versachlichung und Reflexion ihrer Gegenstände in Gestalt der bis in Schulen wirkenden Theologie kennen. Dabei werden durchaus auch von außen schauende Betrachterperspektiven eingenommen und Deskription betrieben – wenn ein protestantischer Theologe etwa die Geschichte des frühen Christentums rekonstruiert und selbst diesem Milieu schon aufgrund der zeitlichen Differenz nicht angehören kann oder ein islamischer Theologe frühislamische Überlieferungen über den Propheten nach ihrer Historizität beurteilt. Innen- und Außenperspektive begegnen sich hier innerhalb einer Religion. Eine vergleichbare Durchdringung der Perspektiven ist durchaus auch für die Religionskunde mit religionswissenschaftlichem Hintergrund möglich. Ein Faktenwissen über Religionen kann mit Hinweisen auf interne „Stimmungen" und Erfahrungen von Sakralität versehen werden, etwa durch Themen der Religionsästhetik. Durch didaktische Mittel, die nicht nur den Intellekt, sondern körperlich-sinnlich-emotionale Dimensionen ansprechen, ist es möglich, Schüler an Erfahrungshorizonten von unterschiedlichen Religionen oder Kulturen teilhaben zu lassen. Zur Erläuterung des Pessahfestes kann Mazzen gekostet oder zur Verdeutlichung islamischer Festsituationen Baklava genossen werden – um zum Kontext des Kochbuchs zurückzukehren. Die britische Religionspädagogik um John Hull arbeitet dahingehend mit Inszenierungen von Sakralität im klassenübergreifenden multikulturellen Unterricht, der zwischen Religionskunde und Religionsunterricht changiert (Meyer 1999).

3. Die Tradierung religiösen Wissens

Moderne Schulen stehen angesichts gesellschaftlicher Kontexte kultureller Pluralität vor Aufgaben, die sich für Religionsgemeinschaften jahrtausendelang so nicht stellten, wenn auch Multireligiosität sicherlich immer die Regel war, schon alleine durch eine Binnendifferenzierung religiöser Stile.

„Sakrales Wissen" war und ist ein Kenntnisbereich religiöser Spezialisten, d. h. von Funktionsträgern einer Religion. Ein Schamane lernt von seinem Vorgänger in einem jahrelangen Prozess, verbunden mit Initiationszeremonien und entsprechenden psycho-physischen Erfahrungen mythologische Traditionen über das Zusammenspiel von Diesseits- und Jenseitswelten; er lernt, wie er in Ritualen Trancetechniken einsetzt, um mit den Göttern und Geistern der Jenseitswelten zugunsten seiner sozialen Gemeinschaft zu kommunizieren. Dieses Wissen ist geheim, es wird nur ausgewählten Personen weitergegeben.

Indische Brahmanen überliefern seit Jahrtausenden den Veda mithilfe komplizierter Memotechniken, welche Sprache und Rezitationsweise bis hin zu einer bestimmten Gestik integrieren. Die sogenannten Zweimalgeborenen werden hierin initiiert, indem Jungen oberer Kasten in einer tagelangen Zeremonie von einem Brahmanen einzelne Verse des Veda stellvertretend für den Gesamtkorpus auswendig lernen. Dieses Wissen wird verstanden als eine eigenständige deifizierte Entität, derer man zum Nutzen einer Familie und Gemeinschaft teilhaftig werden kann (Michaels 1998, S. 87–114).

Hier geht es ebenso wenig um das Erlernen eines primär kognitiven Wissens, wie in Religionen der vorderorientalischen monotheistischen Religionstradition, wenn auch seit der rabbinischen Kultur über christlich-theologische, z. B. christologische Überlegungen bis zum Islam eine Tradition der theologischen Debatten, also mithin ein rationales Reflektieren in Form von „Theologie" belegt ist. Dennoch kennen alle drei Religionen Mechanismen, welche die Quellen sowie Annahmen dieser Diskurse ein Stück weit der Diskussion entziehen, sei es dass zugrundeliegende Textquellen als göttliche Offenbarung angesehen werden oder dass den Trägern des religiösen Wissens besondere Autorität zugesprochen wird. So ist etwa der „calim" (vgl. arabisch „cilm" – „Wissen"), der Religionsgelehrte des Islam, kein gewöhnlicher Wissenschaftler, und dies obwohl in der islamischen Theologie sämtliche Menschen vor Gott gleichgestellt sind und auch Amtsträger hier keine Ausnahme bilden. Aber allein aufgrund der Qualität des Wissens, mit dem er hantiert, und dessen göttlicher Quelle, ist seinen Kenntnissen immer auch ein Moment eines „weisheitlichen Wissens" eigen (u. a. Tibi 1992, S. 80–93).

Für Laien ergeben sich daraus Folgen: Sie haben die Möglichkeit, über das sakralisierte weisheitliche und Diskussionen ein Stück weit entzogene Wissen, meist über Rituale und Liturgien sowie einen grundlegenden Bestand ethischer und moralischer Lehren im Umgang mit existenziellen Fragen, an der Dimension der „Transzendenz" teilzuhaben. Die unmittelbare, unreflektierte, selbstverständliche „Teilhabe" an einem erlernten Zeichenbestand ist ein entscheidendes Merkmal religiöser Erfahrung (dazu Luckmann/Schütz 1984; Staal 1976). Ein Mitglied eines islamischen Elternvereins drückte dies in Bezug auf seinen Wunsch nach einem „echten" islamischen Religionsunterricht aus der Innenperspektive so aus, dass nur dort, über die Vermittlung sachbezogenen religionskundlichen Wissens hinaus, „das Herz" des Muslims berührt sei.

4. Interkulturalität und Interreligiosität in der Religionsgeschichte

Vor diesem Hintergrund haben in traditionellen Religionen auch interkulturelle Überlegungen gewöhnlich eine bestimmte Färbung. Einerseits waren Multireligiosität und
Multikulturalität in vielen historischen Situationen die Regel. Man denke an das Römi-
sche Reich, das im Zuge seiner Ausdehnung eine Masse lokaler Religionen integrierte. Auch in Indien leben seit Jahrtausenden Gläubige unterschiedlichster Richtungen
miteinander. Seit langem besteht hier eine Diskussion, ob bestimmte – etwa polytheis-
tische – Religionen in punkto Toleranz monotheistischen Religionen etwas voraus hätten. Neuere Untersuchungen vor allem zum Thema Gewalt in asiatischen Religionen
scheinen dem jedoch zu widersprechen (Mensching 1996; ZfR Themenausgabe 2003).
Immer wieder grenzen sich sämtliche Religionen mit variierenden Mitteln voneinander ab, und es lassen sich zahlreiche Quellen finden, wie dies erfolgt. Zum Teil finden
reale oder fiktive Gespräche statt, die zumindest von einer gedanklichen Auseinandersetzung mit anderen Religionen künden, so im Mittelalter auf christlicher und islamischer Seite eine ganze Tradition von Religionsgesprächen (Tamcke 2008). Oder aber
Vertreter einer Religion nehmen eine andere, etwa auf Reisen, wahr und geben Kenntnis über ihre Erfahrungen. Hier ist eine ganze Kette namhafter Werke zu nennen, angefangen bei Herodot, der die Religion der Ägypter beschreibt, oder Tacitus' Bericht
über die Germanen. Unbekannter sind vielleicht der chinesische Buddhist Fa Xian, der
um das Jahr 400 in die Heimat des Buddhismus, Indien, pilgerte, oder der Perser und
Muslim al-Biruni, der im 11. Jahrhundert Indien bereiste (u. a. Klein 2005). In all diesen
Fällen sind die Aussagen über andere Religionen zwar stark durch die Eigenreligiosi-
tät und Perspektive der Berichterstatter geprägt, aber deren Erfahrungen sind zumindest noch rekonstruierbar. Dabei finden sich Betrachtungsweisen wie die sogenannte
interpretatio romana des Tacitus, der die Namen und Funktionen der ihm bekannten
Götter auf die kennen gelernten in Germanien überträgt. Die „interkulturelle Kompetenz" ist in allen diesen Fällen kein Ideal der Zeit, man kann aber in vielen Fällen
den Eindruck gewinnen, dass trotz grundsätzlichem Festhalten an der eigenen Weltanschauung zumindest eine intellektuelle Auseinandersetzung mit anderen Kulturen
erfolgt. Theo Sundermeier erfasst dies mit zwei Modellen der Religions- oder Kultur-
begegnung, dem sogenannten „Alteritäts-" und dem sogenannten „Gleichheitsmo-
dell"; ersteres betont die Andersartigkeit, letzteres die grundsätzliche Akzeptanz der
Existenz anderer Kulturen (Sundermeier 1999, S. 196 ff. zum im Folgenden beschriebenen Komplementaritätsmodell).

Eine in der Vergangenheit eher seltene, aber in der Gegenwart gerade in Esoterik-
kreisen häufigere Form wird bei Sundermeier mit dem „Komplementaritätsmodell"
erfasst: Gläubige schöpfen durch eigene Reflexion neue Religionen, indem sie ihnen
Bekanntes zusammenführen, oftmals nach dem Prinzip der Ergänzung verspürter De-
siderate. In dieser Richtung engagierte sich beispielsweise der indische Mogulherr-
scher Akbar (gest. 1605), als er eine künstliche monotheistische Neureligion (*din ilahi*)
aus Elementen des Islam, aber auch des Hinduismus, schuf.

5. Neue multikulturelle Lern- und Sozialräume der Gegenwart

Wie sind nun die beschriebenen historischen Modelle der Weitergabe religiöser Traditionen und der interkulturellen Begegnung in Bezug auf zeitgenössische Schulformen und soziale Wirklichkeiten einzuordnen?

Edgar Zilsel (gest. 1944) ging als früher Wissenssoziologe davon aus, dass Wissenschaften soziale Gruppen als Trägerschaften benötigen. In der Neuzeit war dies das entstehende Bürgertum, wohnhaft in Städten, das den Nutzen bestimmter Fächer – der Jurisprudenz, der Medizin usw. – erkannte und somit von Kirche und Staat unabhängige Universitäten als höhere akademische Lernorte begründete (Zilsel 1985).

Dies kann übertragen auf den vorliegenden Kontext als Erklärungsmodell dienen, warum in der Gegenwart, verstärkt nach dem Zweiten Weltkrieg, auch geläufige Formen des Schul- und insbesondere des Religionsunterrichts aufbrechen bzw. erweitert werden. Das Prinzip der Tradierung religiösen und sakralen Wissens wird ergänzt durch eines, das angesichts religiös und kulturell pluraler Gesellschaften Kenntnis über unterschiedliche Kulturen vermittelt sowie als Handlungsanleitung interkulturelle Kompetenz einfordert. Die Grundlage ist die soziale Realität des Zusammenlebens unterschiedlichster Gruppen. Wie beim paradigmatisch angenommen Beispiel der Entstehung der modernen Universität in der Neuzeit zeigen sich Städte als besonders bewegt durch neue soziale Formen: Hier treffen Herkunftsgesellschaft wie Migrantenkreise, unterschiedlichste Kulturen und Religionen erkennbar aufeinander, und es erscheint wünschenswert, wenn diese durch gegenseitige Kenntnis friedlich koexistieren oder sich gar miteinander weiterentwickeln.

Geht es um Wissen über Religionen oder Kulturen, so sind längst nicht mehr allein die kirchlichen Formen wie der Kindergottesdienst und auch nicht nur die klassischen dafür vorgesehenen Schulunterrichtsfächer Orte der Vermittlung dieses Wissens. Entsprechende kulturelle „Lern-Räume" können sehr vielfältig sein und von institutionalisierten Räumen wie Museen und Jugendhäusern über informellere wie Internetplattformen bis hin zu individuellen und privaten der Lektüre oder des Medienkonsums reichen. Auch der moderne Staat, verkörpert etwa in städtischen Kulturämtern oder Schulbehörden, macht es sich zudem vielfach zur Aufgabe, eine moderne und plurale „Zivilgesellschaft" zu fördern und schafft dafür Foren wie städtische „Interkulturelle Wochen" oder schulische Projekttage.

Als Novum sind in diesen nichtreglementierten soziokulturellen Räumen die religiösen Traditionen nicht vorgegeben oder durch religiöse Spezialisten kontrolliert; auch verschmelzen ein klassischer separierter, durch eine besondere Glaubenslehre und Rituale sowie eine besondere Ethik geprägter religiöser Raum mit Kultur im weiteren Sinne, zieht man als Beispiel Fernsehserien wie „Türkisch für Anfänger" (ab 2006) heran. Diese durch das öffentlich-rechtliche Fernsehen geförderte Reihe hat einen humorvollen, didaktischen Tenor im Sinne einer positiv wahrzunehmenden Interkulturalität. Es geht also nicht mehr in einer autoritativ festgelegten Richtung des Wissenstransfers um die gesicherte Weitergabe interner Wissensbestände einer Religion, sondern um ein gesellschaftliches, oft spielerisches Lernen, bei dem Lernimpulse auch generationenübergreifend gesetzt werden können.

Das Förderprogramm der Herbert Quandt-Stiftung gehört in diesen Kontext. Es handelt sich um eine private Initiative, die eine soziale und kulturelle Institution, Schule, anregt, Formen des interkulturellen und interreligiösen Lernens zu entwickeln und zu implementieren. Lehrende und Schülerschaft sind dabei gemeinsam angesprochen. Ebenso sind die beteiligten Kulturen und Religionen gleichwertig; die alte religionsinterne Zugangsweise zu anderen Glaubensformen, die diese meist als unterlegen bewertet, ist einer paritätischen Haltung gewichen, die recht genau sozialen Realitäten entspricht.

Zur weiterführenden Interpretation fordert der „trialogische" Ansatz heraus, der demografische Verhältnisse repräsentiert, mit Christen, Muslimen und Juden als etablierten Religionsgemeinschaften in Deutschland. Allerdings finden sich viele Menschen, in diesem Falle Schüler wie Lehrer, in dieser Einteilung wohl nicht wieder. Weite Personenkreise bezeichnen sich als konfessionslos, der Buddhismus und der Hinduismus strahlen eine große Attraktivität aus; eine zunehmende weltanschauliche Individualisierung ist empirisch vielfach nachgewiesen und scheint auch zur Entwicklung religiöser Identität besonders in der Adoleszenz nachgerade dazuzugehören (Gmünder/Oser 1992). So muss die formale Zugehörigkeit zu einer christlichen Konfession oder bestimmten Religion nicht viel über tatsächliche momentane Identitäten von Jugendlichen aussagen. Die Anregung eines Trialogs der Kulturen in gegenwärtigen Schulen ist insofern ein gewisser Anachronismus, scheint er doch die Existenz von besonders drei großen durch Religionen geprägten Kulturen an deutschen Schulen und die Zugehörigkeit der Schüler zu diesen zu betonen.

Zurück zum prämierten Kochbuch: Vertreter orthodoxer oder gar fundamentalistischer Milieus, die sich in einer vormodernen Weise oder gerade als Reaktion auf die Moderne nach außen abgrenzend zu anderen Kulturen verhalten, würden vermutlich nicht von dem von den Schülern der Emil-Fischer-Schule entwickelten Büfett essen. Die Speisen wären nicht korrekt mit koscheren Geräten zubereitet, oft fremdländisch oder nicht garantiert *halal*-geschlachtet. Andere Personenkreise, die in ihrem Alltag bewusst mit der Existenz anderer Kulturen und Religion umgehen möchten – sei es in einer Kantine, im Krankenhaus, beim Nachbarschaftstreffen, in der Schule – halten mit der Anleitung wertvolles Material in den Händen, um eine große Hürde des Kontaktes von Menschen aus unterschiedlichen Kulturen zu nehmen. Gemeinsames Essen ist eine ganz unmittelbare Lernerfahrung.

Literatur

Beinhauer-Köhler, B. / Pezzoli-Olgiati, D. / Valentin, J. (Hrsg.) 2009: Religiöse Blicke – Blicke auf das Religiöse. Zürich

Berner, U. 1982: Untersuchungen zur Verwendung des Synkretismus-Begriffes. (Göttinger Orientforschungen: Reihe Grundlagen und Ergebnisse, Bd. 2) Wiesbaden

Geertz, C. 1987: Dichte Beschreibung. (Suhrkamp-Taschenbuch Wissenschaft, Bd. 696) Frankfurt a. M.

Gladigow, B. 1988: „Gegenstände und wissenschaftlicher Kontext von Religionswissenschaft". In: H. Cancik / B. Gladigow/M. Laubscher (Hrsg.): Handbuch religionswissenschaftlicher Grundbegriffe. Stuttgart u. a. S. 26–40

Gmünder, P. / Oser, F. 1992: Der Mensch – Stufen seiner religiösen Entwicklung. Ein strukturgenetischer Ansatz. 3. Auflage. Gütersloh

Klein, W. 2005: Abu Rayhan Biruni und die Religionen. Eine interkulturelle Perspektive. (Interkulturelle Bibliothek, Bd. 119) Nordhausen

Klöcker, M. / Tworuschka, U. 2008: Praktische Religionswissenschaft. Ein Handbuch für Studium und Beruf. (UTB: Religionswissenschaft, Bd. 3165) Stuttgart

Köhler, B. (Hrsg.) 1998: Religion und Wahrheit. Religionsgeschichtliche Studien. Festschrift für Gernot Wießner zum 65. Geburtstag. Wiesbaden

v. d. Leeuw, G. 1933: Phänomenologie der Religion. (Neue theologische Grundrisse) Tübingen

Luckmann, T. / Schütz, A. 1984: Strukturen der Lebenswelt. 2. Auflage. (Soziologische Texte, Bd. 82) Frankfurt a. M.

Mensching, G. 1996: Toleranz und Wahrheit in der Religion. Neu hrsg. von U. Tworuschka. Jena u. a.

Meyer, K. 1999: Zeugnisse fremder Religionen im Unterricht. Weltreligionen im deutschen und englischsprachigen Religionsunterricht. Neukirchen-Vluyn

Michaels, A. 1998: Der Hinduismus. München

Pye, M. 1991: Religious Tradition and the Student of Religion. In: A. W. Geertz / J. S. Jensen: Religion, Tradition and Renewal. Aarhus. S. 29–36

Staal, F. 1976: „The meaninglessness of Ritual". In: Numen 26. S. 2–22

Sundermeier, T. 1999: Was ist Religion? Religionswissenschaft im theologischen Kontext. (Theologische Bücherei: Studienbücher, Bd. 96) Gütersloh

Tamcke, M. (Hrsg.) 2008: Christliche Gotteslehre im Orient seit dem Aufkommen des Islams bis zur Gegenwart. (Beiruter Texte und Studien, Bd. 126) Würzburg

Tibi, B. 1992: Islamischer Fundamentalismus, moderne Wissenschaft und Technologie. (Suhrkamp-Taschenbuch Wissenschaft, Bd. 990) Frankfurt a. M.

Zeitschrift für Religionswissenschaft 2003: Themenausgabe „Buddhismus und Gewalt" 03/2

Zilsel, E. 1985: Die sozialen Ursprünge der neuzeitlichen Wissenschaft. Hrsg. und übers. von W. Krohn. 2. Auflage. (Suhrkamp-Taschenbuch Wissenschaft, Bd. 152) Frankfurt a. M.

Alexa Brum

Der trialogische Wettbewerb aus jüdischer Perspektive

Im Judentum ist der Blick auf den Glauben anderer Menschen nicht angelegt. Juden sehen in der Regel keine Notwendigkeit, nach außen über das eigene So- und Da-Sein zu sprechen, da die jüdische Lebenswelt, in die sie hineingeboren wurden, ih-nen selbstverständlich ist. So besteht eine gewisse innere Abgeschlossenheit und eine Scheu, anderen in diesem Punkt zu nahe zu kommen.

Zwar erhebt das Judentum Anspruch auf Allgemeingültigkeit der ihm offenbarten Wahrheiten, sieht aber ausschließlich das eigene Volk in der Pflicht, diese exempla-risch gesetzestreu und gerecht zu leben. Es ist der durch den Bund mit Gott dem gan-zen Volk Israel für alle Zeiten übermittelte Auftrag zur Einhaltung aller Gebote, die mit der Tora gegeben wurden, der die „Auserwähltheit zur Pflicht" ausmacht. Dies gilt für alle Juden. Die Tora weist den Weg für Recht und Ethik, die Beziehung zwischen Gott und den Menschen, zwischen den Menschen untereinander und ist bis heute für Juden die Richtschnur des Handelns. Zusammen mit den Propheten (*Nevi'im*) und den Schriften (*Ketuvim*) bildet sie die Bibel der Juden (*Tanach*) und spiegelt die kol-lektive Erinnerung ihrer Vorfahren.

Der unbefangene und sozialverträgliche Umgang mit dem Fremden ist durch Ein-beziehung in das eigene Rechtssystem geregelt:

> *„Wenn ein Fremder sich in eurem Land aufhält, so dürft ihr ihn nicht bedrücken. Der Fremdling, welcher sich bei euch aufhält, soll euch so wie ein Einheimischer sein. Du sollst ihn lieben, wie du dich selbst liebst. Denn auch ihr seid Fremdlinge gewesen im Land Mizrajim[1]. Ich, der Ewige, euer Gott."*
>
> (Lev 19,33–34; vgl. Dtn 10,19)

Auch der Umgang mit dem Feind spricht die gleiche Sprache:

> *„Wenn dein Feind hungert, gib ihm Brot zu essen, und wenn ihm dürstet, gib ihm Wasser zu trin-ken."*
>
> (Spr 25,21)

Es ist die Absicht, durch gerechtes Verhalten Frieden herbeizuführen. Die jüdische Moral wird als absolut und für alle Menschen verbindlich angesehen, was aber nicht bedeutet, dass alle Menschen Juden sein sollen. Im Gegenteil. Im Bewusstsein der Bürde, die die „Auserwähltheit zur Pflicht" bedeutet, wird ein Übertritt in der Re-gel besonders erschwert. Im Gegensatz zum Christentum und Islam ist Missionierung dem Judentum fremd.[2]

---

[1] Ägypten.

[2] Eine Ausnahme bildet die Dynastie der Hasmonäer (142 v.d.Z.–44 n.d.Z.), die die Bevölkerung in eroberten Gebieten judaisierte, z.B. in Samria und Idumäa.

Nach jüdischem Verständnis gab es schon vor der Sinai-Offenbarung grundlegende Regelungen, die für alle Menschen galten und durch den Bund zwischen Gott und Noach verbindlich wurden.[3] Diese gelten weiter als ein Minimalkodex von Geboten, die ein friedliches Zusammenleben aller Menschen ermöglichen sollen. Menschen, die diese Gebote halten, haben nach jüdischer Auffassung ebenfalls Anteil am Heil und an der kommenden Welt. Das umfasst auch Christen und Muslime, die es erst viel später geben sollte.

Seit der Zeitenwende entwickelte sich das Christentum in einem schmerzhaften Ablösungsprozess von der jüdischen Mutterreligion zu einer eigenständigen Offenbarungsreligion. Als Erbe nahm es die jüdische Bibel mit, das als Altes Testament im Laufe der Jahrhunderte eine grundlegende Umdeutung erfuhr. Auch die Festtage und der Schabbat wurden für neue Feiertage entlehnt und mit neuer Bedeutung belegt. Für Menschen, die in einem christlichen Umfeld groß geworden sind, wirkt Jüdisches häufig „von vorn herein sonderbar ‚bekannt'. Pessach ist eben das jüdische Osterfest, der Schabbat der jüdische Sonntag, ein Rabbiner eine Art jüdischer Pfarrer und die jüdische Kirche heißt ‚Synagoge'. Dieses Pseudo-Vorwissen erschwert das Verständnis des Judentums ganz beträchtlich […]" (Seidler 1998, S. 1).

Ein Beispiel für die häufig abwertende Wirkung einer solchen Umdeutung ist der Begriff „Pharisäer", der zum Stereotyp für Heuchler geworden ist. Die Kritik Jesu an Auswüchsen pharisäischen Verhaltens steht im Kontext der damaligen rabbinischen Literatur, wie sie im Talmud belegt ist und bestätigt wurde. Nie hat er pauschal die ganze Gruppe diffamiert, der er selbst nahestand. Ihr gebührt das Verdienst, dass das Judentum nach der Zerstörung des 2. Tempels überleben und das rabbinische Judentum, wie wir es heute kennen, sich entwickeln konnte.

Offenbarungsreligionen müssen sich von anderen Religionen abgrenzen, wenn sie den Anspruch auf Allgemeingültigkeit der von ihr postulierten Wahrheit aufrecht erhalten wollen, dies zumal, wenn die historische und inhaltliche Bindung so eng ist wie zwischen den drei abrahamischen Religionen.

So bauten sich ähnliche Hindernisse für eine Verständigung auch mit dem Entstehen des Islam auf. Geschichten verschiedener biblischer Persönlichkeiten wie z. B. Noach, Avraham, Jaakov und Mosche wurden in ausgewählten Episoden in den Qur'ān (Koran) aufgenommen und neu interpretiert. „In der späteren muslimischen Polemik gegen beide Religionsgruppen [Judentum und Christentum] wurde nicht nur stark pauschalisiert, sondern z. T. auch der Vorwurf erhoben, sie hätten ihre eigenen heiligen Schriften selbst verfälscht […]" (Krausen 1999), Vorwürfe, mit denen sich Qur'ānkommentatoren bis heute befassen und zu klären versuchen, ob die Kritik, die (jüdischen und christlichen) Schriften selbst meint oder nur bestimmte Formen ihrer Auslegung.

---

[3] Die sieben noachidischen Gebote betreffen: Verbot des Götzendienstes; Verbot der Gotteslästerung; Gebot, Gerichtshöfe zu errichten; Verbot, zu töten; Verbot des Ehebruchs; Verbot, Fleisch lebender Tiere zu essen (Tierschutz).

Dass die Kritik am Judentum (und im Qur'ān auch am Christentum) in beiden Nachfolgereligionen einen so grundlegenden Stellenwert hatte, dass sie in den kanonischen Schriften verankert wurde, erwies sich als schwere Hypothek für das Zusammenleben im Laufe der Jahrhunderte, denn die Stereotypen, die Sicherheit und Gewissheit geben sollen, wie der jeweils andere einzuschätzen sei, sind nichts als Bilder.

Für Juden und Muslime gilt das Bilderverbot. Es soll verhindern, dass der Mensch dadurch, dass er sich ein Abbild macht, Gott instrumentalisiert und damit seine Unfassbarkeit und Größe in Frage stellt. Mosche erfährt Gott als „ich bin, der ich bin" (hebr. אהיה אשר אהיה) (Ex 3,13) und so haben es die Menschen zu akzeptieren.

Dadurch, dass Gott den Menschen in seinem Ebenbild (Gen 1,27) erschuf, soll auch hier das Bilderverbot gelten. Der Mensch ist, wie er ist und niemand hat das Recht, ihn auf ein Abbild, ein Stereotyp zu reduzieren. Wenn Gott nach der Sintflut verspricht: „Ich will das Erdreich nicht mehr verfluchen um des Menschen willen, denn das Dichten des menschlichen Herzens ist böse von Jugend auf" (Gen 8,21) und zugleich trotz dieser, aus menschlicher Sicht bitteren, Erkenntnis Noach und seine Söhne segnet und beauftragt: „Seid fruchtbar und mehret euch und füllet die Erde" (Gen 9,1), dann gilt der Bund, den er mit Noach schloss, für die gesamte Menschheit; dies freilich nicht, ohne einen Minimalkodex für sozialverträgliches Verhalten zu postulieren[4] (s. o.). Wie können sich dann Menschen daran machen, das Erdreich zu „verfluchen" und sich zum Richter über andere Kinder Gottes, die nun die Erde füllen, zu erheben?

Dies gilt zumal für die drei monotheistischen Religionen, die in Avraham ihren Stammvater sehen. Sich auf Avraham berufen heißt, das eigene Handeln immer wieder zu hinterfragen[5], durch Kompromisse Streitigkeiten zu vermeiden[6], Fremden gastfreundlich und offen zu begegnen[7], geschäftlich korrekt und ehrbar zu handeln[8], sich für Menschen einzusetzen, auch, wenn sie fremd sind und vielleicht Schuld auf sich geladen haben[9] und im Sieg den Gegner nicht zu übervorteilen[10]. Ganz besonders aber heißt es, das eigene Kind nicht zu opfern, denn Gott will keine Menschenopfer[11].

Diese biblische Aussage ist in ihrer Aktualität nicht zu überbieten. Die Selbstmordattentate des 11. September 2001 haben die westlichen Demokratien in unvorstellbarer Weise erschüttert und in Frage gestellt. Die Entstehung einer den Märtyrertod

---

4   Sechs der „Noachidischen Gesetze" wurden durch rabbinische Auslegung von Gen 9,19 gewonnen, das siebte (Verbot des Fleischgenusses von lebenden Tieren) kam erst im Bund mit Noach hinzu. Es wird überliefert, dass diese Gesetze schon Adam bekannt waren, ihre universelle Gültigkeit aber erst durch den Bund mit Noach und seinen Söhnen bekamen.

5   An Wendepunkten seines Lebens suchte Avraham stets nach Gottes Rat, vgl. z. B. Gen 15,2–17,4.6.18.

6   Wie bei der Teilung des Landes mit Lot, vgl. Gen 13,8–12.

7   Wie beim Empfang der Fremden in Mamre, vgl. Gen 18,2–8.

8   Wie beim Kauf der Höhle Machpela, vgl. Gen 23,7–16.

9   Wie beim Ringen um S'dom und Amora, vgl. Gen 18,23–32.

10 Wie bei der Befreiung Lots und seiner Sippe, vgl. Gen 14,14–16.

11 Gott hält Avraham vom Vollzug des Opfers zurück, vgl. Gen 22,11–12; vgl. dazu auch Koran Sure 37,102–109.

verherrlichenden Bewegung im Nahen Osten gefährdet nicht nur die dortigen Gesellschaften. Die Unterstützung dieser Ideologie durch große Teile der im Westen gewachsenen Parallelgesellschaften aus der extremen Linken, der extremen Rechten und zahlenmäßig großer, aus muslimischen Ländern hier abseits der Majoritätsgesellschaft lebender Gruppen, stellen eine Gefahr für die in christlisch-jüdischer Tradition gewachsenen Demokratien dar. Es ist das erste Gebot – „Ich bin der Ewige, dein Gott, der ich dich aus dem Land Mizrajim geführt habe, aus dem Hause der Sklaven" (Ex 20,2) –, das allen Menschen individuelle Freiheit und das Recht auf Unterschiedlichkeit garantiert. Dieser Satz ist für das Judentum so bedeutend, dass zum Pessachfest, wenn zum Andenken an den Auszug aus Ägypten der traditionelle Seder (für Christen: Abendmahl) in den Familien zelebriert wird, jede Generation aufs Neue sich vorstellen soll, sie sei selbst am Sinai dabei gewesen, wo der Bund geschlossen und die Freiheit geschenkt wurde.

Dabei gerät allzu oft in Vergessenheit, dass es gerade der Islam war, der beim Übergang des frühen zum Hochmittelalter die Überlieferung der griechischen Antike und damit die philosophischen Grundlagen der Demokratie bewahrte und den Anstoß gab für einen für uns heute unvorstellbar fruchtbaren kulturellen Austausch zwischen Judentum, Christentum und Islam in al-Andalus.

Diese „pluralistische Vergangenheit und die wechselseitigen theologischen, kulturellen und historischen Verbindungen [...] zwischen den drei abrahamischen Glaubenstraditionen und den dazu gehörigen Kulturen in Europa" (Kaul-Seidmann u. a. 2003, S. 17) mit Nachdruck in Erinnerung zu rufen und die noch existierenden Beziehungen zu stärken, hat sich die Herbert Quandt-Stiftung zum Ziel gesetzt:

> *„Die Herbert Quandt-Stiftung und die theologische Fakultät der Universität Birmingham sind [...] der Auffassung, dass das* Potenzial für ein solches Verstehen *primär, doch nicht ausschließlich, latent in den Kulturen vorhanden ist, die aus den drei monotheistischen Weltreligionen hervorgingen. Folglich halten die Projektpartner eine* Freisetzung *dieses Potenzials für wichtig, speziell im Kontext eines modernen Europas, in dem die Europäische Union und die ihr angeschlossenen Organisationen und Behörden durch ‚Einschluss' und nicht durch ‚Ausschluss' Zugehörigkeits-Parameter schaffen möchten".*
>
> (ebd., S. 15)

Damit unterstützen die Projektpartner explizit die Bemühungen, auf allen Ebenen über trialogische Arbeit zu einer Integration der unterschiedlichen kulturellen Ansätze in einen europäischen Rahmen zu kommen. Die Tatsache, dass mittlerweile in Europa wieder ungestraft öffentlich und organisiert Todesdrohungen gegen Liberale und Juden ausgesprochen werden können, ist Anlass zu großer Sorge, ob das Unterfangen gelingen wird. Gleichwohl ist ein Verzicht auf Dia-/Trialog keine Alternative und sogar Teile der religiösen Orthodoxie haben erkannt, dass sie sich zusammensetzen müssen, um dem Missbrauch der Religionen Einhalt zu gebieten. [12] Aber: Trialog ist kein Allheilmittel.

Bassam Tibi weist unter dem Titel *Selig sind die Belogenen* (Tibi 2002) auf die Schwierigkeiten hin, demokratisch legitimierte Ansprechpartner für die muslimische Bevölkerung zu finden. Er sieht die unverzichtbare Notwendigkeit zu einer Anpassung in Form eines zu entwickelnden Euro-Islam und postuliert:

> *„Nur ein Islam, der in Einklang mit den Grundinhalten der politischen Moderne (Demokratie, individuelle Menschenrechte, Zivilgesellschaft, Pluralismus) steht und die Werteorientierung des Pluralismus annimmt, verdient es, als Euro-Islam bezeichnet zu werden".* (Tibi 2007, S. 3)

Angesichts des schweren Ganges, der dem Euro-Islam noch bevorsteht, erinnert Professorin Dr. Martha Zechmeister-Machart an längst überwunden geglaubte Grundfragen der christlichen Konfessionen [13] und folgert dennoch, „[...] dass auf dem Boden demokratischer Zivilisationen nur eine Religion akzeptiert werden darf, die bedingungslos auf jede physische und psychische Gewalt zur Durchsetzung ihres Wahrheitsanspruchs verzichtet" (Zechmeister-Machart 2003, S. 32). Sie wünscht sich eine monotheistische Ökumene im Bekenntnis „zum einen und einzigen Gott, der den Himmel offen hält, unter dem sich der Mensch frei und aufrecht erheben kann – unter dem es möglich wird, Pluralität und Verschiedenheit anzuerkennen und zu bejahen" (ebd., S. 36).

Als Jüdin erschüttert mich der innerreligiöse Kampf, den die Gläubigen der anderen beiden monotheistischen Religionen durchstehen müssen, um die Pflicht zur „Zwangsbeglückung" der Menschheit umzudeuten, ohne ihre Identität zu beschädigen. Ich wünschte ihnen mehr von der Selbstgenügsamkeit, die das Judentum auszeichnet. Warum sollen wir es nicht Gott überlassen, auf welche Weise er sich den Völkern offenbart – oder den Völkern, auf welche Weise sie Gott dienen möchten?

In dieser kulturpolitisch schwierigen Zeit setzt die Herbert Quandt-Stiftung auf die Jugend. Journalisten-Stipendien, Konferenzen, Lehrerakademie, Begabtenförderung

---

[12] Es ist erfreulich, dass angesichts einer Zunahme religiös eher starrer Bewegungen in allen drei monotheistischen Religionen, die Gruppen, die an einem gegenseitigen Austausch interessiert sind, sich aufeinander zubewegen und dieses Anliegen heute deutlicher artikulieren als noch vor wenigen Jahren. So engagiert sich der aschkenasische Oberrabbiner Israels, Yona Metzger, für den Trialog mit muslimischen und christlichen hohen Geistlichen in der Region, und in Deutschland finden an vielen Orten trialogische Gebetsfeiern statt, an denen neben denen der liberalen auch Mitglieder der orthodoxen Rabbinerkonferenz teilnehmen.

[13] Können aber die Religionen – zumindest die monotheistischen –, dort, wo sie sich noch nicht längst, sich selbst relativierend, aufgegeben haben, der pluralistischen Gesellschaft die Provokation und die Irritation des Absoluten ersparen? Können sie denn, ohne sich selbst zu verraten, sich wirklich von ihrem universalen Anspruch verabschieden? Können sie sich wirklich ohne Duckmäuserei und Selbstverkrümmung von ihrer „missionierenden Einstellung" lösen, d. h. von ihrer Überzeugung, ihnen sei eine heilsrelevante Botschaft für alle Menschen anvertraut, die es auch an diese weiterzugeben, d. h. zu verkünden gilt? (Zechmeister-Machart 2003, S. 31)

und trialogische Schulprojekte: ein umfassendes Programm, das das gegenseitige Verständnis bei Menschen unterschiedlichster Herkunft in Deutschland und Europa wecken soll.

In einer von der Stiftung in Auftrag gegebenen und der theologischen Fakultät der Universität Birmingham durchgeführten Untersuchung (Kaul-Seidmann u. a. 2003, S. 17 ff.)[14] wurde ca. 2001/02 in acht europäischen Ländern[15] die Grundrate des Schülerwissens über Juden und Judentum, Christen und Christentum sowie Muslime und Islam erhoben (ebd., S. 30).

Das Ergebnis zeigt, dass das Schülerwissen völlig ungenügend ist und, obwohl ein Blick in die staatlichen Curricula aufweist, dass das Ziel der Vermittlung kulturellen Pluralismus' und eines pluralistischen Bürgerbegriffs fast in allen verankert ist, dass diese Ziele auch nicht annähernd erreicht werden (ebd., S. 20ff.). Neben völlig unzureichendem Lehrmaterial tut sich in der Lehrerschaft ein Abgrund an Unwissen auf. In der Folge werden Informationen über die Bedeutung der drei Religionen überwiegend im Religionsunterricht oder stereotyp in Bezug auf bestimmte Epochen im Geschichtsunterricht vermittelt (Judenverfolgung im Mittealter oder Türkenschlacht bei Wien). Verschenkt wird jede Möglichkeit, im Kunst- und Musikunterricht kulturelle Einflüsse sinnlich erlebbar zu machen, Ethik und Philosophie durch Literatur zu vermitteln oder im Geschichtsunterricht das Miteinander und den Alltag in früheren Gesellschaften in allen seinen Facetten, auch an Beispielen des Gelingens, nachvollziehbar zu machen!

Die im Anschluss an die Erhebung erarbeiteten Leitlinien (ebd., S. 46ff.) bieten den Rahmen für ein solch hervorragendes und umfassend trialogisch-kulturelles und europabezogenes Wissen, dass man sich nur wünschen kann, künftigen Generationen werde die Möglichkeit zu seinem Erwerb gegeben. Freilich lässt ein Blick auf die schulische Realität in fast allen europäischen Ländern kaum hoffen, dass dieser ausgezeichnete Plan europaweit Grundlage für Curriculumgestaltung und Lehrplankommissionen werde.

Es ist dem klaglosen Realismus der Verantwortlichen in der Quandt-Stiftung zu verdanken, dass sie sich nicht entmutigen lassen, sondern Eigeninitiative ergreifen und mit erheblichem finanziellen Aufwand einen Schulenwettbewerb ausschreiben. Hier erreichen sie die Basis der zukünftigen Gesellschaft: vom Kindergarten, über Haupt- und Realschulen, Förder-, Berufsschulen und Gymnasien beteiligen sich engagierte Schulgemeinden mit nachhaltigen und in den Schulprogrammen verankerten Projekten, die das Herz eines jeden pluralistisch denkenden Demokraten höher schlagen lassen. Wer hätte angesichts der oben beschriebenen gesellschaftlichen Probleme gedacht, dass sich in der Gesellschaft unserer Bundesrepublik so viel bürgerliches Engagement, empathisches Miteinander und der tiefe Wunsch nach gegenseitigem Verständnis und nachbarschaftlichem Zusammenleben auftut? In dieser Demokratie

---

[14] Das genaue der Jahr der Untersuchung ist dem Bericht nicht zu entnehmen.

[15] England, Frankreich, Finnland, Griechenland, Deutschland, Italien, Spanien und Schweden

wagen auch wir Juden, wieder heimisch zu werden und uns für das Ganze zu engagieren.

Der vorliegende Band mit Best-Practice-Beispielen soll interessierten Schulen ermöglichen, von den Erfahrungen der Siegerschulen zu profitieren und die Ideen trialogischer Projekte weiter ins Land tragen.

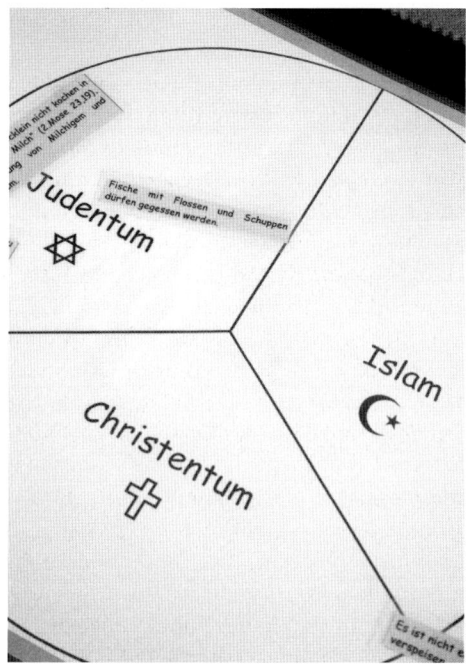

Trialogisches Spiel

Literatur

Kaul-Seidmann, L. / Nielsen, J. S. / Vincent, M. (Hrsg.) 2003: Europäische Identität und kultureller Pluralismus: Judentum, Christentum und Islam in europäischen Lehrplänen. Empfehlungen für die Praxis. Bad Homburg v. d. H.

Krausen, H. 1999: Die fünf Bücher Moses aus der Sicht des Islam. In: W. G. Plaut (Hrsg.): Die Tora in jüdischer Auslegung. Gütersloh. S. 49–54

Seidler, M. 1998: Vorwort des Übersetzers. In: R. A. Steinsaltz: Talmud für Jedermann, 2. Auflage. Basel u. a. In: http://www.hagalil.com/judentum/talmud/judentum.htm, recherchiert am 15.01.2009

Tibi, B. 2002: Selig sind die Belogenen. In: DIE ZEIT Politik 23/2002. S. 9

- 2007: Der Euro-Islam als Brücke zwischen Islam und Europa. In: http://www.perlentaucher.de/artikel/3764.html, recherchiert am 20.03.2007

Zechmeister-Machhart, M. 2003: Dialog zwischen Christen und Muslimen. Multireligiöse Schummelei oder Beitrag zu einer humaneren Welt? In: Universität Passau (Hrsg.): Judentum – Christentum – Islam; was verbindet sie, was unterscheidet sie? Drei Vorträge. Passau. S. 29–37

Rabeya Müller

Schulen im Trialog
Eine Betrachtung aus islamischer Perspektive

1. Situationsbedingte Notwendigkeit

Die Notwendigkeit des Dialogs, vor allem des christlich-islamischen Dialogs, wird gesellschaftlich gesehen immer wieder gefordert, da er ein Garant für vorurteilsfreies und friedvolles Miteinander zu sein scheint. Seit dem 11. September 2001 hat sich allerdings die Basis für diesen Dialog grundlegend geändert; er ist geprägt von einem augenscheinlich gesellschaftspolitischen „Problem Islam".

Dieser Diskussion und den damit verbundenen Forderungen sehen sich Schüler, vor allem muslimischen Glaubens, in verstärktem Maße ausgesetzt.

Die numerische Ungleichheit führt dazu, dass muslimische Schüler sich in der Öffentlichkeit als wenig vertreten fühlen, während sie im Schulalltag verstärkt im Fokus des Interesses stehen und sich oft für Dinge rechtfertigen sollen, mit denen sie sich nicht identifizieren und die sie gutheißen können.

In manchen Schulen oder Schulformen finden wir jedoch eine umgekehrte Situation: Muslimische Schüler sind in der Mehrheit. Eine Situation, die ihre Umgebung manchmal in Ängste stürzt, die wiederum diese jungen Menschen muslimischen Glaubens zunächst irritieren und dann manchmal dazu bringen, die erlittene gesellschaftliche Marginalisierung zurückzugeben.

Andererseits wollen viele muslimischen Schüler die Formulierung von der Diasporasituation nicht mehr hinnehmen. Ihre Empfindungen sind längst ganz anderer Natur und sie erwarten von der nichtmuslimischen Mehrheitsgesellschaft, dass sie diese, in ihren Augen „Ausgrenzungsmechanismen", einstellt.

Die Welt der muslimischen Schüler hat sich diversifiziert. Das institutionelle und rechtliche Ungleichgewicht zeichnet sich für die Menschen muslimischen Glaubens augenscheinlich sowohl in den Sozialstrukturen als auch der fehlenden Gleichberechtigung in Forschung und Lehre und damit letztendlich auch im schulischen Unterricht ab.

Die Kinder und Jugendlichen muslimischen Glaubens, die heute in Deutschland die Schulbank drücken, sind die dritte, manchmal sogar bereits vierte Generation. Ihre Großeltern kamen nach Westeuropa und brachten einen von traditionellen Vorstellungen geprägten Islam mit, der mit theologischer Reflexionsmöglichkeit oder religionspädagogischer Aufarbeitung wenig zu tun hatte. Diese Islamvorstellung gaben sie an ihre Kinder weiter und auch die hatten noch keine Chance in der Schule, andere Perspektiven ihrer Religion kennenzulernen. Das bedeutet, die heutige Generation bringt oft ein problematisches Verhältnis zum Judentum mit in den Unterricht, in dem sie gehalten ist, sich ebenfalls mit der deutschen Vergangenheit des letzten Jahrhunderts auseinanderzusetzen, die sie aber nicht als die ihre versteht und betrachtet. Die

Notwendigkeit eines Trialogs erschließt sich ihr damit also nicht unmittelbar zwingend.

Ähnliche Strukturen ergeben sich beim Nahostkonflikt, der allerdings noch durch die vorurteilsbeladene und stark mediengeprägte Vorstellung der nichtmuslimischen Mitschüler über den Islam geprägt und damit verschärft wird.

Die meist unkritische Parallelisierung von Moderne und Westen auf der einen und Prämoderne und Islam auf der anderen Seite ist nicht nur in ihren einzelnen Elementen unzulässig, sondern emotional das Produkt von Selbst- und Fremdbildern. Für junge Muslime entsteht ein emotionales Chaos, aus dem sie nur schwer herausfinden, da es wenig exemplarische Vorbildmodelle in ihrer unmittelbaren Umgebung gibt.

Die Schule hat sich zu einer Art „Nebenkriegsschauplatz" entwickelt, dem der Schulenwettbewerb entschlossen entgegentritt. Die Dialogbereitschaft oder gar ein Zugang zu einem adäquaten Trialog minimiert sich zunehmend bei der jüngeren Generation.

2. Qur'ānisch – theologische Voraussetzungen für den Trialog

Dabei würden gerade muslimische Schüler aus ihrer eigenen Schrift gute Grundlagen für einen solchen Trialog entnehmen können, sagt doch der Qur'ān (Koran), er sei ein wiederholendes Buch, bezieht sich in vielerlei Hinsicht auf Judentum und Christentum[1] und räumt unter anderem sowohl Juden als auch Christen einen Sonderstatus als „Ahlu-l-kitab" (Völker, die ebenfalls eine Offenbarungsschrift erhalten haben) ein. [2]

Allerdings ist es nötig, bei muslimischen Kindern und Jugendlichen viel eher mit diesen Vorstellungen zu beginnen, nämlich bei der Schöpfungsgeschichte: Hier spricht Gott davon, dass er den Menschen aus einer einzigen Substanz erschaffen hat. [3]

Abgesehen von der Bedeutung, die eine geschlechtergerechte Übersetzung dieses Verses für das Geschlechterverhältnis im Religionsunterricht hat, stellt sie auch eine Grundlage für die Beziehungen der Menschen untereinander dar. Didaktisch hat z. B. das IPD[4] die Passage so aufgearbeitet, dass die Kinder Plätzchenteig im Unterricht herstellen durften und beim Verzehr der abgebackenen Leckerei problematisiert wurde, welche Plätzchen welchem Kind nun besser schmecken würden. Da aber der Teig gleich war, war natürlich auch der Geschmack gleich, lediglich die Form war eine andere. Wird dann der Vers 4:1 dazu in Beziehung gesetzt, kommen sehr interessante

---

[1] Er hat das Buch mit der Wahrheit auf dich herabgesandt als Bestätigung dessen, was vor ihm war. Und Er hat die Thora und das Evangelium herabgesandt. (3:3)

[2] Und streitet nicht mit den Völkern der Schrift; es sei denn auf die beste Art und Weise. [...] Und sprecht: „Wir glauben an das, was zu uns herabgesandt wurde und was zu euch herabgesandt wurde; und unser Gott und euer Gott ist Einer; und Ihm sind wir ergeben." (29:46)

[3] Im Namen Allahs, des Allerbarmers, des Barmherzigen! Ihr Menschen, fürchtet euren Rabb, der euch erschaffen hat aus einem einzigen Wesen; und aus diesem erschuf Er das entsprechende Partnerwesen, und aus den beiden ließ Er viele Männer und Frauen entstehen [...]. (4:1)

[4] Institut für Interreligiöse Pädagogik und Didaktik Köln

Diskussionen auf, warum etwas, was so gleich ist, dennoch so ungleich werden kann und wer diese Ungleichheit verursacht hat.

Ähnlich ist es bei dem Begriff „Gläubiger" und „Ungläubiger". Das Wort „kafir" wird tatsächlich mehrheitlich mit „Ungläubiger" übersetzt und ist entsprechend in den Wortschatz von muslimischen Kindern und Jugendlichen eingeflossen, indem sie es auf alle Nichtmuslime anwenden. Das Wort stammt von der arabischen Wortwurzel „kafara" und bedeutet „etwas als wahr Erkanntes verdecken". Dies ist nun kein zutreffendes Format für die Angehörigen anderer Religionsgemeinschaften und kann auf diese auch nicht angewandt werden.[5] So kann also bereits durch eine gute etymologische Aufarbeitung bestimmter Qur'änstellen ein gewisser Widerstand gegen Menschen anderer Religionszugehörigkeit abgebaut werden.

Darauf aufbauen lässt sich dann ein entsprechendes Verständnis für Verse wie …

> *„Wirklich, Wir erschufen den Menschen, und Wir wissen, was er in seinem Innern hegt; und Wir sind ihm näher als (seine) Halsschlagader." (50:16)* oder …

> *„Sprich: ‚Wem gehört das, was in den Himmeln und was auf Erden ist?'*
> *Sprich: ‚Allah.' Er hat Sich Selbst Barmherzigkeit gegenüber Seiner Schöpfung vorgeschrieben […]." (6:12)*

… erarbeiten und zwar dahingehend, dass hier stets von Menschen und von der gesamten Schöpfung die Rede ist und sich diese Verse nicht explizit auf eine Gruppe oder Religionsgemeinschaft beziehen. Die Erkenntnis, dass alle Menschen von Gott gewollt und gleichwertig geschaffen sind, legt eine Grundlage dafür, dass die Bewertung der Taten eines jeden Menschen Gott obliegt und die Menschen sich kein endgültiges Urteil über den anderen erlauben können. Das ist allerdings oft eine ganz neue Perspektive für muslimische Schüler. Die Stellung, die der Qur'än in der muslimischen Gemeinschaft hat, stellt hierfür einen Garant dar. Die Schüler werden qur'änische Inhalte im Normalfall nicht hinterfragen. Mit dem Einbringen entsprechender Textstellen werden zwei Dinge erreicht: Einmal lernen die Schüler zu reflektieren und zu hinterfragen und zum Zweiten lesen sie tatsächlich einmal wieder selbst im Qur'än nach. Das haben viele nämlich nur selten bis nie getan, wenn es um die Übersetzung dieses Buches geht. Meist lernen die Kinder und Jugendlichen nur, den arabischen Text zu lesen. Nur dieser gilt als das geoffenbarte Wort Gottes. Dass aber jede Übersetzung bereits eine Interpretation darstellt, ist vielen nicht gegenwärtig. So erhalten Schüler also gleichzeitig auch eine kleine Anleitung zum hermeneutischen Denken.

---

5 Ihr, die ihr glaubt, wenn ihr auszieht auf dem Weg Gottes, so stellt erst gehörig Nachforschungen an und sagt zu keinem, der euch den Friedensgruß bietet: „Du bist kein Gläubiger." […] Seht, Gott weiß, was ihr tut. (4:94)

Werden sie zum Beispiel gefragt „Wie kommt das Auto in den Qur'ān?", können sie zunächst wenig damit anfangen, da ein Buch, das mehr als 1400 Jahre alt ist, ein Zeitpunkt, zu dem es nachweislich noch keine Automobile gab, eigentlich ein solches Wort nicht beinhalten kann. Schlagen sie aber dann im Deutsch-Arabischen Wörterbuch nach, stellen sie fest, dass Auto unter anderem auch „sayyaratun" heißt. Schlagen sie anschließend im Qur'ān in der Sure Yusuf (Joseph) nach, steht dort im arabischen Textteil tatsächlich „sayyaratun" – also – wie kommt das Auto in den Qur'ān?

Neben den möglichen Zugängen über die Wortwurzel „etwas, was sich bewegt" und ihren vielfältigen Übersetzungsmöglichkeiten lassen sich hier auch Brücken zum Hebräischen schlagen. Beides, Hebräisch und Arabisch, sind semitische Konsonantensprachen, beide bieten vielfältige Übersetzungsmöglichkeiten, so zum Beispiel das Wort „Rahma", das neben „Barmherzigkeit" in beiden Sprachen auch „Gebärmutter" bedeuten kann.

3. Leitfragen und Anforderungen an Lehrkräfte und Unterrichtsplanung

Angesichts dieser zahlreichen Gemeinsamkeiten lässt sich die Nähe der unterschiedlichen Religionsgemeinschaften zueinander schlecht leugnen. Erläutert die Lehrkraft dann unter anderem noch, dass Allah kein spezifisch muslimischer Eigenname ist, sondern auch arabische Christen „Allah" sagen, entsteht ein neuer Diskussionsbedarf, dem die Lehrer allerdings auch gewachsen sein sollten.

Hierfür wurden im IPD einige Leitfragen zur Vorbereitung von Unterrichtseinheiten entwickelt, von denen hier nur einige genannt werden sollen:

„1. Persönliche Vorüberlegungen, wie etwa:
– Was bedeutet dieser Offenbarungsteil für mich?
– Spricht er bestimmte Einstellungen und Emotionen bei mir an?
– Wo spüre ich Widerstände?
2. Theologische Überlegungen, wie etwa:
– Welche aktuelle Bedeutung hat das vorliegende Offenbarungsereignis?
– Welche theologischen Einsichten/Wege helfen zur Deutung und Klärung?
3. Didaktische Überlegungen, wie etwa:
– In welcher Lebenssituation und mit welchen Erfahrungen begegnen die Schüler diesem Ereignis?
– Was wissen sie schon über das Thema?
– Inwieweit beeinflusst die vorgegebene Lernsituation etwaige zu treffende Entscheidungen?"

(Institut für Interreligiöse Pädagogik und Didaktik 2007, S. 1)

All diese und weitere sind Überlegungen, die theologisch vorgebildeten muslimischen Lehrkräften oft nicht vertraut sind und die im eigentlichen Sinne die Voraussetzung für ein interreligiöses Lernen darstellen. Deshalb ist es wesentlich, dass im Rahmen des Schulenwettbewerbs auch eine entsprechende Lehrerfortbildung stattfindet.

Bezüglich der theologischen Grundlagen des Trialogs ist schon viel geschrieben und gesagt worden. Wesentlicher als die weitere Ausführung dieser Möglichkeiten erscheint es, wie das Verhältnis der Religionen untereinander in der Schule bearbeitet und ein friedliches Miteinander durch den Wettbewerb *Schulen im Trialog* angestrebt werden kann bzw. worden ist.

Das bezieht sich natürlich nicht ausschließlich auf Kinder und Jugendliche muslimischen Glaubens, auch das Theologieverständnis Judentum-Christentum hat seine Spannungen. So beschäftigt sich das Judentum theologisch nur geringfügig mit dem Christentum und das Christentum hat das Judentum zwar in den eigenen Kanon aufgenommen, aber von jüdischer Seite wird dies oft als „Vereinnahmung" betrachtet.

Dabei ist zu berücksichtigen, dass bisheriges religiöses Lernen meist kognitives Lernen nach dem Frage-Antwort-Schema war und die meisten Lehr- und Lernbücher katechetische Inhalte hatten. Zudem gestaltete sich der Unterricht im Wesentlichen durch Auswendiglernen und Abfragen.

Diese Form des Unterrichts ist in muslimischen Kreisen immer noch sehr verbreitet und gepaart mit einem stark dogmatischen Inhalt.

Es gilt also, allen Beteiligten die heutigen Voraussetzungen religiösen Lernens immer wieder vor Augen zu führen, ohne den katechetischen Auftrag religiöser Einrichtungen schmälern zu wollen.

Zu den Voraussetzungen gehören unter anderem in gesellschaftlicher Hinsicht die Nichtselbstverständlichkeit von Religion und Glaube, der Pluralismus von Werten, Weltanschauungen und Religionen sowie die Individualisierung.

Der Pluralismus nimmt nicht nur innerhalb der Gesellschaft, sondern auch innerhalb der jeweiligen Religionsgemeinschaft zu. Vielfach sehen wir uns dem Phänomen der „Patchwork-Religion" gegenüber, dass nämlich Dinge, die in der Religion plausibel erscheinen, angenommen werden, während andere zwar nicht gänzlich fallengelassen, aber durchaus zurückgestellt werden.

Zu den Kennzeichen heutigen religiösen Lernens sollte die *Subjektorientierung* gehören, d.h., es sollte keine Bewegung vom Lerninhalt zum Lernenden, sondern vom Menschen als Ausgangspunkt geben.

Wichtig ist die *Orientierung an der Lebenswelt* der Kinder und Jugendlichen, was vom Lehrer fordert, sich auf die Perspektiven der Lernenden einzulassen, ebenso wie die Führung eines *kommunikativ-dialogischen* Unterrichts und die Ermöglichung des „Fragen-Lernens", was in einem *diskursiven Unterricht* enden sollte.

Und das wesentlichste Kennzeichen bleibt die *Korrelation*, d.h. die Wechselwirkung von Glauben und Leben.

Zu dieser Lebenswirklichkeit gehört ohne Frage die Konfrontation bzw. das Zusammensein mit Menschen anderer religiöser Ausprägung. Wenn Kinder und Jugendliche bereits im Unterricht trialogische Formen kennengelernt haben, sollte es ihnen nicht schwer fallen, auch außerhalb des konfessionellen Unterrichts in diesen Trialog einzutreten, wobei es notwendig ist, dass sie auch bei diesem zu differenzieren lernen.

4. Welcher Trialog ist für die Schule geeignet?

Grundsätzlich gilt es zwei Arten von Trialog zu unterscheiden:

I. Der Basistrialog: Das sind die zwischenmenschlichen Beziehungen, die sich im Alltag abspielen. Diese erweisen sich oft auch als die tragfähigsten, da sie völlig natürlich gewachsen sind, angefangen bei nachbarschaftlichen Freundschaften bis hin zu regelmäßigen Treffen im interkulturellen öffentlichen Raum. Diese Verbindungen sind getragen von einer gegenseitigen (Für-)Sorge und Zuneigung, die eine Wahrnehmung des Gegenübers als Mensch in den Vordergrund stellt. Religionszugehörigkeit und Ideologieverständnis werden an dieser Stelle mit der Persönlichkeit eines Menschen in Wechselbeziehung gesetzt und nicht umgekehrt, d. h. ein Mensch wird nicht in die Klischeeschublade gesteckt, in der oft die jeweilige Religion bzw. das, was gemeinhin als die jeweilige Religion deklariert wird, steckt. Für Schüler ist das auch der Schulalltag, in dem die jeweiligen Sorgen hinsichtlich der Abschlüsse usw. im Vordergrund stehen und eine gemeinsame Grundlage darstellen. Solche Beziehungen wachsen und können in weitaus geringerem Maße vom tagespolitischen Geschehen beeinflusst werden. Die wenigsten Menschen, die beispielsweise eine persönliche Bekanntschaft mit Muslimen haben, würden auf den Gedanken kommen, diese mit Untaten extremistischer Kreise in Verbindung zu bringen.

Wahrscheinlich würden bestimmte Experten diesen Menschen wieder die sprichwörtlich gewordene „Blauäugigkeit" vorwerfen. Dabei wird oft vergessen, dass sowohl humanes als auch demokratisches Denken stets ein gewisses Risiko in sich birgt. Die Frage ist, wie sehr wir uns auf unsere Menschenkenntnis verlassen wollen und ob wir unser Leben im Misstrauen oder Zutrauen zu unseren Mitmenschen verbringen wollen. Letztendlich bleibt auch die Frage, welches Leben wohl ein lebenswerteres ist.

Der Mensch ist in vielfacher Weise das Produkt seiner Erfahrungen, und viele der Menschen an der Basis haben längst verstanden, dass Kommunikation notwendig ist, nicht nur für ein friedliches Zusammenleben, sondern für das Überleben schlechthin.

II. Der Trialog auf Funktionärsebene: Dieser Trialog scheint eine Form des Selbstzwecks zu erfüllen, quasi ein Trialog um des Trialogs Willen, der es einigen Kreisen ermöglicht, eine ganze „Trialogindustrie" aufzubauen. Diese Form hat augenscheinlich bei vielen wenig mit Kommunikation zu tun. Für die einen ist er schlicht Bestandteil des eigenen „Jobs", andere wiederum wittern ein lukratives Geschäft, sei es finanzieller oder profilsichernder Natur.

Dabei werden auf einer bestimmten Ebene Meinungen ausgetauscht, Forderungen erhoben und Beteuerungen abgegeben. All diese Dinge dienen oft dazu, tagespolitische Ziele zu unterstützen oder Verfassungskonformität zu demonstrieren.

Diese Form des Trialogs hat häufig wenig Bezug zur Basis und damit wenig Chancen zur realen Umsetzung all der verbalen Versprechungen. Das Tragische ist wohl, dass diese Form oft die einzige ist, die von den Medien wahrgenommen und in die Berichterstattung aufgenommen wird, womit sie den Nimbus der einzigen Realität zu bekommen scheint. Ob sie dieses Prädikat verdient, mag jede/r Einzelne daran messen, wie groß die Nachhaltigkeit der erwähnten programmatischen Punkte bei der allgemeinen Bevölkerung ist.

Von außen betrachtet entwickelt sich vielmehr das Bild, dass durch bestimmte Vorgehensweisen die Funktionäre einzelner Institutionen und Verbände ihre eigene Funktion festigen und als unentbehrlich erscheinen lassen wollen. Ob die geäußerten Positionen dabei der eigenen Meinung und Vorstellung entsprechen, scheint nachrangig.

Genau zwischen diesen beiden Ebenen setzt der Schulenwettbewerb an und stellt eine Herausforderung an den Lernprozess dar. Die Schüler lernen ihre Kategorien als Staatsbürger zum einen und ihrer Religionszugehörigkeit zum anderen zu verbinden. Durch diesen Wettbewerb lernen die Kinder und Jugendlichen Fragen an die jeweils andere, aber auch die eigene Religion zu richten, die sich nicht nur mit theologischen Grundlagen, sondern auch mit der Alltagstauglichkeit beschäftigen. Vielleicht werden sie auch mit Fragen und Antwortmöglichkeiten konfrontiert, die sie selbst so nie gestellt oder erarbeitet hätten. Das ist nicht nur für muslimische Schüler eine neue Dimension.

Die gemeinsame Zielsetzung aller Schüler bringt oftmals ein erstmaliges koedukatives Erlebnis zwischen Alltag und Religion, d. h. zum Beispiel auch zwischen Zuhause und sozialem Umfeld, das viele bis dahin noch nicht wahrgenommen haben oder gar versucht haben selbst umzusetzen.

Die Ziele dieses Lernens sollten sich aus islamischer fachdidaktischer Perspektive wie folgt darstellen:

▸ die Ausbildung einer religiösen und interreligiösen Kompetenz anstelle von bloßem Erwerb von Inhalten
▸ der Erwerb einer Multiperspektivität und einer lebensnotwendigen Tiefe
▸ Verstehensprozesse als Unterrichtsziel
▸ Hilfe bei der Identitätsbildung

5. Die Vorteile des Schulenwettbewerbs

In den einzelnen Projekten, die die Schulen nun mittlerweile in der 5. Runde umgesetzt haben, unterliegen Schüler keinem Rechtfertigungszwang. Durch die gemeinsame Zielsetzung können sie etwas aus ihrer eigenen Identität einbringen, was zum Gelingen des Ganzen beiträgt. Das bedeutet für viele eine neue Erfahrung, aber auch eine neue Verantwortung. Gerade für muslimische Kinder und Jugendliche ist das oft ein erstmaliges Erfolgserlebnis, was ihnen auch erlaubt, ihre Religion in der Schule als beheimatet und integriert zu betrachten. Das nimmt vielen und vielem radikale Tendenzen.

Vielleicht wächst hier das heran, was von Seiten der nichtmuslimischen Administration so oft eingefordert wird: „der eine Ansprechpartner", der den staatlichen Institutionen die Kommunikation erleichtert.

Wenn der Trialog der Schulen über den bloßen Austausch von Floskeln und Gemeinplätzen hinausgeht, kann er zu einer gesellschaftlichen Relevanz kommen. Trialog sollte eigentlich das Nebenprodukt einer fruchtbaren Kommunikation innerhalb eines selbstverständlichen Miteinanders sein. Der Wettbewerb *Schulen im Trialog* geht die Problematik von der anderen Seite an: Über diesen Trialog der Schülerschaft soll zu einem selbstverständlichen Miteinander gefunden werden. Dies fördert allerdings auch den Willen und die Fähigkeit innerhalb der einzelnen Schulen und Klassengemeinschaften, den Wunsch zu entfalten, die Freiheit jedes Einzelnen zu fördern und Gerechtigkeit zu fordern. Es gilt also, über die gemeinschaftliche Verpflichtung und über das gegenseitige Kennenlernen zu einer gemeinsamen gesellschaftlichen Verantwortung zu kommen. Damit kann vielleicht mehr demokratisches Grundbedürfnis im Einklang mit religiösem Selbstverständnis und eigener religiöser Identität begründet werden als mit vielen anderen Projekten bisher.

Literatur

Becker L./Müller, R. 1999: „Wir und die anderen Religionsgemeinschaften". Unterrichtsmaterialien für muslimische Kinder und Jugendliche. Köln

Herweg, R./Müller, R. 2006: Real-Trialog oder die Quadratur des Kreises. In: H.-C. Großmann/ R. Möller (Hrsg.): Interreligiöser Dialog. Berlin. S. 223–231

Institut für Interreligiöse Pädagogik und Didaktik (Hrsg.) 2007: Arbeitsblätter zur Religionspädagogik im Islam. Köln

Mokrosch, R./Müller, R. 2006: Islamische und Christliche Perspektiven für Friedenserziehung in der Schule. In: H. Biener/W. Hausmann/K. Hock/R. Mokrosch (Hrsg.): Handbuch Friedenserziehung. Gütersloh. S. 343–352

Müller, R. 2004: Islamischer Religionsunterricht und sein konzeptioneller Beitrag zur zukünftigen Gestaltung der Gesellschaft in der Bundesrepublik Deutschland. In: E. Gottwald/F. Rickers (Hrsg.): Die Zukunft des Religionsunterrichts im Horizont von Globalisierung und Multikulturalität. Nordhausen. S. 109–119

- 2005: Islamische Perspektiven zum interreligiösen Lernen – Wie ‚inter' ist der Islam? In: P. Schreiner/U. Sieg/V. Elsenbast (Hrsg.): Handbuch interreligiöses Lernen. Gütersloh. S. 142–149

Clauß Peter Sajak

Miteinander Lernen im Trialog
Eine christliche Perspektive

1. Die Kirche und die Religionen – eine Konfliktgeschichte

Interreligiöser Dialog und interreligiöses Lernen sind über viele Jahrhunderte für das Christentum nicht selbstverständlich gewesen. Die Ausdifferenzierung von Judentum und Christentum in den ersten Jahrhunderten unserer Zeitrechnung und das über tausendjährige Konkurrenzverhältnis zum Islam haben die Begegnung zwischen Christen und Nichtchristen eher kompetativ und konfliktär als irenisch und konstruktiv geraten lassen. Dabei verbindet die drei großen monotheistischen Religionen nicht nur der Glaube an den einen Gott, der Schöpfer, Herrscher und Richter ist, sondern auch die abendländische Kulturtradition, die unter der Prägekraft der drei Religionen gewachsen ist: „Europa klingt nach Abrahham"[1]. In allen christlichen Kirchen und Gemeinschaften ist eine Öffnung gegenüber den anderen Religionen aber erst im Ausgang der Moderne erfolgt: Noch 1910 ging man auf der Weltmissionskonferenz in Edinburgh davon aus, dass spätestens in der nächsten Generation die gesamte besiedelte Welt christianisiert sein werde (Kuschel 1993, S. 99f.). Der Zusammenbruch des Kolonialismus und die Unabhängigkeitsbewegungen in den außereuropäischen Staaten nach zwei von Europa ausgehenden Weltkriegen ließen diese Vision einer euro- und damit christozentrischen Weltordnung im Laufe des 20. Jahrhunderts zu einer töricht anmutenden Illusion werden.

In der katholischen Kirche ist das Verhältnis zu den anderen Religionen dann maßgeblich durch die Beschlüsse des II. Vatikanischen Konzils, das zwischen 1962 bis 1965 in Rom stattfand und eine Öffnung der katholischen Kirche zur Moderne hin (Papst Johannes XXIII: „aggiornamento") unternahm, neu bestimmt worden. So markiert die Konzilserklärung über das Verhältnis der katholischen Kirche zu den nichtchristlichen Religionen, die nach ihrem lateinischen Titel als *Nostra aetate* zitiert wird, einen paradigmatischen Wechsel, den ein kundiger Beobachter wie folgt zusammengefasst hat: „Vor dem II. Vaticanum war die Haltung der Kirche gegenüber den nichtchristlichen Religionen negativ, heute ist sie grundsätzlich positiv" (Mohammed 1992, S. 66). So wird nämlich die Position der vorkonziliaren Kirche meist mit dem Diktum des Cyprian „Extra ecclesiam nulla salus" charakterisiert. Der in der jüdischen Heilsgeschichte entfaltete Grundgedanke, Israel sei das von Gott auserwählte Volk, von ihm, JHWH (Jahwe), bestimmt zu einem einzigartigen Bund (Gen 15 und 17), floss als jüdisches Erbe in das Selbstverständnis der ersten Christen ein. Diese Vorstellung von Erwählung führte konsequenterweise zu einer Abgrenzung von den

---

[1] So das Motto des Beitrags der Sankt-Lioba-Schule in Bad Nauheim, Platz 1 für Hessen in der Wettbewerbsrunde 2007/08.

Menschen, die nicht zu der Gemeinschaft der „Herausgerufenen", also der „Ecclesia" gehören. Diesen Menschen wurde entsprechend das Heil abgesprochen. Während in der Kirche der ersten zwei Jahrhunderte aufgrund der gesellschaftlichen Außenseiterstellung der Christen noch eine moderate Praxis gegenüber Nichtgläubigen geübt wurde, veränderte sich diese Haltung grundsätzlich mit der konstantinischen Wende und dem damit verbundenen Aufstieg des Christentums zur Reichskirche im 4. Jahrhundert (Kaufmann 2000, S. 44). Nun wurde die Mitgliedschaft in der Kirche vor allem eine politische Notwendigkeit. Diesen Anspruch steigerte die Kirche während des gesamten Mittelalters und dokumentierte ihn abschließend 1442 n. Chr. auf dem Konzil von Florenz mit den deutlichen Worten, dass alle Nichtkatholiken dem ewigen Feuer verfallen seien, falls sie nicht vor ihrem Tod der Kirche angehört hätten (Denzinger/ Hünermann 2007, 1351).

Die Entdeckung und Eroberung der Neuen Welt durch die Conquistadores veränderten aber zwangsläufig den lehramtlichen Blick auf die Voraussetzungen der Heilsnotwendigkeit: Die wachsende Erkenntnis, dass außerhalb der europäischen „Oikumene" seit Jahrhunderten vor der Conquista unzählige Menschen ohne die Möglichkeit der Mission und Bekehrung existiert hatten, führten 1547 n. Chr. zu einer ersten Neubestimmung des Verhältnisses von Kirche und Nichtchristen auf dem Konzil von Trient. Der neutestamentliche Glaube, dass Gott alle Menschen zum Heil bestimmt habe (Mt 5,45 und Mt 28,16–20), ließ sich mit der Existenz der heidnischen Völker in den neu entdeckten Kontinenten nur dadurch versöhnen, dass man die unbedingte Heilsnotwendigkeit der Kirche relativierte. Zu diesem Zweck nahm das Konzil die bereits in der mittelalterlichen Theologie entwickelte Lehre von der Begierdetaufe und die Vorstellung vom impliziten Glauben auf: Entsprechend dieser Lehre kann eine Mitgliedschaft in der Kirche unter bestimmten Umständen auch ohne offiziellen Ritus (in re) allein durch den Willen des Kandidaten (in voto) erreicht werden, während Menschen, die ihr Leben ohne eigene Schuld in Unwissenheit über die Existenz Jesu Christi und seiner Kirche im guten Sinne gelebt haben, die Erlösung durch ihr so gezeigtes implizites Verlangen nach der göttlichen Gnade erlangen können (ebd., 1524). Hier nimmt eine Entwicklung ihren Anfang, die dann im 20. Jahrhundert von Karl Rahner unter dem Begriff des „anonymen Christen" weitergeführt und auf dem II. Vatikanischen Konzil im Ökumene-Dekret und in der Erklärung über das Verhältnis der Kirche zu den nichtchristlichen Religionen entfaltet worden ist.

2. Die religionstheologische Neubestimmung auf dem II. Vatikanischen Konzil

In dieser Erklärung über das Verhältnis zu den nichtchristlichen Religionen „Nostra aetate" ist nun ein bis dahin unbekannter warmer und anerkennender Ton und eine wirkliche Wertschätzung für die anderen Religionen spürbar:

> *„Die katholische Kirche lehnt nichts von alledem ab, was in diesen Religionen wahr und heilig ist.*
> *Mit aufrichtigem Ernst betrachtet sie jene Handlungs- und Lebensweisen, jene Vorschriften und*

Lehren, die zwar in manchem von dem abweichen, was sie selber für wahr hält und lehrt, doch nicht selten einen Strahl jener Wahrheit erkennen lassen, die alle Menschen erleuchtet."

(Nostra aetate 2)

Im Weiteren wendet sich das Dokument dem Islam als der dem Christentum nächststehenden Offenbarungsreligion zu. Im Rückblick auf die über ein Jahrtausend während gewalttätige Konkurrenzbeziehung zwischen Christen und Muslimen sind die Aussagen dieses Abschnittes beeindruckend versöhnlich:

„Da es jedoch im Lauf der Jahrhunderte zu manchen Zwistigkeiten und Feindschaften zwischen Christen und Muslimen kam, ermahnt die Heilige Synode alle, das Vergangene beiseite zu lassen, sich aufrichtig um gegenseitiges Verstehen zu bemühen und gemeinsam einzutreten für Schutz und Förderung der sozialen Gerechtigkeit, der sittlichen Güter und nicht zuletzt des Friedens und der Freiheit für alle Menschen."

(ebd. 3)

Gerade diese Stelle ist von besonderer Relevanz für diese Untersuchung, da ein aufrichtiges Bemühen „um gegenseitiges Verstehen" eben ein Grundanliegen jeder interreligiösen Didaktik und jedes interreligiösen Lernens in der Begegnung mit dem Islam sein wird.

Die Wertschätzung für die Muslime wird in folgender zentraler Passage formuliert:

„Mit Hochachtung betrachtet die Kirche auch die Muslime, die den alleinigen Gott anbeten, den lebendigen und in sich seienden, barmherzigen und allmächtigen, den Schöpfer des Himmels und der Erde, der zu den Menschen gesprochen hat. Sie mühen sich, auch seinen verborgenen Ratschlüssen sich mit ganzer Seele zu unterwerfen, so wie Abraham sich Gott unterworfen hat, auf den der islamische Glaube sich gerne beruft. Jesus, den sie allerdings nicht als Gott anerkennen, verehren sie doch als Propheten, und sie ehren seine jungfräuliche Mutter Maria, die sie bisweilen auch in Frömmigkeit anrufen. Überdies erwarten sie den Tag des Gerichtes, an dem Gott alle Menschen auferweckt und ihnen vergilt. Deshalb legen sie Wert auf sittliche Lebenshaltung und verehren Gott besonders durch Gebet, Almosen und Fasten."

(ebd.)

Es folgt die Neubestimmung des Verhältnisses zum Judentum. Diese Passage gehört wohl zu den rezeptionsgeschichtlich bedeutendsten Textstellen der Erklärung.[2] Zwanzig Jahre nach der Befreiung von Auschwitz würdigt die katholische Kirche das Leidenszeugnis des jüdischen Volkes und verurteilt scharf alle Formen der Diskriminierung und des Antisemitismus:

---

[2]   Zu Konzilsverlauf und Entstehungsgeschichte der verschiedenen Dokumente vgl. auch O. H. Pesch 2001. Mit Blick auf die Erklärung zum Verhältnis zu den nichtchristlichen Religionen zeigt Pesch auf, wie Nostra aetate sukzessiv aus dem Bemühen um eine neue Verhältnisbestimmung zum Judentum erwachsen ist (ebd., S. 292–310). „So ist denn natürlich der 4. Artikel, der das Verhältnis der Kirche zu den Juden beschreibt, das Herzstück der ganzen Erklärung" (ebd., S. 305).

„Im Bewußtsein des Erbes, das sie mit den Juden gemeinsam hat, beklagt die Kirche, die alle Verfolgungen gegen irgendwelche Menschen verwirft, nicht aus politischen Gründen, sondern auf Antrieb der religiösen Liebe des Evangeliums alle Haßausbrüche, Verfolgungen und Manifestationen des Antisemitismus, die sich zu irgendeiner Zeit und von irgend jemandem gegen die Juden gerichtet haben."

(ebd. 4)

Zu einem Schuldbekenntnis (Johannes Paul II. 2000) und einer Bitte um Vergebung für den katholischen Anteil am europäischen „Zivilisationsbruch" (Dan Diner) konnte sich das Konzil noch nicht durchringen. Diesen Schritt wagte erst Johannes Paul II. 35 Jahre später im Rahmen seiner Israel-Reise im Heiligen Jahr 2000. Das in der Holocaust-Gedenkstätte Yad Vashem ausgesprochene Schuldbekenntnis und sein Gebet an der Klagemauer in der Jerusalemer Altstadt bilden den Höhepunkt eines jüdisch-christlichen Dialoges auf höchster lehramtlicher Ebene, den Johannes Paul II. von Beginn seines Pontifikates an als persönliches Anliegen gefördert und vollzogen hat, zuerst im Jahre 1982 durch seinen Gang vom Vatikan zur Großen Synagoge von Rom.

Die furchtbaren Ereignisse des 11. September 2001 haben allerdings den Bemühungen um den interreligiösen Dialog einen schweren Schlag versetzt. Die islamistischen Anschläge auf das wirtschaftliche Zentrum der christlichen Welt und die parallel verlaufende zweite palästinensische Intifada in Israel und den besetzten Gebieten haben die aktuellen politischen Konflikte zwischen Juden, Muslimen und Christen mitsamt ihren religiös-kulturellen Kontexten in besonders dramatischer Weise deutlich werden lassen. Auf christlich-katholischer Seite hat die Wahl des ehemaligen Präfekten der Glaubenskongregation, Joseph Kardinal Ratzinger, zum Papst zu einer gewissen Retardation geführt. Dieser neue Papst Benedikt XVI. betrachtet den ökumenischen wie interreligiösen Dialog mit wesentlich größerer Vorsicht und Distanz als sein charismatischer Vorgänger Johannes Paul II. (Ratzinger 2003). Zudem haben eine Reihe von unglücklichen Äußerungen des Papstes und der vatikanischen Behörden – genannt seien an dieser Stelle nur die sogenannte „Regensburger Vorlesung", die Neuformulierung der Karfreitagsfürbitte für die Juden und die Wiederaufnahme der umstrittenen Pius-Bruderschaft in die Kirche – für eine nachhaltige Störung des Verhältnisses zu Juden und Muslimen geführt. Papst Benedikt hat allerdings durch verschiedene Gesprächsangebote an muslimische Theologen und durch eine nachdrückliche Verurteilung von Antisemitismus und Holocaust-Leugnung zumindest versucht, diese Irritationen aus der Welt zu schaffen.

3. Interreligiöses Lernen im katholischen Religionsunterricht

Im katholischen Religionsunterricht ist das interreligiöse Lernen seit der Neukonzeption des Fachs auf der Würzburger Synode 1975 ein religionsdidaktisches Grundprinzip (vgl. ausführlich Sajak 2005, S. 32–39). Auch in den jüngsten Veröffentlichungen zum Religionsunterricht haben die deutschen Bischöfe die Bedeutung des interreligiösen

Lernens betont: Zum einen haben sie in den kirchlichen Richtlinien für Bildungsstandards in der Sekundarstufe I deutlich einen Gegenstandsbereich zu „Religionen und Weltanschauungen" ausgewiesen (Die deutschen Bischöfe 2004, S. 28 f.), zum anderen haben sie in ihrer aktuellen Erklärung *Der Religionsunterricht vor neuen Herausforderungen* ausdrücklich die „Vermittlung grundlegender Kenntnisse des katholischen Glaubens und anderer Konfessionen und Religionen" (Die deutschen Bischöfe 2005, S. 19) als Ziel des Religionsunterrichts festgeschrieben.

Die Gründe für diese lehramtliche Bestätigung interreligiösen Lernens im Religionsunterricht sind offensichtlich: Gerade vom schulischen Religionsunterricht wird bildungspolitisch erwartet, dass er durch die Bearbeitung religionskundlicher, religionstheologischer und nicht zuletzt religionspraktisch-ethischer Fragestellungen einen schulischen Beitrag zur Integration und Zivilisierung von Religion leistet (Habermas 2001). Schließlich erleben Schüler besonders intensiv die faktische Multikulturalität unserer Gesellschaft mit all ihren Problemen und Spannungen. Gerade vom konfessionellen Religionsunterricht – soll er denn weiterhin eine Berechtigung in der säkularen Schule haben – wird in dieser Situation nicht zu Unrecht ein spezifischer Beitrag für das interreligiöse und damit auch interkulturelle Lernen erwartet (Sajak 2005, S. 3–13).

In einem Beitrag, der die katholische Perspektive auf das Verhältnis der abrahamischen Religionen skizzieren und katholische Vorstellung von interreligiösen Bildungsprozessen formulieren soll, muss an dieser Stelle eine wichtige Begriffsklärung vorgenommen werden: Vor allem in der evangelischen Religionspädagogik ist es inzwischen üblich, den Begriff des „interreligiösen Lernens" durch eine grundsätzliche Differenz zur traditionellen Weltreligionendidaktik zu definieren. Die Weltreligionendidaktik war in den 1960er-Jahren im Kontext des sogenannten „Hermeneutischen Religionsunterrichts" entstanden und versuchte Lernprozesse über nichtchristliche, fremde Religionen durch Informationen und Instruktion im Rahmen des konfessionellen oder konfessionell-kooperativen Religionsunterrichts zu ermöglichen. Die jüngeren Ansätze sprechen jetzt diesem für das deutsche Schulsystem „klassischen" Lernweg das Prädikat „interreligiöses Lernen" ab, weil ihm das Kriterium der „authentischen" Begegnung verschiedener Religionen fehle:

> *„Interreligiöses Lernen ist nur möglich, wo sich Mitglieder verschiedener Religionen tatsächlich in der täglichen Lebenspraxis begegnen und wo sie Gelegenheit haben, sich über ihren Glauben auszutauschen … Nur auf diese Weise kann die Authentizität des Lernprozesses behauptet werden, die für das interreligiöse Lernen charakteristisch ist."* (Rickers 2001, S. 875)

Diese Definition scheint allerdings nicht unproblematisch: Denkt man diese Argumentationsfigur weiter, so kann interreligiöses Lernen nur in Schulen der multireligiösen Ballungsräume von Metropolen oder gar nicht stattfinden. Auf evangelischer Seite hat Bernhard Dressler diese Voraussetzungen in Frage gestellt:

„Nicht zuletzt ist die Diskussion um interreligiöses Lernen durch einen pädagogischen Mythos belastet, den Mythos der Authentizität [...]. Unter den Bedingungen schulischen Unterrichts, der aus prinzipiellen systemischen Gründen ein artifizieller Lernraum ist und mit dem ‚wirklichen' Leben selbst nicht identisch sein kann und darf, ist Authentizität immer nur in inszenatorischer Gebrochenheit denkbar."

(Dressler 2003, S. 117)

Im Katholischen wird deshalb interreligiöses Lernen bewusst als ein im schulischen Unterricht initiierter und arrangierter Prozess verstanden werden, in dem die bewusste Wahrnehmung, die angemessene Begegnung und die differenzierte Auseinandersetzung mit Zeugnissen und Zeugen fremder Religionen eingeübt und entwickelt werden sollen. Dies bedeutet im Umkehrschluss aber nicht, dass interreligiöses Lernen ohne die konkrete Begegnung mit Menschen und Orten der je anderen Religion auskommen kann. Im Gegenteil: Interreligiöse Bildungsprozesse bleiben unvollständig und für Schüler unbefriedigend, wenn sie nicht in einer bestimmten Phase die Möglichkeit eröffnen, mit Menschen der vorgestellten Religion ins persönliche Gespräch einzutreten. Nur in einem solchen Dialog mit muslimischen oder jüdischen Zeugen – Rabbi und Imam wie auch Mitschüler – findet die religiöse Kompetenzentwicklung einen angemessenen Fortschritt. Der Schulenwettbewerb *Trialog der Kulturen* hat an zahlreichen Schulen genau diese personalen Begegnungen zwischen Menschen der verschiedenen Glaubensrichtungen ermöglicht. Er ist deshalb auch für das katholische Konzept interreligiösen Lernens ein wichtiger methodischer Baustein.

4. Möglichkeiten und Chancen des trialogischen Lernens

Stefan Schreiner hat in seinem einleitenden Beitrag zu diesem Buch auf die Begriffsgeschichte des „Trialogs der Kulturen" aufmerksam gemacht. Es sei auch an dieser Stelle noch einmal betont: Wenn in dieser Publikation vom interreligiösen Lernen als „trialogischem" Lernen die Rede ist, so ist dies nicht exklusiv in dem Sinn gemeint, interreligiöses Lernen im schulischen Kontext müsse sich auf die abrahamischen Religionen beschränken. Natürlich müssen im schulischen Religionsunterricht auch Hinduismus und Buddhismus behandelt werden (Sajak 2005, S. 269–279). Doch das Attribut „trialogisch" markiert, dass es bei unserem Ansatz vor allem darum geht, bewusst zu machen, welche Bedeutung die drei großen monotheistischen Religionen Judentum, Christentum und Islam für die Kulturgeschichte Europas, aber auch für das alltägliche Zusammenleben in dieser Gesellschaft haben. Zur Erinnerung: Als die Herbert Quandt-Stiftung in Bad Homburg v.d.H. im Schuljahr 2004/05 den Schulenwettbewerb *Schulen im Trialog – Europäische Identität und kultureller Pluralismus* zum ersten Mal ausschrieb, geschah dies vor allem unter dem Eindruck einer ernüchternden empirischen Studie aus dem Jahr 2003. Zwei Jahre lang hatte eine Gruppe von Theologen und Religionswissenschaftlern der University of Birmingham um Lisa Kaul-Seidman, Jorge Nielsen und Markus Vinzent die Curricula und die schulische Praxis in Finnland, Frankreich, Deutschland, Großbritannien, Griechenland, Italien, Schweden und Spanien untersucht (Kaul-Seidman u. a. 2003). Das Ergebnis war besorgniserregend. Die europäischen Curricula strotzten nur so vor Unkenntnis, Stereotypen und Vorurteilen über die drei abrahamischen Religionen und ihre Kulturtraditionen.

Es gab aber auch andere, positive Beobachtungen: Angeregt von gelungenen Beispielen multireligiösen Miteinanders und interreligiösen Lernens, entschloss sich die Stiftung quasi „bottom up" Lehrer wie Schüler zu Projekten anzuregen, die zu „Wissensvermittlung über das gemeinsame Erbe […] der drei Kulturkreise Judentum, Christentum und Islam" (Ausschreibungstext) beitragen wollten. Mit Erfolg: Die in diesem Buch dokumentierten Beispiele zeigen, dass Schüler bei entsprechender Anregung und Begleitung durchaus bereit und fähig sind, in höchst kreativer und eigenständiger Weise interreligiöse Lernprozesse zu gestalten. Auch wenn die Ergebnisse der fünf bisherigen Schulenwettbewerbsrunden noch nicht wissenschaftlichen aufgearbeitet sind,[3] so zeigt sich doch bereits in den von Ann-Kathrin Muth für diesen Band ausgewerteten Best-Practice-Beispielen eine beeindruckende Vielfalt von Methoden, Modellen und Projekten des interreligiösen Lernens im Trialog von Juden, Christen und Muslimen.

Theo Sundermeier hat ausführlich dargelegt, dass eine angemessene Begegnung zwischen den Schülern verschiedener Religionen nur möglich ist, wenn das kulturell oder religiös Trennende zwischen den beiden nicht aufgehoben oder aufgelöst wird, sondern als Distinktivum stehen bleibt (Sundermeier 1996, S. 133–136). Nur so wird das Fremde zum Mitkonstituenten der Identität der Schüler. Folglich gilt es, einen Prozess des Austauschs und des Verstehens zu initiieren, der das Andere, Fremde und Rätselhafte stehen lässt, es aber durch Kommunikation und Austausch zu erschließen versucht. Sundermeier verwendet dafür den Leitbegriff der „Konvivenz": Wahrnehmung ohne Aneignung, Anerkennung der Differenz, Verstehen des Fremden: „Das macht das Besondere der nachbarschaftlichen Konvivenz aus, dass diese Spannung von Gegebenem und Gewähltem im Zusammenleben mit dem Fremden unausweichlich ist. Darum muss man den Umgang mit dem Fremden üben" (ebd., S. 192).

Ziel allen interreligiösen Lernens muss es folglich sein, fremde Religionen in ihrer Andersartigkeit zu akzeptieren und in der Begegnung mit diesen durch Auseinandersetzung und Austausch zu einem besseren Verständnis zu gelangen. Dieses neue Verständnis verändert dann auch den Standpunkt und die Perspektive der Schüler, verändert ihre Identität in dem Sinne, dass sie in einem erweiterten Horizont ihre Unsicherheiten, Ängste und Aggressionen ablegen und zu einem abgeklärten und reflektierten Standpunkt in Sachen Religion gelangen. Johannes Lähnemann, der sich in seinem Lebenswerk einer „Evangelischen Religionspädagogik in interreligiöser Perspektive" (vgl. zusammengefasst Lähnemann 1998) gewidmet hat, schlägt deshalb ein Methodencurriculum des interreligiösen Lernens für den Religionsunterricht

---

[3] Der Wettbewerb wird zurzeit im Institut für Katholische Theologie und ihrer Didaktik an der Westfälischen Wilhelms-Universität Münster im Rahmen einer Dissertation und einer Master-Arbeit ausgewertet.

vor, das einer Theorie des Aufbauenden Lernens folgt. Er gliedert die Schullaufbahn in verschiedene Lernphasen, in denen je altersgemäß ein bestimmtes Methodenrepertoire anzuwenden ist. So unterscheidet er zwischen

▸ der 1. und 2. Klasse, in denen interreligiöses Lernen durch bewusste Gestaltung des Schullebens und der Feste mit Blick auf die verschiedenen Religionen und Kulturen initiiert werden kann;

▸ der 3. und 4. Klasse, in denen mit Hilfe des Personalisierungsprinzips Schülern an einem Kind ihrer Alterstufe „exemplarische Erfahrungen verdeutlicht werden" (Lähnemann 2002, S. 400);

▸ der 5. und 6. Klasse, in denen nun größere Zusammenhänge und erste systematische Aufbereitungen des Fremden in den Blick genommen werden können;

▸ der weiteren Sekundarstufe I bis Klasse 10, in der das Begegnungslernen durch Exkursionen und Besuche von Vertretern fremder Religionen in der Schule ermöglicht werden sollte;

▸ der gymnasialen Oberstufe, in der nun die Arbeit an Quellentexten, solche aus den fremden Religionen selbst wie auch solche aus der Theologie der Religionen, angeregt werden kann.

Blickt man auf die Fülle der Beiträge zum *Trialog der Kulturen*, also auf Projektwochen, Podiumsdiskussionen, Gedenkveranstaltungen, Autorenlesungen, Filmproduktionen, Printdokumentationen und Internetplattformen, so zeigt sich, dass die Schulenwettbewerbsprojekte ein religionsdidaktisches Integrativum geschaffen haben: Vieles, was im Fachunterricht, im katholischen, evangelischen und jüdischen Religionsunterricht, in Islamkunde, Ethik, Geschichte, Deutsch, Kunst und Musik eingeführt und vorbereitet worden ist, konnte dann in jahrgangs- und klassenübergreifenden Großprojekten fruchtbar gemacht werden. Ausgezeichnet wurden im Wettbewerb vor allem die Schulen, die sich nicht nur mit ihrem Portfolio und Abschlussbericht, sondern auch mit der Perspektive einer nachhaltigen Weiterarbeit in Schülerschaft und Kollegium profiliert hatten. In diesem Sinne bündelt das trialogische Lernen Methoden und Verfahren interreligiösen Lernens in einer exemplarischen und ermutigenden Weise.

Literatur

Die deutschen Bischöfe 2004: Kirchliche Richtlinien zu Bildungsstandards für den katholischen Religionsunterricht in den Jahrgangsstufen 5–10/Sekundarstufe (Mittlerer Bildungsabschluss). Hrsg. v. Sekretariat der Deutschen Bischofskonferenz. (Die deutschen Bischöfe: Hirtenschreiben, Erklärungen, Bd. 7) Bonn

- 2005: Der Religionsunterricht vor neuen Herausforderungen. Hrsg. v. Sekretariat der Deutschen Bischofskonferenz. (Die deutschen Bischöfe: Hirtenschreiben, Erklärungen, Bd. 80) Bonn

Denzinger, H./Hünermann, P. 2007 (Hrsg.): Kompendium der Glaubensbekenntnisse und kirchlichen Lehrentscheidungen = Enchiridion symbolorum definitionum et declarationum de rebus fidei et morum. 41. Auflage. Freiburg u. a.

Dressler, B. 2003: Interreligiöses Lernen – Alter Wein in neuen Schläuchen? Einwürfe in eine stagnierende Debatte. In: Zeitschrift für Pädagogik und Theologie 2. S. 113–124

Habermas, J. 2001: Glaube und Wissen. Rede zur Verleihung des Friedenspreises am 14. Oktober 2001. In: Frankfurter Allgemeine Zeitung vom 15. Oktober 2001. S. 9

Johannes Paul II. 2000: Schuldbekenntnis. In: Freiburger Rundbrief. Zeitschrift für christlich-jüdische Begegnung 7 (2000). S. 106–109

Kaul-Seidman, L./Nielsen, J. S./Vinzent, M. (Hrsg.) 2003: Europäische Identität und kultureller Pluralismus. Judentum, Christentum und Islam in europäischen Lehrplänen. Bad Homburg v. d. H.

Kuschel, K.-J. 1993: Das Parlament der Weltreligionen 1893/1993. In: H. Küng/ders. (Hrsg.): Erklärung zum Weltethos. Die Deklaration des Parlamentes der Weltreligionen. (Serie Piper, Bd. 1958) München. S. 89–123.

Lähnemann, J. 1998: Evangelische Religionspädagogik in interreligiöser Perspektive. Göttingen
- 2002: Türen öffnen – Interreligiöses Lernen als Herausforderung. In: Katechetische Blätter 127. S. 397–401

Mohammed, O. N. 1992: Multiculturalism and Religious Education. In: Religious Education 87. S. 62–73

Nostra aetate. Erklärung der Kirche zu den nichtchristlichen Religionen 2009. In: E. Fürlinger (Hrsg.): Der Dialog muss weitergehen. Ausgewählte vatikanische Dokumente zum interreligiösen Dialog. Freiburg u.a.

Pesch, O. H. 2001: Das Zweite Vatikanische Konzil. Vorgeschichte – Verlauf – Ergebnisse – Nachgeschichte. (Topos-plus-Taschenbücher, Bd. 393) Würzburg

Ratzinger, J. 2003: Glaube – Wahrheit – Toleranz. Das Christentum und die Weltreligionen. Freiburg u.a.

Rickers, F. 2001: Art. Interreligiöses Lernen. In: N. Mette/F. Rickers (Hrsg.): Lexikon der Religionspädagogik, Bd. 1. Neukirchen-Vluyn. S. 874–881

Sajak, C. P. 2005: Das Fremde als Gabe begreifen. Auf dem Weg zu einer Didaktik der Religionen aus katholischer Perspektive. (Forum Religionspädagogik interkulturell, Bd. 9) Münster

Sundermeier, T. 1996: Den Fremden verstehen. Eine praktische Hermeneutik. (Sammlung Vandenhoeck) Göttingen

Teil B

„Schulen im Trialog" –
Entwicklungen und Ergebnisse
des Schulenwettbewerbs

1. Informationen zum Wettbewerb

Roland Löffler

Kultureller Pluralismus in europäischen Curricula?
Die Studie der Universität Birmingham und der Wettbewerb „Schulen im Trialog"

1. Einleitung

Eine europäische Curricula-Studie aus dem Jahre 2003 in einem Buch des Jahres 2010 vorzustellen, ist in unserer schnelllebigen Zeit ein nicht ganz risikoloses Unterfangen, denn: Haben die Ergebnisse noch Bestand? Können wir mit Gewissheit sagen, dass Schulen, Schulbücher und Lehrpläne des damaligen Untersuchungszeitraums die gleichen sind wie heute? Vermutlich nicht oder nicht ganz – und doch hat sich im Laufe des letzten Jahrzehnts auf dem Gebiet der interkulturellen Bildung auch nicht alles komplett oder gar bereits zum Guten gewandelt. Insofern mag der Rückblick auf die Publikation *Europäische Identität und kultureller Pluralismus. Judentum, Christentum und Islam in europäischen Lehrplänen* durchaus lehrreich und nützlich sein. Dies nicht nur, weil diese Studie den Anstoß für den „Trialog-Schulenwettbewerb" gegeben hat, dessen bisherige Ergebnisse in diesem Band zum ersten Mal dokumentiert werden.

Seit 1996 engagiert sich die Herbert Quandt-Stiftung im *Trialog der Kulturen*, um die Verständigung zwischen Judentum, Christentum und Islam zu fördern. Dies war ein klares Signal gegen den von Samuel Huntington und anderen beschworenen „Kampf der Kulturen". Zunächst näherte sich die Stiftung dem Trialog durch Konferenzen mit nationalen und internationalen Experten, aus denen entsprechende Publikationen erwuchsen. Doch schon bald erschien es notwendig, die kultur-, religions- und gesellschaftspolitischen Analysen in praktische Projekte umzusetzen. Dabei wurde der Bereich der Pädagogik als zentrales Betätigungsfeld definiert. Die Stiftung verfolgte nach den Worten des damaligen geschäftsführenden Vorstandes, Wolfgang R. Assmann, deshalb einen bildungstheoretischen Ansatz, weil sie der Überzeugung war, „dass Unwissenheit und Intoleranz sehr eng zusammenhängen, mithin Missverständnisse, Vorurteile und Ängste zwischen den unterschiedlichen Kulturen ganz wesentlich auf mangelhaften Kenntnissen beruhen [...]" (Assmann 2003, S. 6). Deshalb käme der Schule eine eminente Rolle zu, bestimmten doch die Stoffvermittlung in der Schule und die Haltung der Lehrer zum Inhalt nicht unwesentlich die Haltungen der Schüler. Profundes Schulwissen könne also zumindest ein Weg zu einer pluralistischen europäischen Identität und zum Trialog der Kulturen sein, dem es um die Stärkung des gemeinsamen Erbes, des Verständigungspotenzials der abrahamischen Religionen bzw. Kulturen gehe[1] sowie der Erkenntnis, dass kulturelle Differenz als „bereicherndes Moment europäischer Geistes- und Kulturgeschichte zu begreifen" sei (ebd.).

Die Autoren der Studie legen ausdrücklich Wert auf „die pluralistische Vergangenheit Europas", da der Kontinent Heimat „für alle drei abrahamischen Glaubenstraditionen" war. Sie argumentieren, dass es fruchtbare und nicht nur abgrenzende theologische, geschichtliche und kulturelle Wechselwirkungen gegeben habe und noch gäbe, dass alle drei Religionen einen Beitrag zur europäischen Identität geleistet hätten und schließlich, dass die pluralistische Vergangenheit eine Bedeutung für die pluralistische Zukunft Europas besitze (Kaul-Seidmann u. a. 2003a, S. 15 f.).

2. Die Fragestellung

Das beschriebene trialogische Verständigungspotenzial darf allerdings nicht allein eine oft beschworene Vision bleiben, sondern muss gezielt freigesetzt werden. Um eine Kultur des Miteinanders aktiv zu gestalten und überkommene kulturelle Hierarchien und Dominanzmodelle zu überwinden, sollten junge Europäer bereits in den Schulen beginnen, sich über die trialogische Vergangenheit des Kontinents klar zu werden.

Ob dieser Ansatz allerdings in den europäischen Schulwirklichkeiten und den ihnen zugrunde liegenden Curricula überhaupt angewendet werde, erschien der Stiftung um die Jahrtausendwende durchaus fragwürdig. Sie beauftragte 1999 deshalb die für ihre interreligiöse Expertise international geachtete Theologische Fakultät der Universität Birmingham mit einem knapp vierjährigen Forschungsprojekt, Lehrpläne und Unterrichtsmaterialien in acht Mitgliedsstaaten der Europäischen Union zu untersuchen. Die konkrete Projektbearbeitung lag in den Händen der jungen Forscherin Dr. Lisa Kaul-Seidmann, die Projektleitung hatten die Professoren Jorgen S. Nielsen und Markus Vinzent inne. Folgende Aufgaben wurden den Wissenschaftlern auf den Weg gegeben:

a) In welcher Weise und in welchem Umfang wird in den Schulen Wissen über die abrahamischen Religionen vermittelt?

b) Auf welche Weise leisten die Curricula in der Behandlung der drei Glaubenstraditionen und Kulturen einen Beitrag zur Formierung eines gemeinsamen europäischen Erbes?

c) Die Wissenschaftler sollten zunächst Beispiele guter und schlechter Praxis darstellen, um dann Empfehlungen und Leitlinien für die zukünftige Entwicklung und Verbesserung der Vermittlung von Judentum, Christentum und Islam im europäischen Schulunterricht zu formulieren: Was wäre ein essentielles Grundwissen, das

---

[1] Zur Diskussion um die genaue Definition des Begriff „abrahamisch/abrahamitisch/abrahamistisch" vgl. Hinterhuber 2009, S. 58, Anm. 91. Vgl. auch Bauschke 2001; ders. 2006; ders. 2008, S. 26; ders./Stegmann 2001; sowie Küng 1990; ders. 1992; ders. 1994 und Kuschel 2000; ders. 2001; ders. 2007.

zu einer europäischen Schulbildung gehört? Während die Empfehlungen stärker bildungspolitische Reformen für eine verbesserte interkulturelle Pädagogik in Europa in den Blick nahmen, liefern die Leitlinien relativ konkrete Beispiele für Themen und Materialien, die zum Kernbestand, aber auch zum kritischen Wissen über die drei abrahamischen Kulturtraditionen gehören.

Diese Leitlinien verstanden die Autoren nicht als normative Richtschnur, sondern als Anregung. Pädagogen sollten damit in die Lage versetzt werden, kompetenter die Lehrplanvorgaben umzusetzen, aus den Empfehlungen zu weiterführenden Unterrichtsmaterialien besser den Stoff auszuwählen, der für den Kenntnisstand und die Bedürfnisse ihrer Schüler passend erschiene.

Die eigentliche Forschung wurde durch Workshops in Deutschland und England flankiert. Die Ergebnisse wurden im Frühjahr 2003 bei einer internationalen Konferenz in der Akademie der Wissenschaften präsentiert und die Studie Bundespräsident Johannes Rau überreicht. Insgesamt entstanden drei Bände, die als Handbücher für Schulpolitiker, Wissenschaftler, Lehrerausbilder und Schulpraktiker dienen: einmal die erarbeiteten Empfehlungen auf wahlweise Deutsch und Englisch, zum anderen der Ergänzungsband mit den Länderanalysen ausschließlich auf Englisch plus eine knappe Dokumentation der besagten Tagung (Herbert Quandt-Stiftung 2004 [kurz]; Kaul-Seidmann u. a. 2003a [kompakt]; Kaul-Seidmann u. a. 2003b [ausführlich]).

3. Zur Methodik

Die Birminghamer Studie erhebt ausdrücklich nicht den Anspruch, repräsentative Ergebnisse vorzulegen, sondern vielmehr ‚Trends' aufzuzeigen (Vinzent 2003, S. 10). Sie nahm dazu acht Länder in den Blick: Deutschland, Finnland, Frankreich, Griechenland, Großbritannien, Italien, Schweden, Spanien. Untersuchungsgegenstand waren Lehrpläne, Lehrbücher und Lehrpraxis. Dazu mussten Daten zur inhaltlichen Ausgestaltung der Lehrpläne erhoben und analysiert werden.

Drei Fächern wurde für die interkulturelle Bildung eine besondere Bedeutung zugeschrieben: dem Religionsunterricht, dem Geschichtsunterricht sowie dem Sprach- und Literaturunterricht. Die Wissenschaftler analysierten, wie in diesen Fächern abrahamische Themen und Stoffe behandelt werden – und zwar nicht nur in den offiziellen Lehrplänen, sondern auch in den „inoffiziellen Curricula". Damit sind „Momentaufnahmen" (ebd.) der schulischen Praxis gemeint, in der Lehrer die vorgegebenen Richtlinien konkret umsetzen. Es wurden 60 Fragebögen an Lehrer und 40 an 15-jährige Schüler an je 20 Schulen in acht Ländern verschickt, mit deren Hilfe diese Schulpraxis erkundet werden sollte – um quasi das „inoffizielle Curriculum" neben dem offiziellen zu ergründen. Um sich ein möglichst vielfältiges Bild machen zu können, wurden von den 20 Schulen pro Land je zehn aus dem Primarbereich und zehn aus dem Sekundarbereich ausgewählt, 50 Prozent aus ländlichen und 50 Prozent aus urbanen Gebieten. Dabei erschien den Forschern die Interaktion von Schule, Schülern, Elternhaus und Glaubensgemeinschaft bei der Wissensbildung von zentraler Bedeutung, gerade auch, um Best-Practice-Beispiele eruieren zu können. In Ergänzung wurden die zugrunde liegenden Lehrbücher untersucht. In Griechenland, wo die Regierung aufgrund grundlegender Bildungsreformmaßnahmen kein Einverständnis für die Verteilung der Fragebogen gab, konnten nur Lehrbücher und Curricula herangezogen werden (ebd.).[2]

Im Durchschnitt erhielten die Birminghamer Wissenschaftler im Rücklauf 240 Dateneinheiten pro Land, von durchschnittlich 15 der 20 angefragten Schulen, und beobachteten, dass sich bereits bei dieser Datenmenge Trends verfestigten.

4. Ergebnisse

Es zeigte sich, dass in allen Ländern die Schüler darauf vorbereitet werden sollten, „Bürger einer multikulturellen und in manchen Fällen pluralistischen Gesellschaft zu werden" (Kaul-Seidmann u. a. 2003a, S. 20). Erhebliche Differenzen herrschten jedoch in den untersuchten Ländern bei der Realisierung dieser hehren Ziele. In manchen Ländern gaben die Kultusbehörden bereits recht konkrete Vorgaben, in anderen wiederum setzten sie verhältnismäßig vage Rahmenbedingungen und überließen die Umsetzung den Lehrern. In den Fragebögen zeigte sich, dass viele Lehrer trotz ihres guten Willens und eines gut gemeinten offiziellen Curriculums bei dessen Umsetzung überfordert sind (ebd., S. 21). Das inoffizielle Curriculum wies deshalb erstaunliche Mängel und eine Unkenntnis, ja auch eine geringe Reflexionsstufe zu den aktuellen kulturellen, religiösen, ethnischen und politischen Veränderungen der Bevölkerung im Zuge der Migration auf (Vinzent 2003, S. 11).

Die westlich-christliche bzw. wie die Birminghamer Forscher gerne auch formulieren „post-christliche" Kultur wird, mehr oder weniger reflektiert, weiterhin als selbstverständliche Koordinate der Bildungsziele, Curricula und Lehrbücher betrachtet. Wenn das Judentum und der Islam als Unterrichtsgegenstände herangezogen werden, geschieht dies häufig unter Rubriken wie „fremde", „ausländische", „andere" Kultur (ebd.). Daraus folgern die Autoren – und hierin muss man ihnen nicht zwingend folgen –, dass die Christenheit im Allgemeinen sich in den Grundmauern ihrer Existenz bedroht fühle, eigenartigerweise noch stärker durch sogenannte Bindestrich-Identitäten (Deutsch-Türke, Deutsch-Spanier usw.) und kultureller Pluralität in der Gesellschaft „than by a post-Christian consciousness, in which neither Christianity as it is practised nor the traditions and cultures of Judaism and Islam play significant roles" (ebd.).

Die Forscher fanden deutlich mehr überzeugende Beispiele guter Praxis in Italien und Spanien als in Mittel- und Nordeuropa. Dieses Süd-Nord-Gefälle erklärten sich die Autoren damit, dass diese Länder historisch intensivere Berührungspunkte mit anderen Kulturen als den vom Christentum geprägten besaßen und so auch heute das Bewusstsein für den Multikulturalismus stärker ausgeprägt sei (vgl. zum Länderran-

---

[2] Bedauerlicherweise ist in der Birminghamer Publikation der Fragebogen nicht abgedruckt.

king ebd., S. 16).[3] An Deutschland, das im hinteren Mittelfeld landete, kritisierten die Forscher, dass es keine speziellen interkulturellen oder interreligiösen Ausbildungsgänge an den Universitäten gebe – etwa für Religionslehrer. Das habe mit der konfessionellen Ausrichtung der Theologischen Fakultäten zu tun und mit dem Fachlehrersystem, das zu wenig Durchlässigkeit schaffe. Dieser Zustand hat sich meines Erachtens aber in den letzten Jahren durchaus geändert, während das Fachlehrersystem aus guten Gründen beibehalten werden sollte.

Die deutschen Curricula erwiesen sich 2003 als überholt, auch die Lehrbücher zeigten zu wenig trialogische Ansätze. Zudem mussten die Birminghamer Wissenschaftler feststellen, dass eine noch immer starke Autoritätsfixierung im deutschen Schulsystem es ihnen nicht leicht machte, unter den Pädagogen Kooperationspartner für die Studie zu finden. Im Gegensatz dazu würden Lehrer in Ländern wie Italien, Großbritannien oder Spanien mit restriktiven oder gar überholten Curricula wesentlich kreativer umgehen und eher versuchen, deutliche Bezüge zur Gegenwart herzustellen.

Im Blick auf die drei untersuchten Fächer offenbarten sich dabei folgende Trends: Der Religionsunterricht war bei allen Mängeln der „trialogischste" Unterricht, gefolgt vom Geschichtsunterricht, aber mit erkennbarem Abstand zu den philologischen Disziplinen, die meist doch auf nationalen Logiken aufgebaut waren. Auch wenn der Religionsunterricht deshalb als zentrales interkulturelles Fach angesehen werden kann, gibt es auch hier Kritikpunkte – etwa im Blick auf den prozentualen Anteil von Judentum und Islam, gerade im Primarbereich. Hier scheint die Untersuchung aber zu wenig zu berücksichtigen, dass dies religionspädagogisch zumeist gewollt ist, weil es gerade auch entwicklungspsychologisch im Grundschulalter zunächst um die Stabilisierung der *eigenen* religiösen und kulturellen Identität geht.

Bildungspolitisch auffallend, ja geradezu paradox, ist der Befund, dass in den Ländern, in denen „Religionskunde" angeboten wird – also nicht bekenntnisgebunden, sondern als Fach, das neutral und vergleichend über Religion informiert –, es einen sehr viel größeren Mangel an Lehrmaterialien und -inhalten zu Islam und Judentum gibt als dort, wo eine konfessionelle, religiöse Unterweisung stattfindet (Kaul-Seidmann 2003a, S. 21).[4]

---

[3] Den ersten Platz nahm danach Italien ein, es folgten Großbritannien, Spanien, Schweden, Deutschland, Finnland – und den letzten Platz teilten sich Griechenland und Frankreich. Dies hat inhaltliche und strukturelle Gründe: In Frankreich, das keinen Religionsunterricht kennt, gelang es den Forschern nur begrenzt, in direkten Kontakt mit Schulen zu treten und Datenmaterial zu sammeln. In Griechenland stand im Unterricht der Beitrag des Christentums zur sozialen und ökonomischen Entwicklung im Vordergrund der Vermittlung. Dort war die Untersuchung – wie bereits dargelegt – aus kultuspolitischen Gründen mit erheblichen Einschränkungen behaftet. Das Ranking zeigt sich als nicht unproblematisch, werden doch vorab keine klaren Kriterienkataloge bzw. Bewertungsmaßstäbe für eine derartige Einsortierung definiert. In der Tendenz mag man der Rangliste jedoch – nach der Lektüre der eigentlichen Country-Reports – Plausibilität zusprechen.

[4] In der konkreten Vermittlung dominiert die Behandlung der religiösen Feste; dagegen fehlt die Auseinandersetzung mit religiösen und kulturellen Originaltexten oder auch ethischen, anthropologischen und sakralarchitektonischen Fragen.

Im Geschichtsunterricht aller untersuchten Länder wird der Beitrag der Religionen gewürdigt, aber inhaltlich höchst selektiv und keineswegs in angemessener trialogischer Gewichtung behandelt. Das Christentum wird zumeist als historische Religion dargestellt – besonders beliebt ist die mittelalterliche Kirchengeschichte. Wichtige kirchliche Charaktere werden in ihrer Bedeutung für die Nationalgeschichte skizziert, doch die fortdauernde Präsenz des Christentums bis heute und seine damit verbundene aktuelle Bedeutung für die europäischen Gesellschaften bleiben eigentümlich blass. Allerdings gibt es auch Beispiele guter Praxis, die den sozialen und kulturellen Einfluss der Kirchen auf Staat und Gesellschaft darstellen, die historischen Fehler der Kirche thematisieren und den transnationalen Charakter der Kirchen herausarbeiten, was ja auch zu einer Kontextualisierung und starken Binnendifferenzierung der christlichen Religion führte.

Best-Practice-Beispiele im Blick auf Judentum und Islam finden sich vergleichsweise selten: Themen der jüdischen Geschichte erleben selten eine Entfaltung – am ehesten wird das Judentum der Antike und der Moderne, mitunter auch des Mittelalters behandelt. Jüdische Geschichte wird „tendenziell als Tragödie" (ebd., S. 22) dargestellt. Es dominieren die Stoffe Antisemitismus, Holocaust und Nahostkonflikt, auch wenn durch die Gründung des Staates Israel ein positiver Akzent in vielen Lehrplänen gesetzt wurde. Hinsichtlich des Islam findet sich in den meisten Curricula eine Kombination aus islamischer Geschichte, theologischen Inhalten und arabischer Kultur. Der Islam in Europa wird jedoch leider zu stark auf nur drei Aspekte beschränkt: auf die militante Ausbreitung des frühen Islam, auf Fragen der Kreuzzüge und auf den Fundamentalismus heute.

In den Lehrplänen des Sprach- und Literaturunterrichts fällt das Ergebnis noch ernüchternder aus: Die meisten Curricula und Lehrbücher führen zwar in den kulturellen Hintergrund der zu lesenden Autoren ein. Die wenigsten Sprachunterrichte sind jedoch interkulturell oder interreligiös ausgerichtet. Religiöse Themen finden sich grundsätzlich nur selten im Sprachunterricht – und wenn, dann werden bei christlichen Autoren theologische Texte ausgewählt, bei jüdischen Autoren geht es auch hier um Antisemitismus und Holocaust, während sich die wenigen Werke muslimischer Schriftsteller entweder mit Märchen aus der arabischen Kultur oder den Migranten in Europa befassen. Dem Reichtum der religiösen Literatur wird im Sprachunterricht damit kaum Raum gewährt (ebd., S. 23). Dabei nutzen Schriftsteller (und Künstler) auch in Zeiten der säkularisierten Moderne den Kanon der religiösen Überlieferung weidlich – man denke nur an Elie Wiesels Romane, die Jesusgestalten in der modernen Lyrik, Reinhold Schneider, die Auseinandersetzung mit dem Katholizismus bei Heinrich Böll, George Bernanons oder Rolf Hochhuth.

Schließlich beobachteten die Forscher, dass im Schulunterricht die wechselseitige Beeinflussung, der Kulturtransfer auf theologischem, künstlerischem, architektonischem, literarischem Gebiet oder auch in Wissenschaft, Wirtschaft, Ernährung kaum berücksichtigt wurde. Das Unterrichtsmaterial biete auch nur wenig historische und literarische Quellen an, die die positive Interaktion belegen. Damit werde den Schülern aber die Möglichkeit genommen, sich anhand der Originaltexte mit tradierten Vorurteilen gegen Juden, Christen und Muslime auseinanderzusetzen. Es kann deshalb nicht überraschen, dass die Schüler in den acht untersuchten Ländern nur wenige herausragende Persönlichkeiten der Religionen kennen und ihnen auch die internen Differenzen der drei Kulturkreise weitgehend fremd bleiben.

Für die Autoren ist jedoch nicht nur die Auswahl der Themen und Materialien ein Problem, sondern auch die Organisation des Lehrstoffes nach den jeweils spezifischen Fächern. Das bedeute, „dass die meisten Lehrpläne für Geschichte bzw. Sprache und Literatur vor Themen zurückscheuen, die mit den drei abrahamischen Glaubenstraditionen […] zu tun haben. Für religionsaffine Themen, seien es auch kulturelle, hält man das Fach ‚Religion‘ oder ‚Religionslehre‘ für zuständig" (ebd., S. 33). Auch die eingeschränkte Zeit für den Geschichtsunterricht führe dazu, nur noch „Insel"-Wissen oder Schlüsselepochen zu vermitteln und auf wenige bedeutende Personen einzugehen, die größeren Zusammenhänge und die Kontextualisierung der historischen Zusammenhänge aber zusehends zu vernachlässigen.

5. Empfehlungen und Leitlinien

In einem letzten Schritt formulierten die Birminghamer Wissenschaftler eine Reihe von Empfehlungen, mit deren Hilfe Schülern grundlegendes und kritisches Wissen der drei abrahamischen Glaubenstraditionen vermittelt werden könnte. Sie sollten erkennen können, dass Europa trotz christlicher Dominanz eine plurale Vergangenheit besäße, die eine pluralistische Zukunft ermögliche und schließlich Pluralismus nicht zwangsläufig in Antagonismus enden müsse.

Kaul-Seidmann, Nielsen und Vinzent fordern, dass der Unterricht faktische Informationen liefern und kritische Auseinandersetzung mit Inhalten ermöglichen möge, aber dazu dienen solle, Stereotype zu entlarven, monolithische Darstellungen zu durchbrechen und die Akzeptanz von Bindestrich- und multipler Identitäten zu fördern.

Mit diesem Wissen sollen Schüler die pluralistische Natur der europäischen Gesellschaft als positiv begreifen lernen. Die Forscher setzen sich dafür ein, dass in der Lehreraus- und -fortbildung eine größere Aufmerksamkeit auf interkulturelle Pädagogik gelegt werde – und dass Schulbuchverlage innovative, interkulturelle Schulbücher auf den Markt zu bringen hätten. Dies scheint ein Punkt zu sein, der sich seit Erscheinen der Birmingham-Studie sukzessive ändert. Schließlich appellieren die Wissenschaftler an die Politik, die staatlichen Lehrpläne um trialogische Elemente – nach den jeweiligen nationalen Erfordernissen – zu erweitern (zu den Empfehlungen vgl. ebd., S. 33–45, bzw. Kaul-Seidmann u. a. 2003b, S. 19).

In einem letzten Schritt entwickeln die Autoren ein fast fünfzigseitiges Set an Leitlinien, um die Themen- und Stoffauswahl sowie bibliografische Anregungen anzubieten, nicht aber um konkrete Stundenplanung zu ersetzen (zu den Leitlinien vgl. Kaul-Seidmann u. a. 2003a, S. 46–90). Die Leitlinien sollen vielmehr für die zukünftige Lehrplangestaltung als Maßstab für das Wissen dienen, das Schüler bis zum Ende der Schulpflicht erlernt haben sollten. Auch sollen Lehrer die Leitlinien als Fundus neuer Ideen für einen vertieften Unterricht verstehen und Lehrerausbildungsstätten Elemente in ihre Curricula aufnehmen. Die Leitlinien gehen dabei in einem Dreischritt vor: Zunächst werden Anregungen für bestimmte Fragen zum Grundwissen über Islam, Christentum und Judentum behandelt, die wiederum in Unterkapitel zu theologischen, historischen, kulturellen und praktisch-alltäglichen Fragen unterteilt werden. Dem folgen Leitlinien für den kritischen Umgang mit den unterschiedlichen Glaubenstraditionen, die wiederum in Themen zur internen kulturellen Vielfalt der Religionen, zur Wechselwirkung zwischen den Kulturtraditionen auf unterschiedlichen Gebieten, zur vergleichenden Lektüre historischer Texte und schließlich zur Vermittlung literarischer Stoffe untergliedert werden.

6. Ausblick

Die Stärke der Birminghamer Studie liegt zum einen in ihrer Pionierfunktion auf diesem bis dato recht unerforschten Gebiet – gerade mit dem Ansatz des europäischen Vergleichs. Sie legt – trotz einzelner Best-Practice-Beispiele – den Finger in die Wunde der defizitären Vermittlung religiöskultureller Grundwissensbestände in Europa. Dabei fällt besonders ins Auge, dass im Grunde keine der drei abrahamischen Religionen adäquat dargestellt wird – das Christentum erscheint viel zu stark als historisches Phänomen, während der Beitrag von Judentum und Islam viel zu häufig marginalisiert bzw. auf bestimmte, problembehaftete Themenbereiche beschränkt wird (Antisemitismus, Holocaust/Kreuzzüge, Fundamentalismus). Interessanterweise ist es der politisch in vielen europäischen Ländern umstrittene Religionsunterricht, dem quer über alle Grenzen hinweg eine zentrale interkulturelle und interreligiöse Vermittlungsrolle zukommt, während dies dem Geschichts- und dem Sprachunterricht nur mit Einschränkungen gelingt. Die Empfehlungen und die Leitlinien der Birminghamer Wissenschaftler weisen einen Weg, wie mithilfe einer stärker in der Schule verankerten interkulturellen Bildung der innen-, sozial-, religions- und bildungspolitisch gewollte Weg zur Integration gelingen und sich eine pluralistische europäische Identität herausbilden könnte.

Die Themenvorschläge der Leitlinien überzeugen auch noch nach fast sieben Jahren. Allerdings wird das in den Leitlinien dargelegte Material nicht altersstufenspezifisch aufbereitet. Zudem irritiert bei den Literaturangaben die hohe Dichte wissenschaftlicher Publikationen, während schulspezifische Handreichungen fehlen. Man denke in Deutschland etwa an die Veröffentlichungen der Bundes- und Landeszentralen für politische Bildung, verschiedener Stiftungen, der religionspädagogischen Ämter der Kirchen, aber auch neuere Produkte der Schulbuchverlage.

Mit einigen Jahren Abstand fällt zudem der stark kognitive Ansatz der Studie ins Auge. Interkulturelles Lernen muss aber ganz im Sinne Pestalozzis mit Verstand, Herz und Hand geschehen. Vielleicht ist die Entwicklung von Empathiefähigkeit und eine produktionsorientierte Didaktik auf diesem Felde sogar noch wichtiger als sonst, weil Schüler andere Kulturen eben nicht allein durch Bücher und Texte, sondern durch unmittelbare Begegnungen und Auseinandersetzung verstehen lernen.

Um die bereichernden Aspekte der Studie in den konkreten Schulalltag einfließen zu lassen, hat die Herbert Quandt-Stiftung 2005 den Wettbewerb *Schulen im Trialog – Europäische Identität und kultureller Pluralismus* ins Leben gerufen. Die Stiftung will so zur Förderung der trialogischen bzw. interkulturellen Kompetenzen von Schülern sowie Lehrern beitragen und den Trialog-Gedanken in der Schule sowie der Lehrerausbildung verankern.

Blickt man auf die aktuelle pädagogische und religionspädagogische Diskussion, so zeigen sich markante Parallelen zwischen den Anliegen des „Trialog-Schulenwettbewerbs" und den Forderungen der Wissenschaften nach einem zeitgemäßen, innovativen und offenen Religionsunterricht. So formuliert etwa der Tübinger evangelische Religionspädagoge Friedrich Schweitzer drei Herausforderungen an einen evangelischen Religionsunterricht in einer sich verändernden Schule mit den Stichworten: Pluralität, Konfessionalität und Kompetenz (Schweitzer 2008). Dazu leistet der Wettbewerb der Herbert Quandt-Stiftung in trialogischer Hinsicht einen Beitrag. Und: Gerade im Blick auf die aktuelle Diskussion um Bildungsstandards und Kompetenzen meint die Stiftung mit ihrem Wettbewerb auch einen Beitrag leisten zu können: Durch die Formulierung des Kriterienkatalogs der Ausschreibung[5], in der konkreten Praxis der Schulen und dank der Evaluation durch eine unabhängige Jury sendet der Wettbewerb Signale für die Herausbildung von interkulturellen und interreligiösen Input- und Performance-Standards. Die Herbert Quandt-Stiftung bewegt sich also – dem Trend der bildungspolitischen Situation nicht unähnlich – von Lehrplananalyse hin zur Mitformulierung von Bildungsstandards. Die Studie der University of Birmingham war dafür ein wesentlicher Schritt.

---

[5] Die Ausschreibung für die jeweiligen Jahrgänge findet sich unter www.herbert-quandt-stiftung.de. Die sich bewerbenden Schulen müssen ein Exposé einreichen, das von einer unabhängigen, zwölfköpfigen Jury begutachtet wird, die über die Zulassung entscheidet. Am Ende des Schuljahres reichen die Schulen einen Abschlussbericht ein, der ebenfalls – diesmal mit Blick auf die Preisverleihung – von der Jury bewertet wird. Folgende Bewertungskriterien werden für die finale Entscheidung herangezogen: 1) Inhaltliche Ausrichtung – pädagogisches Konzept; 2) Didaktisch-methodische Ansätze; 3) Verbindung: Projekt- und Schulalltag sowie Entwicklung im Schuljahr; 4) Reichweite: Verknüpfung mit Gesamtkollegium, Fächern, Klassen, Umfang, Notengebung; 5) Beteiligung von Lehramtsanwärtern/Elemente der Lehrerfortbildung; 6) Kooperation mit außerschulischen Institutionen; 7) Elterneinbezug; 8) Wirkung/Nachhaltigkeit; 9) Projektmanagement/Projektdokumentation; 10) Öffentlichkeitsarbeit; 11) Verhältnis Exposé zu Abschlussbericht – selbstkritische Einschätzung; 12) Gesamteindruck (inklusive Schulbesuche). Der Wettbewerb stellt also auch eine Form von externer Evaluation schulischen Lernens dar – und erfüllt damit auch ein wesentliches Kriterium der Umsetzung von Bildungsstandards.

Literatur

Assmann, W. R. 2003: „Schulwissen über die abrahamischen Religionen – Basis für eine europäische Identität und dern Trialog der Kulturen". In: L. Kaul-Seidman/J. S. Nielsen/M. Vinzent: Europäische Identität und kultureller Pluralismus: Judentum, Christentum und Islam in europäischen Lehrplänen. Empfehlungen für die Praxis. Bad Homburg v. d. H. S. 6–8

Bauschke, M. 2001: Trialog und Zivilgesellschaft. Bd. 1: Internationale Recherche von Institutionen zum trilateralen Dialog von Juden, Christen und Muslimen. Berlin

- 2006: Der jüdisch-christlich-islamische Trialog. München u. a.

- 2008: Der Spiegel des Propheten. Abraham im Koran und Islam. Frankfurt

- /Stegmann, P. 2001: Trialog und Zivilgesellschaft. Bd. 2: Berichte und Texte. Berlin

Herbert Quandt-Stiftung (Hrsg.) 2004: Interkulturelles Schulwissen und europäische Identität. Dokumentation der internationalen Konferenz vom 24. Juni 2003 in Berlin. Bad Homburg v. d. H.

Hinterhuber, E. M. 2009: Abrahamischer Trialog und Zivilgesellschaft. Eine Untersuchung zum sozialintegrativen Potential des Dialogs zwischen Juden, Christen und Muslimen. (Maecenata Schriften, Bd. 4) Stuttgart

Kaul-Seidman, L. / Nielsen, J. S./Vinzent, M. 2003a: Europäische Identität und kultureller Pluralismus: Judentum, Christentum und Islam in europäischen Lehrplänen. Empfehlungen für die Praxis. Bad Homburg v. d. H.

- 2003b: European Identity and cultural pluralism: Judaism, Christianity and Islam in European curricula. Supplement: Country reports. Bad Homburg v. d. H.

Küng, H. 1990: Projekt Weltethos. München

- 1992: „Abraham – der Stammvater dreier Religionen. Zur Notwendigkeit des Trialogs zwischen Juden, Christen und Muslimen". In: P. Neuner/H. Wagner (Hrsg.): In Verantwortung für den Glauben. Beiträge zur Fundamentaltheologie und Ökumenik. Freiburg u. a. S. 329–343

- 1994: „Weltfrieden – Weltreligionen – Weltethos. In: K.-J. Kuschel: Christentum und nichtchristliche Religionen. (WB-Forum, Bd. 91) Darmstadt. S. 155–171

Kuschel, K.-J. 2000: „Abrahamische Ökumene. Interreligiöser Dialog als Voraussetzung für eine nachhaltige Friedenspolitik". In: Neue Zürcher Zeitung vom 23.12.2000. S. 85

- 2001: Streit um Abraham. Was Juden, Christen und Muslime trennt – und was sie eint. Düsseldorf

- 2007: Juden – Christen – Muslime. Herkunft und Zukunft. Düsseldorf

Schweitzer, F. 2008: Herausforderungen und Perspektiven des evangelischen Religionsunterrichts in einer sich verändernden Schule. Pluralität – Konfessionalität – Kompetenz. In: H. Dam/B. U. Rahlwes (Hrsg.): Anderes entdecken – Eigenes vergewissern. Bausteine für einen pluralitätsfähigen Religionsunterricht. (Schönberger Impulse – Praxisideen Religion) Braunschweig. S. 31–34

Vinzent, M. 2003: „Peaceful Mind and cultural diversity. Introduction to the eight country reports of the study on Judaism, Christianity and Islam in European curricula". In: L. Kaul-Seidman/J. S. Nielsen/M. Vinzent: European Identity and cultural pluralism: Judaism, Christianity and Islam in European curricula. Supplement: Country reports. Bad Homburg v. d. H. S. 8–20

Angelika Pantel

Schulen im Trialog
Berliner Perspektiven

Dreiundzwanzig Schulen in drei Jahren, acht Sieger, sechs Schulen für die 5. Runde zugelassen, vier im so genannten Hoffnungslauf – so sieht die Zwischenbilanz nach drei Jahren Schulenwettbewerb in Berlin aus.[1] Warum wurde gerade Berlin als zweiter Austragungsort des Schulenwettbewerbs gewählt?

1. Strukturelle Besonderheiten Berlins

In Berlin treffen zwei sehr unterschiedliche Erfahrungswelten aufeinander – einerseits „Kieze" mit ethnischer Segregation wie Nord-Neukölln, Kreuzberg und Wedding, andererseits die Gebiete im ehemaligen Ostteil der Stadt. Zwar ist in Berlin in den vergangenen Jahren das Thema Religion verstärkt in die Diskussion geraten, dennoch kann man sagen, dass wir vor allem im Ostteil der Stadt auf eine stark säkularisierte Schülerschaft treffen. Wie auch die Ergebnisse der letzten Shell-Jugendstudie gezeigt haben, haben nur sehr wenige der Jugendlichen in den neuen Bundesländern überhaupt einen Bezug zur Kirche, entsprechende Kenntnisse der christlichen Religionen oder von Religionen im Allgemeinen sind dementsprechend gering.[2] Der Religionsunterricht an den öffentlichen Schulen spielt nur eine marginale Rolle, jedoch nehmen ganze Jahrgangsstufen geschlossen an den vom Humanistischen Verband angebotenen und organisierten Feiern zur Jugendweihe als aus der DDR-Tradition übernommenem *rite de passage* teil. Darin mag sich die Sehnsucht nach einer Selbstvergewisserung und Rückbesinnung auf die eigene – in diesem Fall also die der Eltern – Sozialisation in der DDR ausdrücken, man kann diese Zahl jedoch auch lesen als Sehnsucht nach einer Orientierung an Ritualen und kollektiver Selbstvergewisserung.

Viele Migrantenkinder dagegen sind sich ihrer eigenen kulturellen Wurzeln nicht wirklich bewusst, die Identifikation mit dem eigenen, in der Regel muslimischen Glauben ist dagegen sehr stark. Historisch und teilweise durch eigene Flucht- und Kriegserlebnisse bzw. der der Familien ist der Antisemitismus hoch.[3] Zunehmend kommen

---

[1] Nach einem erfolgreichen Start in Hessen wurde der Wettbewerb im Schuljahr 2006/07 nach Berlin exportiert, so dass nun Schulen aus beiden Bundesländern um die gut dotierten Preisgelder im Rennen liegen.

[2] Hier sollte jedoch differenziert werden: Insgesamt gilt selbstverständlich auch für Berlin, dass wir in den letzten Jahren eine Zunahme an Religiosität auch jenseits von Judentum, Christentum und Islam sowie eine Hinwendung zu diffusen Formen von individualisierter Spiritualität feststellen können.

[3] Diese Beobachtung wird belegt durch die Ergebnisse der bereits zitierten jüngsten Shell-Studie, die eine höhere „echte" Religiosität bei Kindern und Jugendlichen mit Migrationshintergrund ausmacht. Hier stehen ausländische Jugendliche, die zu 52 % an einen persönlichen Gott glauben, 28 % bei den deutschen Jugendlichen gegenüber – dabei glauben islamische Jugendliche besonders häufig an einen persönlichen Gott.

dazu noch massive Vorurteile gegen Christen. Dabei gehen diese Vorurteile und die – oftmals zu – hohe Identifikation mit dem eigenen Glauben einher mit einer erschreckenden Unkenntnis der wirklichen Inhalte eben dieses Glaubens. Eine Ursache dafür ist sicherlich z. T. in der nur teilweise geglückten Integration in den vergangenen Jahrzehnten zu suchen. Aufgrund des nur bedingt gelungenen Strukturwandels nach der Wiedervereinigung ist die wirtschaftliche Situation ganz unabhängig von der aktuellen Wirtschaftskrise schlecht. Nach dem Abbau von geringer qualifizierten Jobs entfällt weitgehend die Möglichkeit der Integration von gering (aus-)gebildeten Migranten über den Arbeitsmarkt und Partizipation am gesellschaftlichen Leben im weiteren Sinne.

Bezüglich der Lebenswelten und Einstellungen treffen somit säkulare oder christlich sozialisierte Jugendliche auf in weiten Teilen eher strenggläubige muslimische Jugendliche auf der anderen Seite – im besten Fall. Im ungünstigsten Fall, und das ist leider noch viel zu oft die Regel, findet gar keine wirkliche Begegnung statt. Nichtsdestotrotz – oder gerade deshalb – existieren massive Vorurteile in den östlichen Bezirken gegen „die da mit dem Migrationshintergrund" in den westlichen Bezirken.

Generell lässt sich feststellen, dass der Berliner sehr auf seinen eigenen Kiez bezogen lebt. Hier setzt der Schulenwettbewerb an, der es ermöglicht, über den eigenen Tellerrand hinaus zu sehen und den Menschen, neben denen man lebt, im Moscheeverein, im Jugendclub oder aber bei einem gemeinsamen Schulprojekt endlich auch einmal zu begegnen und sich mit ihnen auszutauschen.[4] Berlin ist *melting pot* von Judentum, Christentum und Islam – hier treffen die drei Religionen aufeinander, reiben sich und sind konkret erleb- und erfahrbar; hier setzt unser Schulenwettbewerb an und möchte an dieser Stelle einen Beitrag zur gelebten Integration – in diesem Fall in beide Richtungen – leisten.

2. Schule und Bildung in Berlin

Seit der Einführung des neuen Schulgesetzes und der Umstrukturierung der frühkindlichen Erziehung im Jahre 2004 waren in Berlin besonders viele Reformen umzusetzen. Stellvertretend sollen an dieser Stelle nur die Herabsetzung des Einschulungsalters auf 5,5 Jahre und die darauf basierende flexible Schuleingangsphase, die Einführung der Ganztagsschulen, die Einführung von Mittlerem Schulabschluss, Vergleichsarbeiten und Zentralabitur nach 12 Jahren sowie die Schulinspektion genannt werden.

---

[4] Als besonders gelungene Beispiele möchte ich an dieser Stelle das Musical-Projekt der Elbe- und Wagnerschule sowie das gemeinsame Projekt der Katholischen Schule St. Marien und des Ernst-Abbe-Gymnasiums in Neukölln erwähnen. Beiden Projekten ist es gelungen, einmal bezirksübergreifend und einmal im Austausch zwischen katholischer Privatschule und Gymnasium in Neukölln Begegnungen und gemeinsame Projektarbeit zwischen Schülern zu initiieren, die sonst auf den ersten Blick wenig verbindet.

Diesem Zwang zur Veränderung und Verbesserung in den vergangen Jahren und auch jetzt noch massiv ausgesetzt, sind die Schulen zwar sehr in Anspruch genommen, müssen sich gleichzeitig jedoch auch verstärkt profilieren und mit anderen Schulen in Konkurrenz treten. Darin liegt wiederum eine Chance für den Trialog-Wettbewerb, da dieser einigen Schulen sehr willkommen ist, um gerade ihr besonderes Profil als weltoffene und interkulturelle Schule aufzubauen bzw. zu stärken.

Medienberichte zu den gerade wieder anstehenden Neuerungen in den verschiedenen Schulen wechseln sich ab mit der Berichterstattung über die jüngsten Gewaltvorfälle an den Schulen. Ein besonderer Fokus liegt dabei auf den Hauptschulen (Stichwort „Rütli-Schule"), die weniger als 10 % der Berliner Schüler besuchen. Hier ist der Anteil der Schülerschaft nicht deutscher Herkunftssprache – in der Statistik der Senatsverwaltung als „n.d.H." geführt – besonders hoch. Die Eberhard-Klein-Oberschule in Kreuzberg besucht seit 2005 kein einziger Schüler mehr mit Deutsch als Muttersprache. Das Problem ist seit langem be- und erkannt. Mit dem kommenden Schuljahr soll nun die Sekundarschule die Haupt- und Realschulen ablösen. Gleichzeitig wurde das Probehalbjahr abgeschafft und der Zugang zum Gymnasium nach einer vehement geführten Debatte neu geregelt.[5]

Die allgemeine Situation muss also angesichts der Probleme und vor allem der desolaten Haushaltslage der Stadt als eher schwierig bezeichnet werden. Dem gegenüber stehen jedoch eine große Vielzahl von staatlichen und privaten Schulen mit besonderem Profil, wie z.B. die Europaschulen oder das jüdische Gymnasium und die islamische Grundschule. Gerade diese Schulen fühlen sich von unserem Wettbewerb angesprochen, da sie die Vielfalt zum Programm gemacht haben. Das zeigen die Teilnahme der Regenbogenschule und der Mildred-Harnack-Schule (beides Europaschulen), der Katholischen Schulen St. Hildegard und St. Marien und der Königin-Luise-Stiftung, um nur die Schulen zu nennen, die die Hürde des Auswahlverfahrens genommen haben. Diesen Schulen hilft unser Programm, ihr Profil zu stärken.

Gab es in den 1980er- und 1990er-Jahren von Seiten der Senatsverwaltung durchaus Bestrebungen, dem interkulturellen Dialog einen Platz in den Rahmenplänen und damit in der Schule einzuräumen und der besonderen Situation gerecht zu werden – genannt seien hier verschiedene Unterrichtsmaterialien, Fortbildungen sowie das Ausbildungsmodul DaZ (Deutsch als Zweitsprache) –, so wurden diese Mittel in den vergangenen Jahren drastisch zurückgefahren. Aufgrund der Schreckensmeldungen in der Presse wurden jüngst teilweise beträchtliche Gelder freigegeben und, wie am Beispiel der Neuköllner Hauptschulen deutlich, streckenweise eher beliebig und etwas konzeptionslos verteilt.

---

[5] Nun werden 70 % der Schüler von der Schule ausgewählt und ein Drittel per Losverfahren entschieden. Dies löst das Kriterium der Länge des Schulweges ab.

3. Das Schulfach Religion in Berlin

Das „Berliner Modell" – basierend auf der sogenannten Bremer Klausel – regelt den Status des Faches Religion in der Berliner Schule wie folgt: Religion ist in Berlin seit 1948 kein ordentliches Lehrfach, sondern ein Zusatzfach, das frei wählbar ist und dessen Zensuren damit ohne Einfluss auf den Notendurchschnitt bleiben.

In den öffentlichen Berliner Grundschulen können die Eltern zur Zeit je nach Schule[6] zwischen Unterricht in den Fächern evangelische, katholische, muslimische und jüdische Religion sowie dem vom atheistischen Humanistischen Verband angebotenem Fach „Lebenskunde" wählen. Der durch die Islamische Föderation an einigen Berliner Grundschulen angebotene islamische Religionsunterricht ist allerdings auch innerhalb der muslimischen Community wegen der Lerninhalte und der Frage nach der Qualifikation der Lehrer durchaus umstritten. Religionsunterricht sowie Lebenskunde werden von etwa 75 % der Grundschüler – freiwillig – besucht. Mit dem Übergang auf die weiterführenden Schulen gehen diese Zahlen deutlich zurück.

Nach einem Modellversuch seit Mitte der 90er-Jahre wurde mit dem Schuljahr 2006/07 von Klasse sieben an ein zweistündiger verpflichtender Ethikunterricht für alle Schüler der weiterführenden Schulen eingeführt. Mit der Einführung des Faches, die einherging mit der Verkürzung der Schulzeit bis zum Abitur auf 12 Jahre, was zu einer deutlichen Erhöhung der Wochenstundenzahlen und einer Zunahme des Leistungsdruckes auf die Schüler führte, ging die Teilnahme am Fach Religion in der Sekundarstufe I zurück.[7]

Interessanterweise sind es Religionslehrer, die an unserem Wettbewerb mitarbeiten, und von ihnen geht in der Regel zuerst die Initiative und der Anstoß aus, am Wettbewerb teilzunehmen, bevor sie dann konkret mit ihren Kollegen aus den anderen Fächern zusammenarbeiten. Häufig finden wir auch eine gelungene Kombination von fächerübergreifendem Unterricht in Ethik und Religion.

4. Die Bürgerinitiative Pro Reli

Der im April 2009 deutlich gescheiterte Volksentscheid der Bürgerinitiative *Pro Reli* soll hier kurz erwähnt werden, da dieses Scheitern viel über das Land Berlin und seinen Umgang mit Religion aussagt. Worum ging es? Statt des verpflichtenden Ethikun-

---

[6]   Hier ist anzumerken, dass sehr große Unterschiede je nach Berliner Bezirk bestehen. Wir sprechen hier immer vorrangig von den Berliner „Westbezirken", und auch hier wäre noch zu differenzieren zwischen den bürgerlichen Vierteln im Südwesten und den übrigen Bezirken. Bei Lebenskunde liegt ein eindeutiges Schwergewicht auf den Bezirken Pankow, Treptow-Köpenik und Lichtenberg, evangelischer Religionsunterricht ist deutlich stärker in den Westbezirken vertreten, islamischer Religionsunterricht wird in den östlichen Bezirken nicht angeboten.

[7]   Dabei erweist es sich als schwierig, das Ausmaß dieses Rückganges einzuschätzen. Während die Initiatoren der Bürgerinitiative „Pro Reli" von einem bis zu 25 %igen Rückgang sprechen, gehen die Vertreter der Initiative „Pro Ethik" von einer Größenordnung von um die 3 % aus.

terrichtes ab Klasse 7 sollten die Schüler aller Berliner Schulen ab Klasse 1 zwischen den Wahlpflichtfächern Ethik und jüdischem, evangelischem, katholischem sowie muslimischem Religionsunterricht wählen dürfen – und müssen. Das Vorgehen der Bürgerinitiative *Pro Reli* wurde mit großer Vehemenz in weiten Bevölkerungsschichten diskutiert. Dabei ging es einerseits um die Trennung von Kirche und Staat, andererseits jedoch um die Frage, welche Form des Werteunterrichtes der „diversity" in den Berliner Klassenzimmern am ehesten gerecht würde. Kann dies der alle Schüler gemeinsam unterweisende Ethikunterricht sein oder aber der aus der Glaubensperspektive erteilte Religionsunterricht, der den jungen Juden, Christen und Muslimen zunächst einmal fundiertes Wissen über die eigene kulturelle Herkunft und den eigenen Glauben vermittelt, und sie damit bemächtigt, durch Selbstvergewisserung und Identitätsarbeit auf die anderen zuzugehen? Dabei ging es zwar einerseits um die Frage, ob der gemeinsame Ethikunterricht aller Schüler nicht der multikulturellen Realität Berlins angemessener wäre. Ebenso intensiv und beharrlich wurde aber andererseits die Frage diskutiert, in welchem Verhältnis Kirche und Politik zu stehen haben. Rückblickend lässt sich feststellen, dass die Initiative zum Volksbegehren und ihr Scheitern weniger über die Bindung der Berliner an die Kirchen oder gar ihre Gläubigkeit aussagt, sondern vielmehr für die Tatsache steht, dass in Berlin, vor allem in den östlichen Bezirken, Religion als Privatangelegenheit betrachtet wird.

5. Der Verlauf des „Trialog-Schulenwettbewerbs" in Berlin

Trotz dieser schwierigen Situation in Berlin gibt es hier eine beachtliche Anzahl von guten Schulen mit engagierten und kreativen Pädagogen. Dies belegen deutlich die Zahlen der Bewerber beim Schulenwettbewerb, die Anzahl und Qualität der zugelassenen Projekte und vor allem die vielen Berliner Siegerschulen: In der 2. Runde kamen mit der Elbe-Grundschule und der Richard-Wagner-Grundschule die ersten, mit der Waldschule und der Emil-Fischer-Schule zwei zweite und mit der Regenbogen-Grundschule ein dritter Sieger aus Berlin; in der 3. Runde ging ebenfalls ein erster Preis an die Emil-Fischer-Schule, ein zweiter an die Regenbogen-Grundschule und zwei dritte Preise an zwei Gymnasien, das Lessing-Gymnasium sowie die Königin-Luise-Stiftung, aus Berlin. Es waren nicht nur sehr viele Schulen erfolgreich, es waren vor allem auch ganz unterschiedliche Schultypen, Altersstufen und Projekte, die die Jury überzeugen konnten.

Wie finden die Schulen zum Wettbewerb – oder besser – wie findet die Stiftung zu den Schulen? Der Wettbewerb steht jedes Jahr unter einem bestimmten Thema – in der fünften Runde wird es *Aufwachsen – Erwachsen in Judentum, Christentum und Islam* sein. Dieses Motto wird zu Beginn jedes Kalenderjahres in Form eines Flyers veröffentlicht, der an jede Berliner Schule, an die Fachleiter sowie verschiedene Multiplikatoren versendet wird. Eine prominent besetzte zwölfköpfige Jury entscheidet über die Zulassung der Projekte zum Wettbewerb. Nach Beginn des Schuljahres organisiert die Stiftung in ihren Räumlichkeiten eine kleine Auftaktveranstaltung zum gegenseitigen Kennenlernen. Nach der Zulassung der Schulen erhalten diese ein Startgeld von 3500,– Euro.

Ein erster Höhepunkt des Projektjahres, und mit Spannung von allen Seiten erwartet, ist im Frühjahr der Markt der Möglichkeiten, auf dem die Schulen uns, aber vor allem den anderen Wettbewerbsschulen ihre Arbeitsergebnisse vorstellen und einen kleinen Einblick in die Projektarbeit gewähren. Da wird gekocht, gebloggt, getanzt, gedichtet, gerappt, getöpfert, gebastelt und vieles mehr.

Im Laufe des Schuljahres bekommt jede Schule mindestens einmal Besuch von der Stiftung, wenn möglich häufiger. Wichtig erscheint es uns, die Schulen bei ihrem Vorhaben zu begleiten und zu unterstützen – der Grad der Intensität der Betreuung schwankt je nach Bedarf der Schule.

Um die Nachhaltigkeit des „Trialog-Schulenwettbewerbs" zu sichern, bietet die Herbert Quandt-Stiftung neben den Auftaktveranstaltungen, dem Markt der Möglichkeiten und der Begleitung der Schulen an beiden Standorten themenbezogene Lehrerfortbildungen, z. B. zum Nahost- oder aber auch zu Moscheebaukonflikten, an. Ergänzt wird der Wettbewerb darüber hinaus durch die jährlich stattfindende Deutsch-Türkische Lehrerakademie, die sich an die trialogerfahrenen Lehrer in Berlin und Hessen wendet und diesen ein weiteres Forum zu Erfahrungsaustausch, Netzwerkpflege und Weiterbildung in inhaltlicher und methodischer Hinsicht bietet.

Als besonders wertvoll erweist sich in jedem Jahr auch wieder der Austausch zwischen den neuen und erfahrenen Wettbewerbsteilnehmern, die von ihren Erfahrungen mit der Projektarbeit berichten können.

6. Ausblick

Zwar ist in den vergangenen Jahrzehnten eine große Zunahme von Schulenwettbewerben zu verzeichnen, diese konzentrieren sich jedoch vor allem auf die naturwissenschaftlichen Fächer. Wettbewerben wie dem *Deutschen Schulpreis* fehlt der pointierte interkulturelle Aspekt. Nach den letzten Befunden aus den großen Schulleistungsvergleichsstudien muss man hervorheben, dass nicht nur Kinder mit Migrationshintergrund gefördert werden sollten, sondern auch der dramatischen Entwicklung hin zu einer Zwei-Klassen-Gesellschaft und der engen Koppelung von Lernerfolg und sozialer Herkunft entgegengewirkt werden muss. Hier unterscheidet sich der Schulenwettbewerb *Schulen im Trialog* z. B. von dem sehr verdienstvollen Start-Stipendium und verschiedenen auf die Hauptschule zugeschnittenen Wettbewerben: Beim Wettbewerb der Herbert Quandt-Stiftung werden zum einen nicht nur die leistungsstarken Kinder, sondern gerade auch Kinder mit Migrationshintergrund in die Breite gehend gefördert. Dies ist ein Alleinstellungsmerkmal dieses Wettbewerbes und hier liegt seine Stärke, die gerade in Berlin deutlich wird. Schwerpunkte setzen, ein eigenes Profil bilden – das gilt für Stiftungen nicht weniger als für Schulen und der Herbert Quandt-Stiftung gelingt dies mit dem Wettbewerb in exemplarischer Weise.

Abschließend bleibt die wichtigste Frage: Was bewirkt der „Trialog-Schulenwettbewerb" bei den Schulen, den Lehrern, den Eltern, aber vor allem natürlich bei den Schülern? Ein Schuljahr ist kurz und wir können als Stiftung immer nur Impulsgeber sein. Die Rückmeldungen, die wir aus den Schulen erhalten, zeigen uns jedoch, dass es uns mit dem Wettbewerb gelingt, auch teilweise brisante Themen aufzugreifen und anzusprechen, auch Konflikte aufbrechen zu lassen, die sonst nicht oder nur sehr diffus wahrgenommen wurden.

Besonders gefreut hat uns, dass die Berlinkarte, auf der wir die teilnehmenden Schulen markieren, mittlerweile nicht nur die beachtliche Anzahl von 30 roten Pfeilen aufweist, sondern diese sich einerseits im sogenannten Problemviertel Neukölln mit förderungswürdigen Schulen häuften und andererseits ebenso rote Pfeile in Grunewald und in Dahlem, aber auch in Berlin-Mitte und in einigen östlichen Bezirken – Mitte, Lichtenberg, Köpenick, Hellersdorf und Prenzlauer Berg – zeigte. Der Trialog ist über unseren Wettbewerb in ganz Berlin angekommen.

Die Jury des Schulenwettbewerbs

Die Juroren:

Prof. Dr. Bärbel Beinhauer-Köhler
Professorin für Religionswissenschaft am
Fachbereich Evangelische Theologie der
Johann Wolfgang Goethe-Universität,
Frankfurt a. M.

Alexa Brum
Direktorin der I. E. Lichtigfeld-Schule
im Philanthropin,
Frankfurt a. M.

Jörn Dulige
Kirchenrat und Beauftragter der
Evangelischen Kirchen in Hessen
am Sitz der Landesregierung,
Wiesbaden

Michael Elfner
Ministerialrat im Hessischen Kultusministerium,
Mitglied der Jury bis 2009,
Wiesbaden

Sibylle Goldacker
Vorsitzende des Landeselternbeirats Hessen
von 1998–2006,
Hanau

Prof. Barbara John
Ausländerbeauftragte des Berliner Senats
von 1981–2003, jetzt Koordinatorin für
Sprachförderung bei der Senatsverwaltung
für Bildung, Wissenschaft und Forschung,
Berlin

Rabeya Müller
Leiterin des Instituts für Interreligiöse
Pädagogik und Didaktik,
Köln

Ahmad Qubad
Stipendiat der Herbert Quandt-Stiftung,
Mitglied der Jury bis 2009,
Bad Soden

Prof. Dr. Clauß Peter Sajak
Professor für Religionspädagogik an der
Katholisch-Theologischen Fakultät der
Westfälischen Wilhelms-Universität,
Münster

Prof. Dr. Stefan Schreiner
Professor für Religionswissenschaft und
Judaistik an der Eberhard-Karls-Universität,
Tübingen

Nihat Sorgeç
Direktor des BWK BildungsWerk in Kreuzberg,
Berlin

Prof. Dr. Wolfram Weiße
Professor für Erziehungswissenschaft und
Direktor des „Interdisziplinären Zentrums
Weltreligionen im Dialog" an der Universität,
Hamburg

Die Vertreter der Herbert Quandt-Stiftung:

Dr. Albrecht Graf von Kalnein
Vorstand der Herbert Quandt-Stiftung,
bis 2009,
Bad Homburg v. d. H.

Dr. Roland Löffler
Themenfeldleiter „Trialog der Kulturen",
Bad Homburg v. d. H.

Angelika Pantel
Stellvertretende Leiterin des Themenfelds
„Trialog der Kulturen",
Berlin

Anke Rengers
Projektkoordinatorin des
Schulenwettbewerbs in Hessen,
Bad Homburg v. d. H.

2. Schulporträts

Adolf-Reichwein-Schule

Berufliche Schule
Weintrautstraße 33, 35039 Marburg
Tel. 0 64 21/16 97 70
www.adolf-reichwein-schule.de

Schülerzahl – Jahrgangsstufen – kulturelle und religiöse Zusammensetzung

▸ 1659 Schüler
▸ Jahrgangsstufen 10 – 13 bzw. 14
▸ Berufliche Schule mit vielfältigen Bildungs- und Ausbildungsangeboten im
  Beruflichen Gymnasium, der Fachoberschule, der Berufsfachschule und Höheren
  Berufsfachschule sowie in der dualen Berufsbildung und den Besonderen
  Bildungsgängen
▸ 4,8 % der Schülerschaft mit Migrationshintergrund bzw. nicht deutscher
  Nationalität
▸ 70 % der Schülerschaft gehören dem Christentum an, die nächstgrößere Gruppe
  dem Islam.

Projekt

Wir und die anderen – und was glaube ich?
Im Wettbewerbsjahr 2007/08 war die gesamte Schulgemeinde Lern- und Lehrgruppe im
Projektverlauf. Eine wichtige Entscheidung auf dem Weg im Trialog der Kulturen war
dabei die methodisch strukturierende Dreigliederung in Makro-, Meso- und Mikropro-
jektebene.

Die *Makroprojektebene* („Wir und die Anderen?" bzw. „Die Anderen und Wir?") erfuhr im Laufe des Wettbewerbs eine vorher nicht erwartete Aufwertung: Originale Begegnung wurde zu einem tragenden und bereichernden Pfeiler des Trialogs, für die Beteiligten unter anderem erlebbar geworden in dem Projekt „Gottes Häuser", bei dem man sich auf eine Reise durch die Gottesdienst- und Gebetsräume der drei abrahamischen Religionen machen konnte.

Die *Mesoprojektebene* („Und was glaube ICH?") bot Platz und Freiheit für eine Projektorientierung unter Einbezug der Teilnehmer, die sich Fragen stellend und Diskurse entwickelnd auf den Weg machten, Glaubensfragen und -inhalte aus der Perspektive ihrer jeweilig absehbaren zukünftigen Berufsfelder zu erkunden. Neben verschiedenen Kleinstprojekten im regulären Schulunterricht wurden im Rahmen der Vorbereitung für den Informationstag der Schule drei fächerverbindende (Groß-)Projekte erarbeitet: *Duft in den Religionen* war eine jahrgangsübergreifende Kooperation der Fachbereiche Chemie und Religion, welche die Bedeutung von duftenden Gewürzen und Harzen (Weihrauch) in den Religionen herausarbeitete sowie deren chemische Zusammensetzung und Wirkung vergleichend analysierte; *Kunst auf der Haut* verband die Fachbereiche Körperpflege und Religion und widmete sich der Bedeutung von Tattoos und Körperschmuck in den Religionen; das Projekt *Brücken verbinden* der Fachbereiche Bautechnik und Religion verdeutlichte über die Verbindung der drei dar- und vorgestellten Kulturräume und realen Brücken auch die enthaltene Analogie von Bauwerken und der Verständigung zwischen den Religionen und Kulturen.

Die *Mikroebene* präsentierte sich als initiierte multiperspektivische Zusammenschau von besonderer Bedeutung, gerade im Hinblick auf die Entwicklung der Kompetenzen Fragen zu stellen, diese zu klären und sie anschließend an Menschen zu richten. Höhepunkt war hier ein *trialogisches Gespräch* mit Vertretern der drei Religionen, in dem entsprechende Fragen und Perspektiven gestellt, diskutiert und beantwortet wurden. Ein am selben Abend stattfindendes Podiumsgespräch zu dem Thema „Interkulturelle bzw. interreligiöse Kompetenzen und deren Bedeutung für die Berufs- und Arbeitswelt" mit Vertretern unterschiedlicher religiöser Herkunft aus Wirtschafts-, Universitäts- und Bildungssektor verdeutlichte zudem die aktuelle gesellschaftliche Relevanz der Thematik.

Fazit: Auswirkungen auf die Schulentwicklung

▶ Durch Begegnungen und Kontakte wurde die Vernetzung der Schule mit ihrem kulturell-religiösen, gesellschaftlichen und wirtschaftlichen Umfeld angestoßen bzw. ausgebaut.

▶ Das Bewusstsein für die Relevanz kulturell-religiöser Themen hat ebenso zugenommen wie dementsprechend deren (fächerübergreifende) Umsetzung im Unterricht, insbesondere mit Ausblick auf die berufliche Zukunft der Schüler.

Ansprechpartner an der Schule für Interessenten

Carsten Keil

Brunnenschule

Förderschule für Lern- und Erziehungshilfe
Kurt-Moosdorf-Straße 75, 61118 Bad Vilbel
Tel. 0 61 01/8 35 33

Schülerzahl – Jahrgangsstufen – kulturelle und religiöse Zusammensetzung

▸ 140 Schüler
▸ Förderschule mit einer Vorklasse, zwei Grundstufenklassen (jahrgangsübergreifend 1–4), zwei Mittelstufenklassen, drei Hauptstufenklassen und zwei Klassen, die für Schüler im 10. Schuljahr den Hauptschulabschluss bzw. die Berufsintegration zum Ziel haben; zusätzlich zwei Klassen zur Betreuung schwer erziehbarer Jungen
▸ 30 % der Schülerschaft mit Migrationshintergrund bzw. nicht deutscher Nationalität
▸ Der Großteil der nicht deutschen Schüler gehört dem Islam an, die restlichen 70 % der Schülerschaft dem Christentum oder keiner Religionsgemeinschaft.

Projekt

Ein Schuljahr im Zeichen des Trialogs
Eröffnet wurde das Projekt im Wettbewerbsjahr 2005/06 mit einer Schulanfangsfeier, in deren Zusammenhang sich bereits feste Rituale herausbildeten, wie etwa das Singen von Liedern, eine Beamershow oder das Ertönen eines Gongs vor und nach Ansagen. Die Feier endete mit der Aufforderung an jede Klasse, für eine *Ausstellung* zu dem Thema „Wo begegnet mir Religion in meinem Alltag?" Beiträge zu erarbeiten, so dass im Folgenden in den einzelnen Klassen gekocht, gemalt, Geschichten geschrieben, gesammelte Erfahrungen dokumentiert, Ausflüge unternommen, fotografiert, gebastelt, gesungen und getanzt wurde. Die Ergebnisse der Vorbereitungen wurden schließlich im Rahmen einer *Großveranstaltung* aufgeführt und präsentiert.

Eine *Projektwoche* für die gesamte Schule stand unter dem Titel Abraham und fand Vorbereitung in einer Fortbildung für die Lehrkräfte, einem Besuch des Bibelmuseums Frankfurt und mehreren Vollversammlungen, in denen die gemeinsame Akzeptanz der Trialogthematik auf Seiten der Lehrer, Schülerschaft und Eltern gewährleistet und kollektive Vorgehensweisen und Pläne entwickelt und konkretisiert wurden.

Als übergreifende und einheitliche Abschlussveranstaltung des Schuljahres diente schließlich ein großes *Sommerfest* im Zeichen des Trialogs und unter der Thematik des friedlichen Miteinanders. Neben einem umfangreichen Bühnenprogramm fanden sich hier in Zelten auf dem Schulhof unterschiedlichste Einzelangebote sowie die Möglichkeit, über Luftballons gemeinsame Friedenswünsche in die Welt zu tragen oder sich an einem Webrahmen durch Knüpfen eines Friedensfadens im gemeinschaftlichen Teppich zu verewigen.

Fazit: Auswirkungen auf die Schulentwicklung

▸ Der Grundgedanke des Trialogs wurde in den folgenden Schuljahren mit jeweils unterschiedlichen thematischen Schwerpunkten weiterentwickelt („Sport und Bewegung", „Talente und Begabungen", „Musik und Tanz in den Kulturen", „Kunst und Theater in den Kulturen").

▸ Parallel zu den Jahresschwerpunktthemen wurden weitere Einzelveranstaltungen und Aktionen durchgeführt, wie etwa Theateraufführungen, Museumsbesuche oder die Beteiligung an der Setzung von „Stolpersteinen" in der Stadt Bad Vilbel.

Ansprechpartner an der Schule für Interessenten

Margret Cost-Frase, Sabine v. Trotha

Christian-Wirth-Schule

Gymnasium
Schloßplatz 1, 61250 Usingen
Tel. 0 60 81/9 13 40
www.cws-usingen.de

Schülerzahl – Jahrgangsstufen – kulturelle und religiöse Zusammensetzung

▸ Ca. 1400 Schüler
▸ Jahrgangsstufen 5–13
▸ Gymnasium mit besonderer musikalischer Förderung
▸ Großteil der Schülerschaft mit deutscher Nationalität sowie christlich geprägtem Elternhaus aus dem ländlichen Raum
▸ Großteil der wenigen Ausländer ebenfalls mit christlichem Hintergrund

Projekt

Die abrahamischen Religionen im Unterrichtskanon

Das Konzept im Wettbewerbsjahr 2006/07 richtete sich abgesehen von einigen wenigen gesamtschulischen Veranstaltungen vornehmlich an die Jahrgangsstufe 8 des Gymnasiums.

Im Fachbereich Deutsch lag der Schwerpunkt in der *Lektüre verschiedener Jugendbücher*, wie z.B. „Benny und Omar" von Eoin Colfer oder „Die sprechenden Steine" von Ghazi Abdel-Qadir, in denen Protagonisten einer jeweils anderen Religion aus ihrer Perspektive berichten. Auf der Grundlage dieser Leseerfahrungen erarbeiteten die Schüler in Projektarbeiten individuelle Lesetagebücher sowie Stellwände und präsentierten diese schließlich sowohl in der eigenen als auch in einer Parallelklasse. Im Zusammenhang mit der Lektüre des Buches „Die sprechenden Steine" wurde darüber hinaus eine *Lesung* mit dem Autor des Buches, Ghazi Abdel-Qadir, ermöglicht.

Im Fachbereich Politik und Wirtschaft wurden die Schüler nach Einführungen zur Vorgeschichte Israels und der Entstehung und Wirkung des Zionismus in den Themenkomplex des Nahostkonfliktes hineingeführt. In Form von *Gruppenpräsentationen* wurden die Schüler unter anderem mit wichtigen Persönlichkeiten, Kriegs- und Verhandlungsereignissen, Terrororganisationen sowie der palästinensischen und israelischen Wirtschaft vertraut gemacht.

Im Religionsunterricht wurde der Fokus auf einen möglichen *Vergleich der drei abrahamischen Religionen* gelegt, sodass die Grundsätze und Entstehungsgeschichten des Juden- und Christentums sowie des Islams erarbeitet, präsentiert und durch Lernplakate dokumentiert werden konnten.

Auch im Fachbereich Sport konnte ein Beitrag für das Projekt geleistet werden, indem hier die traditionellen Kleidervorschriften der drei Religionen erarbeitet und so Möglichkeiten zur originalen Begegnung gegeben wurden.

Der Geschichtsunterricht legte seinen Schwerpunkt auf die Geschichte des Islams, so dass eine achtseitige *Broschüre* erstellt werden konnte, die den Schülern einen Einblick in Geschichte, Tradition und Inhalte bieten sollte.

Der Zusammenhang von Religion und Kultur und ihre Verbreitungsmuster wurden im Erdkundeunterricht anhand ausgewählter Beispiele thematisiert, unter anderem beschäftigten sich die Schüler in diesem Kontext auch mit dem Thema der Migration in Europa.

Eines der besonderen *fachunabhängigen Projekte* war neben Exkursionen des gesamten Jahrgangs in eine Moschee, eine Synagoge und in das jüdische Museum vor allem die Veranstaltung unter dem Motto „Wie kocht man im Judentum, Christentum, Islam?", die sowohl theoretisch als auch praktisch mit jeweiligen Speisevorschriften vertraut machte.

Fazit: Auswirkungen auf die Schulentwicklung

Auf Grund des inhaltlichen wie organisatorischen Erfolges wird die dauerhafte Etablierung des fächerübergreifenden und methodenvielfältigen Projektes im Unterricht in Erwägung gezogen.

Ansprechpartner an der Schule für Interessenten

Mara Klusemann, Ellen Schwan-Schönemund

Dreieichschule

Gymnasium
Goethestraße 8, 63226 Langen
Tel. 0 61 03 / 30 33 90
www.dreieichschule.de

Schülerzahl – Jahrgangsstufen – kulturelle und religiöse Zusammensetzung

▸ Über 1300 Schüler
▸ Jahrgangsstufen 5 –13
▸ Heterogene Zusammensetzung der Schülerschaft; Schwerpunkte nicht deutscher Nationalitäten im Bereich islamischer, ostasiatischer sowie osteuropäischer Länder
▸ Ca. 10 % der Schüler gehören dem Islam an.

Projekt

Team-Teaching im Trialog der Kulturen
Entscheidend für das Projekt im Wettbewerbsjahr 2006/07 war der Einsatz von vier Lehramtsstudentinnen des Faches Geschichte von der Universität Frankfurt am Main, die im Frühjahr 2007 ihr Schulpraktikum in der gesamten Jahrgangsstufe 8 der Dreieichschule absolvierten. Die Auswahl war auf den Geschichtsunterricht dieses Jahrgangs gefallen, da der Lehrplan für diese Stufe ohnehin die Begegnung mit dem Islam sowie die Situation der Juden in Europa im Rahmen des Mittelalters thematisiert. Ziel des Projektes war somit die *Integration der Trialogthematik in die Lehrerausbildung* sowie in den laufenden Geschichtsunterricht – explizit also kein Sonderprojekt, sondern ein Anstoß zur Veränderung des „üblichen" Unterrichts im Rahmen des Spielraums, den der Lehrplan bietet.

Ausgangspunkt für die Teilnahme am Wettbewerb war dementsprechend der Lehrauftrag Dr. Geigers, Geschichtslehrer und Leiter der Fachschaft Geschichte an der Dreieichschule, zum Thema „Interkulturelle Begegnung" am Seminar für Didaktik der Geschichte an der Universität Frankfurt. In seiner Lehrveranstaltung konnten so die vier Lehramtsstudentinnen ihr anschließendes Praktikum inhaltlich vorbereiten, um gezielt zum Thema „Interkulturelle Begegnungen im Mittelalter (Christen, Juden, Muslime)" in den Unterricht der Jahrgangsstufe 8 einzusteigen und Gelerntes zu erproben, d. h. die an der Universität entwickelten Ideen in die Praxis umzusetzen. An die Vorarbeiten anknüpfend übernahmen die vier Praktikantinnen folglich nach einer Woche Hospitation in der gesamten Jahrgangsstufe 8 den Geschichtsunterricht, der gemeinsam in Form des *Team-Teachings* vorbereitet, durchgeführt und auch analysiert wurde.

Inhaltliches Ziel war es dabei, Klischees aus Gesellschaft und z. T. sogar noch Lehrbüchern ausfindig zu machen, zu diskutieren und schließlich aufzulösen, um so der historisch falschen Verengung des Blicks auf interkulturelle Konfrontationen (Judenverfolgung, Kreuzzüge, Dschihad) die Perspektive der interkulturellen Kooperation und ihrer historischen Bedeutung entgegenzustellen.

Fazit: Auswirkungen auf die Schulentwicklung

▸ Das Startgeld wurde für den Aufbau einer „Bibliothek des Trialogs" sowie für infrastrukturelle Maßnahmen verwendet, die durch den gewährten Sonderpreis erweitert werden können.

▸ Für die Fortführung des Projekts soll zukünftigen Praktikanten ein eigener Arbeitsplatz mit Büchern, Unterrichtsmaterial, Computer, Scanner und Drucker zur Verfügung stehen sowie Laptop und Beamer für den Einsatz im Unterricht.

Ansprechpartner an der Schule für Interessenten

Dr. Wolfgang Geiger

Elbe-Schule

Grundschule
Elbestraße 11, 12045 Berlin
Tel. 0 30/6 32 25 08 80
www.elbeschule.de

Schülerzahl – Jahrgangsstufen – kulturelle und religiöse Zusammensetzung

▸ Ca. 360 Schüler
▸ Jahrgangsstufen 1–6
▸ Musikorientierte Grundschule
▸ Fast gesamte Schülerschaft mit Migrationshintergrund bzw. nicht deutscher Nationalität, hauptsächlich Vertreter türkischer und arabischer Herkunft
▸ Großteil der Schülerschaft gehört dem Islam an.

Gemeinschaftsprojekt mit der Richard-Wagner-Schule: Entwicklung und Präsentation eines interkulturellen Musiktheaters: „So anders bist du gar nicht!" (siehe ab S. 103)

Richard-Wagner-Schule

Grundschule
Ehrenfelsstraße 36, 10318 Berlin
Tel. 030/5099078
www.wagner.cidsnet.de

Schülerzahl – Jahrgangsstufen – kulturelle und religiöse Zusammensetzung

▶ Ca. 400 Schüler
▶ Jahrgangsstufen 1–6
▶ Grundschule mit besonderer Musikorientierung
▶ Großteil der Schülerschaft mit deutschem und bürgerlichem Hintergrund, dementsprechend wenig Erfahrungen mit Migrationshintergründen
▶ Großteil der Schülerschaft gehört dem Christentum an, jedoch nur wenige wirklich als praktizierende Christen; andere Religionsgemeinschaften sind kaum bis überhaupt nicht vertreten.

Projekt

Entwicklung und Präsentation eines interkulturellen Musiktheaters: „So anders bist du gar nicht!"
Das interkulturelle Musiktheater als Trialog-Projekt im Wettbewerbsjahr 2007/08 entstand in Kooperation der beiden Grundschulen, die sich hinsichtlich der kulturellen Zusammensetzung ihrer Schülerschaften stark voneinander unterscheiden.

Zunächst folgte der Kontaktaufnahme durch die Projektleiterin der Richard-Wagner-Schule eine Reihe von *gegenseitigen Besuchen*, die sowohl ein Kennenlernen und einen ersten Austausch über Lebenssituation, Religion und Kultur als auch eine anschließende weitere inhaltliche Auseinandersetzung mit *gemeinschaftlich aufge-*

worfenen Fragen in den Gruppen und nicht am Projekt beteiligten Klassen ermöglichte.

Neben der Umsetzung dieser Fragen in erste *Theaterszenen* wurden entsprechende *Musikstücke* arrangiert, die von einem Orchester mit Flöten, Gitarren, Keyboard, Saxophon, Klarinetten und Streichern eingeübt wurden.

Um eine vertiefte Begegnung über die Schulgrenzen hinaus und innerhalb der Trialog-Thematik zu gewährleisten, brachen die beiden Gruppen zu *gemeinsamen Exkursionen* auf, die zuerst in eine Moschee und schließlich, da kein Kind jüdischen Glaubens an dem Projekt beteiligt war, ins Jüdische Museum in Berlin führten. In letzterem konnten anhand der Führung „Ist das im Islam nicht auch so?" Parallelen und Gemeinsamkeiten zu den anderen beiden monotheistischen Religionen aufgezeigt und so den Kindern begeisternde Eindrücke für die eigene Suche nach ihren Wurzeln wie auch für ihr Theaterstück geboten werden.

Einen wichtigen Baustein der Projektarbeit stellte die lange umstrittene und schließlich doch durchgeführte *dreitägige Theaterfahrt* der beiden Gruppen in ein Gästehaus bei Berlin dar, auf der der Theaterstücktitel „So anders bist du gar nicht!" zum Programm und tragenden Element wurde und die neben den gemeinsamen Aktivitäten und Proben auch Antworten auf viele Fragen zu jüdischen, muslimischen und christlichen Festen und Bräuchen mit sich brachte.

Die *Aufführung des Theaterstückes* auf der Bühne der Werkstatt der Kulturen in Berlin-Neukölln sorgte nicht nur für echtes „Theaterfeeling" bei den Kindern, sondern auch für viel Begeisterung beim Publikum, das miterleben konnte, was die Schüler auf ihrem einjährigen Weg des Trialogs erfahren und gelernt hatten, den sie zuletzt sowohl auf als auch abseits der Bühne selbst verkörperten.

Fazit: Auswirkungen auf die Schulentwicklung

Elbe-Schule

▸ Das vom Theaterstück angefertigte Video sowie einzelne Szenen und die Musik zum Stück werden oft für unterrichtliche Zwecke herangezogen und verdeutlichen so die nachhaltige Wirkung der gemeinsamen Produktion im Schulleben.

▸ Die Thematik des Trialogs entwickelt sich ständig weiter und findet sich im Schuljahr 2008/09 in der erneuten Teilnahme am Schulenwettbewerb wieder.

Richard-Wagner-Schule

▸ Im Unterrichtsprojekt „Judentum-Christentum-Islam" erfolgt in den beiden sechsten Klassen eine Zusammenarbeit der Fächer Deutsch und Religion über das gesamte Schuljahr hinweg.

▸ Das Orchester der Schule – die Musicalbesetzung war die erste Formation dieser Art – wurde zu einer festen Arbeitsgemeinschaft im Rahmen der musischen Orientierung der Schule, so dass neue Instrumente angeschafft und die neue Besetzung eingearbeitet wurden.

▸ In der neu eingerichteten Musiktheater-AG werden in Zusammenarbeit von Religionslehrerin und Orchesterleiter Schüler der vierten bis sechsten Jahrgansstufe eigene Stücke erarbeiten, zurzeit beispielsweise zum Thema „Vorurteile".

Ansprechpartner an der Schule für Interessenten
Elbe-Schule: Matthias Goldbeck-Löwe, Manfred Hepp
Richard-Wagner-Schule: René Fleischmann, Katharina Mille

Emil-Fischer-Schule

Oberstufenzentrum Ernährung und Lebensmitteltechnik
Cyclopstraße 1–5, 13437 Berlin
Tel. 0 30/4 14 72 10
www.emilfischerschule.de

Emil-Fischer-Schule

Schülerzahl – Jahrgangsstufen – kulturelle und religiöse Zusammensetzung

▸ Ca. 3500 Schüler
▸ Jahrgangsstufen 11–13
▸ Berufsschule im dualen System für die ernährungsgewerblichen Berufe und die Hauswirtschaft, die Berufsfachschule Hauswirtschaft, die Fachschulen für Familienpflege, Diätassistenten und verschiedene lebensmitteltechnische Berufe sowie das Berufliche Gymnasium
▸ 15–20 % (je nach Bildungsgang) der Schülerschaft mit Migrationshintergrund bzw. nicht deutscher Nationalität
▸ Mehrheit der Schülerschaft mit bildungsfernem, stark säkularisiertem Hintergrund

Projekt I

Hauswirtschaft im Trialog – religiös begründete Speisetraditionen bzw. Speisegesetze
Das Projekt im Wettbewerbsjahr 2006/07 richtete sich an die Schüler, die eine berufs-fachschulische Ausbildung im Bereich der Hauswirtschaft durchlaufen. Die konkrete Erarbeitung der Trialog-Inhalte bezüglich der Speisetraditionen bzw. Speisegesetze im Unterricht konzentrierte sich demgemäß auf Kernprojektklassen der hauswirtschaftli-chen Berufsbildung (ca. 150 Schüler in 13 Klassen).

Die Entwicklung eines *Büfetts der Begegnungen*, an dem Angehörige aller drei Re-ligionen teilnehmen können sollten, stellte ein wichtiges Schwerpunktziel dar, dessen Erreichen zunächst verschiedene Arbeitsphasen vorangingen.

Auf theoretischer Ebene konnte neben speziellen *Fortbildungen* für das Lehrpersonal das Verständnis für die Thematik auf Seiten der Schülerschaft durch Exkursionen zu verschiedenen Gotteshäusern oder auch *Schülerworkshops* in der Jerusalemkirche in Berlin vertieft werden.

Begleitende praktische Aktivitäten waren etwa *Aktionswochen in Mensa und Catering* zu bestimmten Feiertagen, die durch Informationen auf einer „Trialog-Pinnwand" weitere Erläuterung fanden, sowie *Besichtigungen* einer türkischen und einer deutschen Bäckerei im Zuge der Rezepterprobung und -optimierung im Praxisunterricht, was in einer medial erarbeiteten *Plakatausstellung* gipfelte.

Höhepunkt des Projektjahres war abschließend der *Abend der Begegnungen*, bei dem das lang erarbeitete Büfett der Begegnungen von den eingeladenen Ausbildern, Prüfern, Vertretern der Lehrerausbildung, Eltern, Lehrkräften, Freunden sowie Verantwortlichen der besuchten Einrichtungen im festlichen Rahmen gemeinsam verköstigt werden konnte.

Projekt II

Entwicklung und Erprobung von Lernspielen zum Trialog der Kulturen
Schwerpunkt im Wettbewerbsjahr 2007/08 war die *Entwicklung von Lehrspielen* im Kontext des Trialogs der Kulturen, die schließlich an einem ausgewählten Spieleabend gemeinsam von der Schülerschaft, Lehrern und Ausbildern, Mitgliedern der Prüfungskommission, Eltern und Freunden erprobt wurden.

Bei dem Spiel „Die Reise durch den Trialog" begeben sich die Mitspieler beispielsweise auf eine fiktive Reise zu vier verschiedenen religiösen Orten in Berlin, die sie mit Straßen verbinden und an denen sie schließlich Fragen zu den Religionen beantworten müssen.

Beim „Religion Game" sollen die Spielenden in einer Art Memory Abbildungen religiöser Objekte mit entsprechenden erklärenden Texten zusammenfinden.

Ein weiteres Highlight war die amüsante und zugleich ernsthafte *Religionskomödie* „Glauben Sie doch, was Sie wollen!" des Grundkurses Darstellendes Spiel, in der die griechischen Götter des Olymps die Abkehr der Gläubigen hin zu den monotheistischen Religionen erleben. In Folge dessen beschließen sie, die Vor- und Nachteile der drei Religionen zu analysieren, um auf Grundlage der Ergebnisse ein neues religiöses Angebot zu entwickeln und die Menschen zurückzugewinnen. Ein Unterfangen, das von den menschlichen Testpersonen, etwa einem fleißigen und beschäftigten Berliner Müllmann, entsetzt abgelehnt wird.

Fazit: Auswirkungen auf die Schulentwicklung

▸ Die Schülerschaft wie auch das Lehrpersonal wurden für das interkulturelle Lernen sensibilisiert, wodurch gleichzeitig das Interesse für interreligiöse Bildung auf allen Ebenen gesteigert werden konnte.

‣ Das Modellprojekt zum Trialog der Kulturen hat Einzug in das schulinterne Curriculum der hauswirtschaftlichen Berufsbildung erhalten und ist dementsprechend seitdem auch Teil der Inhalte für die praktischen Abschlussprüfungen.
‣ Für das soziale Lernen im Sinne des Trialogs wurde ein spezieller Fachraum eingerichtet.

Ansprechpartner an der Schule für Interessenten

Annette Nawroth, Gabriele Theis, Christine Wahlen

Ernst-Reuter-Schule 1

Oberstufengymnasium
Hammarskjöldring 17a, 60439 Frankfurt a. M.
Tel. 0 69/21 23 20 00
www.ernst-reuter-schule-1.de

Schülerzahl – Jahrgangsstufen – kulturelle und religiöse Zusammensetzung

▸ 450 Schüler
▸ Jahrgangsstufen 11–13
▸ 65 % der Schülerschaft mit Migrationshintergrund bzw. nicht deutscher Nationalität
▸ Ca. 30 % der Schüler gehören dem Islam an, ein etwas höherer Anteil dem Christentum; wenige Schüler jüdischen Glaubens, viele gehören keiner Religionsgemeinschaft an.

Projekt

Dialog als Grundprinzip interkulturellen Lernens

Der Beitrag der Schule im Wettbewerbsjahr 2005/06 war nicht nur von Projekten einzelner Lerngruppen geprägt, sondern in besonderer Weise von dem Bemühen, die ganze Schule in Form eines *Schulentwicklungsprozesses* einzubinden. Um die Entwicklung des interkulturellen Profils der Schule voranzutreiben, gab es bereits seit einigen Jahren eine *Arbeitsgruppe*, die sich das Ziel gesetzt hat, ein auf die gesamte Schule bezogenes Konzept für interkulturelles und interreligiöses Lernen zu entwickeln, den Entwicklungsprozess zu koordinieren und gleichzeitig Impulse zu setzen.

Schulinterne Fortbildungen für das Lehrpersonal oder aber die Durchführung verschiedener *Unterrichtseinheiten* zu den drei Religionen – zum Beispiel Themen wie „Die Kreuzzüge", „Das Ende des Osmanischen Reiches" oder „Die Emanzipation der Juden" – spielen eine große Rolle bei diesem übergreifenden Prozess.

Einzelne Schwerpunkte zeigten sich darüber hinaus in unterschiedlichen *Einzelprojekten*, wie etwa Exkursionen der Ethikgruppen der Jahrgänge 11 und 12 zum Jüdischen Museum, die Teilnahme an verschiedenen dort stattfindenden Führungen oder ein Projekt zur Förderung der Sprachkompetenz in Bezug auf Rechtschreibung, Stil und Ausdruck, das in Zusammenarbeit mit der Volkshochschule durchgeführt wurde.

Als besonders ertragreiche Elemente des Schulentwicklungsprozesses erwiesen sich die Projekte im Kontext *originaler Begegnungen*, insbesondere Lesungen mit verschiedenen Autoren wie Edzard Reuter, ein Schreibworkshop mit dem türkischen Dichter Nefvel Cumart oder aber die Aktivitäten des „Abrahamischen Teams", das regelmäßig Gespräche mit Zeitzeugen in der Schule und Besuche von Gedenkstätten verbinden konnte.

Im *Austauschprojekt* „Auf den Spuren von Ernst Reuter und anderen Türkei-Emigranten" konnte darüber hinaus die interkulturelle Arbeit gewinnbringend über die eigene Schule hinaus ausgedehnt werden, so dass zwei weitere Austauschprojekte mit der Ernst-Reuter-Schule in Ankara stattfanden, bei welchen ebenfalls die Suche nach Spuren von deutschen Emigranten, die während der NS-Zeit in die Türkei geflohen waren, im Mittelpunkt standen.

Fazit: Auswirkungen auf die Schulentwicklung

▶ Im Kollegium wuchs das Bewusstsein, an einer gemeinsamen Aufgabe zu arbeiten und diese Tatsache auch als das besondere Profil der Schule anzusehen.

▶ Im Zuge des Schulentwicklungsprozesses wurden Fragen interkulturellen und interreligiösen Lernens bei der Neuformulierung des Schulprogramms in mehreren Arbeitsfeldern und Fachbereichen aufgegriffen, reflektiert und in die Lehrplangestaltung eingearbeitet.

Ansprechpartner an der Schule für Interessenten

Angelika Rieber

Georg-Büchner-Gymnasium

Gymnasium
Saalburgstraße 11, 61118 Bad Vilbel
Tel. 0 61 01/54 25 70
www.gbg-bv.de

Schülerzahl – Jahrgangsstufen – kulturelle und religiöse Zusammensetzung

▸ Etwa 1600 Schüler
▸ Jahrgangsstufen 5–13
▸ Ca. 28 % der Schülerschaft mit Migrationshintergrund bzw. nicht deutscher Nationalität
▸ Ca. 80 % der Schülerschaft gehören dem Christentum an, weniger als 5 % dem Islam.

Projekt

Georg-Büchner-Gymnasium im Trialog der Religionen und Kulturen
Das Trialogprojekt im Wettbewerbsjahr 2007/08 umfasste *vier Hauptelemente*: Eine Beschäftigung mit dem Trialog der Religionen und Kulturen im Deutschunterricht, eine kollegiumsinterne Fortbildungsreihe, die Projekttage der Schule sowie eine Aufführung des Musicals Anatevka.

Für das Kollegium wurde zur Heranführung an die Thematik eine *dreiteilige Fortbildungsreihe* angeboten, die in die Bad Vilbeler DITIB-Moschee, die Synagoge eines Seniorenheims einer jüdischen Stiftung in Frankfurt (Henry und Emma Budge-Stiftung) sowie eine evangelische Kirche in Bad Vilbel führte.

Das Projektvorhaben setzte in seiner ersten Phase beim Deutschunterricht der Jahrgangsstufen 5–11 an, indem im ersten Schulhalbjahr in allen Klassen *Texte oder Filme*

111

zum Projektthema in den verbindlichen Lehrplan integriert wurden. Die 5. Klassen arbeiteten mit „Märchen aus 1001 Nacht", in Klasse 6 stand das Thema „Schwänke" im Vordergrund. Als Belohnung für hieraus entstehende Objekte wie Plakate, Spiele oder sogar Theaterstücke, fand eine Lesung mit einem orientalischen Märchenerzähler statt. In den Jahrgangsstufen 7 und 8 wurden Jugendbücher wie Uri Orlevs „Lauf, Junge, lauf" oder Aygen-Sibel Celiks „Seidenhaar" gelesen, während sich die 9. Klassen mit in den 80er-Jahren entstandener „Migrantenlyrik" beschäftigten, was insgesamt zu vielen *Eigenproduktionen* und *Lerntagebüchern* führte. Die Filmanalysen in der Klasse 10 motivierten unter anderem eine Klasse dazu, ein kleines jiddisch-deutsches Wörterbuch zu erstellen, im Jahrgang 11 wurden im Deutschunterricht dagegen Novellen aus dem Band „Von Istanbul bis Hakkari" thematisiert.

Die im zweijährigen Rhythmus stattfindenden *Projekttage* der Schule wurden ebenfalls unter das Motto des Wettbewerbs gestellt. Hier arbeitete fast die gesamte Schülerschaft drei Tage lang sehr intensiv in 65 Einzelprojekten, bevor die Ergebnisse am vierten Tag der Schulgemeinde sowie der interessierten Öffentlichkeit in Form eines großen „Fests der Kulturen" präsentiert wurden.

Den letzten Höhepunkt des Trialog-Projekts stellten die *Aufführungen des Musicals* Anatevka dar, für die die 70 Chorsänger der Klassen 6–13 und ein 15-köpfiges Orchester ein halbes Jahr lang intensiv geprobt hatten und von denen eine im oben erwähnten Seniorenheim der Budge-Stiftung stattfand.

Fazit: Auswirkungen auf die Schulentwicklung

▸ Ins Schulcurriculum des Faches Deutsch für die Jahrgangsstufen 5–11 wurde jeweils eine Einheit zum Thema „Interkulturelles Lernen" aufgenommen.

▸ Interkulturelles Lernen soll als ein wesentliches Bildungsziel explizit im offiziellen Programm der Schule verankert werden.

▸ Elemente des Trialog-Projekts wurden in einer Sammlung praktischer Hinweise unter dem Titel „Bausteine interkulturellen Lernens" zusammengestellt und auf der Homepage der Schule veröffentlicht.

Ansprechpartner an der Schule für Interessenten

Silvia Agde-Becke, Dr. Jürgen Stein

Gesamtschule am Gluckenstein

Kooperative Gesamtschule
Gluckensteinweg 99, 61350 Bad Homburg v.d.H.
Tel. 0 61 72/96 75 50
www.gluckenstein.de

Gesamtschule
am Gluckenstein

Schülerzahl – Jahrgangsstufen – und kulturelle und religiöse Zusammensetzung

▸ 785 Schüler
▸ Jahrgangsstufen 5–10
▸ Förderstufe in den Jahrgängen 5–6; ab der Jahrgangsstufe 7 Unterricht in verschiedenen Schulzweigen (Gymnasium, Realschule, Hauptschule)
▸ 33 % der Schülerschaft gehören dem evangelischen Christentum an, 29 % dem katholischen Christentum, 18 % dem Islam und 2 % dem orthodoxen Christentum; 18 % der Schülerschaft gehören keiner Religionsgemeinschaft an oder geben diese nicht an.

Projekt

Eine virtuelle Lernwerkstatt im Zeichen des Trialogs
Die Gesamtschule am Gluckenstein präsentierte im Wettbewerbsjahr 2005/06 als Beitrag die Internetseite „www.religio.eu" als *Lernwerkstatt* mit dem Themenschwerpunkt „Was glaubst Du denn?". Das Projekt stellt eine sich ständig weiterentwickelnde interaktive Internetseite dar, die in allen inhaltlichen, kommunikativen, formalen und technischen Bereichen von Schülern bearbeitet wird, die dabei von Lehrkräften sowie Kooperationspartnern unterstützt werden.

Die einzelnen Beiträge wurden im Projektverlauf von verschiedenen Klassen aller Jahrgangsstufen in Religions- und Ethikkursen sowie im Deutschunterricht erarbeitet, wobei darauf geachtet wurde, dass Schüler aller Schulzweige an dem Projekt mitarbeiten konnten. Als Grundlage für die Projektarbeiten dienten Fragen, die die rund 100 Schüler der 10. Klassen an Juden, Christen und Muslime stellen wollten und gemeinsam im Ethik- und Religionsunterricht formulierten. Um die Möglichkeit zu bieten, die Fragen selbst zu beantworten, wurde ein Programm entwickelt, das aus verschiedensten Bausteinen bestehen sollte: Während in *Arbeitsgruppen* Referate, Plakate und diverse Präsentationen zu ausgewählten Themen entstanden, beschäftigten sich *Lerngruppen* mit der Diskussion und Beantwortung der vorliegenden Fragen. Eine außerschulische Möglichkeit der Auseinandersetzung mit der Thematik boten *Expertenbefragungen* sowie *Exkursionen* und Besuche von Ausstellungen und anderen Veranstaltungen.

Um den Trialog und die Beantwortung der Fragen auch in konkreten Begegnungen zu vertiefen und über die Schülerschaft hinaus auszudehnen, wurden auf der einen Seite verschiedene Gäste in die Schule eingeladen, die beispielsweise als *Zeitzeugen* von bestimmten Ereignissen berichten konnten oder die in *Workshops* kreativ mit den Schülern arbeiteten, und auf der anderen Seite eine öffentliche *Podiumsdiskussion* der Eltern organisiert. Die während des Projektes entstandene AG „Religio" dokumentierte den Verlauf der gesamten Vorgänge in einem *Film*, der anschließend sogar mit einem Medienpreis ausgezeichnet wurde.

Fazit: Auswirkungen auf die Schulentwicklung

▸ Die Thematik des Trialogs der Religionen wurde im schulinternen Curriculum verankert und darüber hinaus gleichzeitig auch im Rahmen der Schulprogrammentwicklung und in der Lehrerfortbildung thematisiert.

▸ Um die entwickelte Internetplattform auch weiterhin auszubauen und zur überregionalen Lernwerkstatt werden zu lassen, werden weitere Aktionen geplant und durchgeführt.

▸ In der Schule wurde ein eigenes Medienzentrum eingerichtet, welches die organisatorische Weiterführung der Internetseite erleichtern und ihre produktive Gestaltung vorantreiben soll.

Ansprechpartner an der Schule für Interessenten

Roswitha Hahn, Ruth Haueisen-Günther

Königin-Luise-Stiftung

Bildungs- und Erziehungseinrichtung
Podbielskiallee 78, 14195 Berlin
Tel. 0 30/84 18 13
www.koenigin-luise-stiftung.de

Schülerzahl – Jahrgangsstufen – kulturelle und religiöse Zusammensetzung

▸ Ca. 740 Schüler
▸ Jahrgangsstufen 1–13
▸ Bildungseinrichtung aus Grundschule mit Hort, Realschule, Gymnasium und integriertem Internat, das etwa 10 % der Schülerschaft besuchen
▸ Die Mehrheit der Schülerschaft gehört dem Christentum an, die zweite große Gruppe keiner Konfession, eine Minderheit dem Islam, dem Judentum oder einer orthodoxen Kirche.

Projekt

Der Turmbau zu Babel und die Entschlüsselung säkularer und religiöser Symbole
Das Projekt im Wettbewerbjahre 2007/08 stand in direkter Verbindung zu der Ausstellung „Babylon – Mythos und Wahrheit", die außer in London und Paris im Jahr 2008 unter anderem auch in Berlin zu Besuch war und die im Unterricht der verschiedenen Jahrgangsstufen und Fachbereiche durch unterschiedlichste Projekte vorbereitet und begleitet werden sollte.

Fester und vorgegebener Bestandteil war ein 5,60 m hoher und aus 60 unregelmäßigen Modulen bestehender *Holzturm*, der in Form seiner ungenormten Zusammensetzung die unterschiedlichen Sichtweisen auf die Welt symbolisieren sollte. Alle Klassen waren nun aufgerufen, im Unterricht mit ihren Fachleitern zu der Frage, woran wir glauben, *Projekte* zu entwickeln, die dann in Form von Plastiken, Symbolen, Reliefs oder Installationen in die verschiedenen Module eingefügt werden sollten. Die differenten Denkweisen über das Verhältnis von Religion, Kultur, Politik, Wirtschaft und Geschichte sowie die entsprechend unterschiedlichen Methoden der Auseinandersetzung sorgten für einen bunt und breit gestaffelt zusammengesetzten Turm, der schließlich sogar abgebildet auf einer vier Meter hohen *Fototapete* im Rahmen der angesprochenen Ausstellung im Pergamonmuseum in Berlin präsentiert wurde.

Daneben fanden im Stil der Kinderuniversität über das ganze Schuljahr verteilt *Ringvorlesungen* und *Unterrichtsprojekte* zu Themenbereichen wie „Erlösungsversprechen in den Religionen" oder „Liebe, Sex und andere Kleinigkeiten in den Religionen" statt, die ebenso wie *Referate*, *Vorträge* und *Vorlesungen* von Professoren, schulexternen Experten, Praktikanten und Studenten sowie älteren Schülern die Möglichkeit boten, sich vertieft mit Thematiken im Kontext des Trialogs auseinanderzusetzen. Gleiches gilt für die vielen Möglichkeiten zu *Besuchen* verschiedener Universitäten, Kirchen, Moscheen, Synagogen und Museen.

Fazit: Auswirkungen auf die Schulentwicklung

▸ Der Turm als sichtbares Ergebnis der Arbeiten bietet der Schulöffentlichkeit einen Einblick in die Vielfalt der unterschiedlichen Methoden und Inhalte des Unterrichts.

▸ Das Schulfach Ethik konnte in enger Zusammenarbeit mit den Fächern katholische und evangelische Religion etabliert werden.

▸ Die Schule wird die im Rahmen der Verknüpfung des Trialogs der Kulturen mit dem Denkwerk-Projekt „Schule und Universität" der Robert Bosch Stiftung entstandenen Kooperationen mit dem Seminar für Altorientalistik, dem Seminar für Vorderasiatische Archäologie und dem Kunsthistorischen Institut der Freien Universität Berlin ausbauen und aufrechterhalten.

Ansprechpartner der Schule für Interessenten

Frank Olie

Lessing-Gymnasium

Gymnasium
Schöningstraße 17, 13349 Berlin
Tel. 0 30/4 57 98 50
www.lessing-gymnasium-berlin.de

Schülerzahl – Jahrgangsstufen – kulturelle und religiöse Zusammensetzung

▸ 758 Schüler
▸ Jahrgangsstufen 5–13
▸ Abitur nach 11 und 12 Jahren möglich
▸ 63,5% der Schülerschaft mit Migrationshintergrund bzw. nicht deutscher Nationalität
▸ Sowohl Schüler christlichen Glaubens als auch Gruppen aus dem Islam, Judentum und Hinduismus sowie Schüler ohne religiöse Zugehörigkeit

Projekt

Menschenrechte als gemeinsamer Bezugspunkt im interkulturellen und interreligiösen Dialog
Im Projektjahr 2007/08 entwickelten die Schüler innerhalb eines Basiskurses Philosophie des 11. Jahrgangs und eines Grundkurses Philosophie des 12. Jahrgangs *Schwerpunktthemen*, die ihren Interessen und Bedürfnissen entsprachen:

▸ Menschenrechte und Religionsfreiheit – am Beispiel eines Moscheebaus in Berlin-Pankow

▸ Die Idee der Menschenrechte – ihre Entstehung aus dem Naturrecht im Zeitalter der Aufklärung

▸ Menschenrecht und Gottesrecht – Menschenrecht als Aufstand des Menschen gegen Gott?

▸ Geschichte der Menschenrechte in den Krisen der Moderne – Sind Menschenrechte als moralische Werte unveränderlich?

▸ Menschenrechte und kulturelle Identität – Menschenrechte als kleiner gemeinsamer Nenner

▸ Universalität versus Relativität der Menschenrechte – Abtreibung: Gilt das Menschenrecht auf Leben auch vorgeburtlich?

Jedes Einzelthema wurde daraufhin in mehreren Phasen über das Schuljahr verteilt von einer Gruppe von Schülern inhaltlich bearbeitet und produktorientiert aufbereitet. Unterstützung hierfür erhielten die Gruppen durch ihre Kursleiter sowie von Experten aus der Wissenschaft, zu denen die Schülerteams selbstständig Kontakt aufnahmen.

Zum Abschluss des Projekts organisierten die Schüler als Abschlussveranstaltung die *Lessing-Konferenz*, die neben der *Ergebnispräsentation* durch Plakate, Filme und Interviews an unterschiedlichen Ständen und der Information durch eine *Wegweiser-Broschüre* auch eine *Podiumsdiskussion* mit Experten anbot, die den diskursiven Charakter der Projekterarbeitungen im Unterricht deutlich werden ließ.

Fazit: Auswirkungen auf die Schulentwicklung

▸ Insbesondere durch die „Lessing-Konferenz" konnte die Thematik rund um die Menschenrechte mit Nachdruck in die Schulgemeinschaft und den öffentlichen Raum um sie herum hineingetragen werden.

▸ Die Aktualität von Fragen, die in Schulen in multikulturellen Nachbarschaften diskutiert werden, wie beispielsweise die Diskussion um die Zulässigkeit von Gebetsräumen, wurde berührt und trug dadurch zu einem unmittelbaren Lebensweltbezug bei.

▸ Das durch die Intensität der Beschäftigung und die Notwendigkeit, selbstständig vorzugehen, bei den Schülern geweckte Interesse für die Thematik, welches im herkömmlichen Unterrichtszusammenhang wohl nur schwer so zu erreichen gewesen wäre, schlägt sich auch im Interesse für das Schulfach Philosophie in der Oberstufe und den entsprechenden Kurswahlen nieder.

Ansprechpartner an der Schule für Interessenten

Dr. Karim Hassan

Martin-Luther-Gymnasium

Gymnasium
Predigerplatz 4, 99817 Eisenach
Tel. 03691/79553
www.mlg-esa.de

Schülerzahl – Jahrgangsstufen – kulturelle und religiöse Zusammensetzung
▸ 310 Schüler
▸ Jahrgangsstufen 5–12
▸ Ca. 70 % der Schülerschaft gehören dem evangelischen, 10 % dem katholischen Christentum an, unter 1 % gehören einer anderen und 20 % der Schüler gehören keiner Religionsgemeinschaft an.

Projekt
Gratwanderung
Das Projekt im Wettbewerbsjahr 2005/06 richtete sich entsprechend seiner Vielseitigkeit an die Schüler fast aller Jahrgangstufen, da neben jahrgangsbezogenen Aktivitäten auch viele Konzepte entweder in der Durchführung oder später als Ergebnis die gesamte Schülerschaft betrafen.

In den 7. und 8. Klassen wurden im Unterricht *thematische Wochen* zu Israel und Afrika gestaltet, während sich die Jahrgangsstufe 11 sowohl eine *Ausstellung* zum Thema „Das Entjudungsinstitut" (Institut zur Erforschung und Beseitigung des jüdischen Einflusses auf das deutsche kirchliche Leben) als auch eine nähere Betrachtung des Wirkens von dessen Leiter Prof. Walter Grundmann zum Ziel gemacht hatte, so dass die Rolle der evangelischen Kirche in Thüringen zur Zeit des Dritten Reichs hier einen Schwerpunkt der Projektarbeit darstellte.

Darüber hinaus entwickelte der 11. Jahrgang eine weitere Ausstellung, welche unter dem Titel „Gratwanderung" als *Wanderausstellung* zum Thema „Antisemitismus in Deutschland" an verschiedenen Orten in Deutschland und manchen Ländern Europas fortgeführt werden sollte. Zur Eröffnung dieser Ausstellung im Eisenacher Rathaus fand zusätzlich eine *Podiumsdiskussion* statt, an der unter anderem der evangelische Landesbischof Thüringens, der Vorsitzenden, der jüdischen Gemeinde in Thüringen und ein Islamwissenschaftler teilnahmen.

Im Rahmen des Oberstufenunterrichtes wurden *Seminarfacharbeiten* vergeben, die sich in ihrer Thematik am Trialog der Kulturen orientierten und zum Beispiel Themen wie „Fundamentalismus in den Religionen" behandelten.

Im Jahresverlauf fanden zum Trialog der Religionen verschiedene *Symposien* statt, die zu Themen wie „Was Luthers Enkel heute glauben" oder „Rolle und Aufgabe der Religionen im geeinten Europa" abgehalten wurden.

Eine gemeinsame *Exkursion* von Schülerschaft, Lehrerkollegium und Eltern nach Auschwitz ermöglichte neben der originalen historischen Anschauung auch ein Gespräch mit einer israelischen Jugendgruppe und war so Grundstein für die Bildung von *Arbeitsgruppen*, die sich mit dem „Antisemitismus in Deutschland und dessen Gestalt zur Zeit des Nationalsozialismus" beschäftigten.

Die Einrichtung und Ausgestaltung des *Raumes der Stille* stellt für die Schulgemeinschaft eine dauerhafte Einrichtung dar, die den Schülern gleichzeitig einen willkommenen Ausgleich im Schulalltag wie auch die Möglichkeit zur Besinnung bietet.

Fazit: Auswirkungen auf die Schulentwicklung

▸ Der Zugang zu Fragen des religiösen Trialogs wurde innerhalb der Schulgemeinde deutlich gefördert, was vor allem für den Religionsunterricht bedeutende Impulse lieferte.

▸ Im Laufe des Projektes kam es zu einer großen Zahl von Veröffentlichungen, insbesondere von Briefen von Zeitzeugen, Ausstellungsbesuchern und am Thema persönlich bzw. wissenschaftlich Interessierten, die allesamt sowohl emotionale wie aber auch kritische Sichtweisen erkennen ließen.

▸ Das bei einer Ausstellungseröffnung geschehene Beschmieren der Exponate mit antisemitischem Gedankengut initiierte einen Diskussionsprozess rund um die Frage, was Schülerprojekte im Stande zu leisten sind und wo aber auch Grenzen zumutbarer Belastung liegen.

Ansprechpartner an der Schule für Interessenten

Thomas Giesa, Barbara Reichert

Mildred-Harnack-Oberschule

Gesamtschule mit gymnasialer Oberstufe
Schulze-Boysen-Straße 12, 10365 Berlin
Tel. 030/5594105
www.mildredharnack.cidsnet.de

Schülerzahl – Jahrgangsstufen – kulturelle und religiöse Zusammensetzung

▸ 721 Schüler
▸ Jahrgangsstufen 7–13
▸ Gesamtschule mit gymnasialer Oberstufe und Staatlicher Europaschule
  (Deutsch/Russisch)
▸ Ca. 70–80 % der Schülerschaft mit Migrationshintergrund bzw. nicht deutscher
  Nationalität
▸ Eine bedeutende Rolle spielt der Islam (Fastenzeit, Zuckerfest, Opferfest),
  eine eher untergeordnete das Christentum; viele Schüler, die sich keiner Religions-
  gemeinschaft zugehörig fühlen.

Projekt

*Eine Wasserinstallation – Friedliches Nebeneinander der drei abrahamischen Religio-
nen*
Das Projekt im Wettbewerbsjahr 2006/07 wurde im Wahlpflichtunterricht des Faches
Bildende Kunst einer 10. Klasse durchgeführt und behandelte eine Unterrichtseinheit,
die sich eingeteilt in drei Etappen und inklusive dreier *Projekttage* über einen Zeitraum von vier Monaten erstreckte.

In der ersten Etappe lag der Schwerpunkt auf der *Erstellung eines Symbolporträts*. Nach der Auswahl einer für die Schüler problemhaltigen Sachlage im Kontext

121

des *Trialogs der Kulturen*, erfolgte die theoretische Planung des Projekts. Unter dem Motto „Weißt du, wer ich bin?" diente in Anlehnung an René Magrittes Werk „Der Therapeut" ein individuell erstellter Fotogrund als Hintergrund einer Collage für das Thema relevanter Symbole.

Eine *individuelle Fotomotivwand* zum Thema „Was willst du über die anderen Religionen wissen?" war Inhalt der zweiten Etappe, wobei die Schüler bei und durch ihre Arbeit vier grundlegende inhaltliche Schwerpunkte deutlich lassen werden sollten:

▸ Es gibt einen Gott.
▸ Es gibt verschiedene Riten und Gesetze.
▸ Wasser spielt eine große Rolle.
▸ So leben die Gläubigen heute.

Die dritte und arbeitsintensivste Etappe beinhaltete den Entwurf und die Konstruktion einer *Wasserinstallation*, anhand der die Schüler die Bedeutung von Wasser zum einen als Quelle des Lebens und zum anderen im Zusammenhang mit den Religionen darstellen sollten.

Neben den vielen Unterrichtsgängen zur Recherche waren schließlich sicherlich die Präsentationen vor Publikum sowie die feierliche Eröffnung der Ausstellung in der Aula der Schule für die Schülerschaft besondere Höhepunkte der Projektarbeit.

Fazit: Auswirkungen auf die Schulentwicklung

▸ Auf der Basis der gemachten Erfahrungen und Ergebnisse setzte die langfristige Planung einer „länderübergreifenden" Zusammenarbeit an einem neuen Projekt zur Thematik „Aufwachsen in verschiedenen Kulturen" an.
▸ Die Arbeit der 10. Klasse war und ist Antriebsmotor für weitere kleinere Teilprojekte, wie etwa ein fächerübergreifendes Projekt der 7. Klasse der integrierten deutsch-russischen Europaschule, ein Teilprojekt einer Klasse 7 Wahlpflichtunterricht Sprachförderung (Schwerpunkt Literatur in anderen Kulturen) oder ein Kunstprojekt einer Klasse 9 Wahlpflichtunterricht Kunst (Tradition und Kleidung).

Ansprechpartner an der Schule für Interessenten

Verena Schulte-Fischedick;
Ansprechpartnerin, inzwischen in Bremen: Karina Lajchter

Regenbogen-Schule

Grundschule
Morusstraße 32–40, 12053 Berlin
Tel. 0 30/6 89 80 30
www.regenbogen-grundschule.de

Schülerzahl – Jahrgangsstufen – kulturelle und religiöse Zusammensetzung

▸ 680 Schüler
▸ Jahrgangsstufen 1–6
▸ Kunstbetonte Schule – Staatliche Europaschule – Schwerpunktschule
  für Französisch
▸ Ca. 80 % der Schülerschaft mit Migrationshintergrund bzw. nicht deutscher
  Nationalität
▸ Ca. 70 % der Schülerschaft gehören dem Islam an, ca. 20 % dem Christentum
  und etwa 10 % einer anderen Religionsgemeinschaft, z. B. dem Hinduismus
  oder Buddhismus.

Projekt I

Himmel und Hölle
Das Projekt im Wettbewerbsjahr 2006/07 richtete sich vornehmlich an die Schüler des
Wahlpflichtunterrichts Kunst. Diese hatten zunächst neun Wochen Gelegenheit, sich in
Partner- oder Gruppenarbeit kennenzulernen und zur Thematik „Himmel und Hölle"
einen Zugang zu finden.

  Anschließend fanden drei *Workshops* statt, die jeweils im Kontext der drei Religionen Islam, Judentum und Christentum standen und die entsprechenden Themen
künstlerisch aufgriffen, aber auch Wissen bzw. „Nichtwissen" der jeweils eigenen
und anderen Religion reflektierten.

Als übergreifendes Gesamtprojekt entstand eine *Weltkugel*, die sich aus den trialogischen Dreiecken, also aus den Prozessergebnissen der einzelnen Gruppen (Symbole, Bilder, Geschichten) wie ein Puzzle zusammensetzte und schließlich eine zusammenhängende Einheit bildete. Höhepunkte des Projektverlaufs waren zwei *Ausstellungen*, die als Arbeitsdokumentation („Momentaufnahme") und als Abschluss („Der Anfang ohne Ende") den Trialog innerhalb der Schule sichtbar machten und ihn über den schulischen Raum hinaus transportierten.

Projekt II

Spurensuche – Der Rote Faden

Im zweiten Wettbewerbsjahr wurde versucht, die vorhergehende Thematik aus dem rein künstlerischen Konsens und der rein projektorientierten Herangehensweise zu einer *Integration in den Regelunterricht* zu entwickeln.

Hierfür wurden zunächst auf theoretischer Ebene Kenntnisse zu den drei Religionen angeeignet und durch Sichtweisen aus dem evangelischen und muslimischen Religionsunterricht ergänzt, *außerschulische Lernorte* des direkten Umfeldes auf Spuren religiösen Lebens hin erkundet und zentrale Fragen und Vorstellungen zu Begriffen wie Schöpfung, Tod, Glauben, Respekt oder Toleranz aus der Sicht der drei Weltreligionen systematisch erarbeitet.

Die Ergebnisse dieser Arbeiten wurden anschließend in einem ca. ein mal ein Meter großen Buch zusammengetragen, das in der offenen, an zwei Tagen in der Woche von Künstlern und Lehrkräften betreuten *Buchwerkstatt* entstand. In dieser konnte jeder zum Thema arbeiten, eigene Ergebnisse veröffentlichen oder einfach nur beobachten und teilhaben.

Die feierliche erste Öffnung des „gemeinsamen Buches" war dabei ebenso Höhepunkt im Projektverlauf wie eine *Autorenlesung* und die Eröffnung des *trialogischen Labyrinthes*, das mit dem Preisgeld der ersten Wettbewerbsrunde auf dem Schulhof gestaltet worden war.

Fazit: Auswirkung auf die Schulentwicklung

▸ Aus dem Informationsbedürfnis der Schüler wie auch aus der Veröffentlichung und dem Bekanntwerden des Projektes heraus entstanden zahlreiche neue Kontakte.

▸ Auf der Basis der bisherigen Erfahrungen sind schulintern zwei konkrete Weiterführungen geplant: zum einen im folgenden Schuljahr ein interreligiöser Religionsunterricht, der aus der Zusammenarbeit der Religionslehrkräfte der Schule, einer jüdischen Gastlehrerin und einer Künstlerin hervorgehen soll, zum anderen die Aufnahme der Trialog-Thematik in das Schulcurriculum für den Geschichts- und Deutschunterricht der Jahrgangsstufen 5 und 6.

Ansprechpartner an der Schule für Interessenten

Heidrun Böhmer, Aynur Bulut, Kerstin Forster, Rita Schickle, Annette Weber-Vinkeloe

Ricarda-Huch-Schule

Kooperative Gesamtschule
Dammstraße 26, 35390 Gießen
Tel. 0641/3063191
www.rhs-giessen.de

Schülerzahl – Jahrgangsstufen – kulturelle und religiöse Zusammensetzung

▸ 1250 Schüler
▸ Jahrgangsstufen 5–13
▸ Kooperative Gesamtschule mit Förderstufe und gymnasialer Oberstufe; schulform-übergreifendes Arbeiten von Hauptschul-, Realschul- und Gymnasialzweig
▸ Ca. 30 % der Schülerschaft mit Migrationshintergrund bzw. nicht deutscher Nationalität

Projekt

Die Reichspogromnacht aus trialogischer Perspektive
Im Wettbewerbsjahr 2005/06 versuchte die Schule den Trialog der Kulturen organisatorisch und inhaltlich im *gesamten Schulleben* zu verankern. Für die Teilnahme relevant war der bereits seit Jahren herrschende regelmäßige Kontakt zwischen der Schule und der Gesellschaft für christlich-jüdische Zusammenarbeit als fester Bestandteil des Schullebens. Ausgehend vom *Interreligiösen Gespräch* zwischen Schulleitung, Mitgliedern des Trialog-Teams und Vorstandsmitgliedern der Gesellschaft begann die Intensivierung der gemeinsamen Arbeit im Sinne des Trialogs.

Hauptaugenmerk der Arbeiten lag auf den Vorbereitungen für die Gedenkveranstaltung zum 9. November. Die Phase der Projektarbeit und -präsentation wurde offiziell durch die *Ausstellung „Entrechtung und Vernichtung der europäischen Juden"* eröffnet.

Aus aktuellem Anlass veranstaltete die Schule ein *Expertengespräch* zum Karikaturenstreit und hatte in der Reihe der interkulturellen *Lesungen* den deutsch-palästinensischen Autor Ghazi Abdel-Quadir zu Gast. Eine weitere Aktion im Laufe des Jahres war das Anbringen des „Kalenders der Religionen" in allen Schulräumen.

Interkulturelle Aktivitäten prägten den Tag der offenen Tür im Jahr 2006, an dem das Trialog-Team über das Projekt informierte, die „Arbeitsgruppe 9. November" den Eltern und Interessierten erneut die oben erwähnte Ausstellung präsentierte und weitere Kurse und Klassen ihre Ergebnisse darstellen konnten.

Dass der traditionell gepflegte christlich-jüdische Dialog gefestigt und zu einem Trialog mit dem Islam weiterentwickelt werden konnten, wurde exemplarisch augenfällig an den beiden *zentralen Veranstaltungen* „Gedenken an den 9. November 1938" und „Treffpunkt der Kulturen". Bei diesen trafen sich 2006 im Rahmen der christlich-islamischen Tage Schüler sowie das Lehrerkollegium mit Menschen aller drei Religionen zur Präsentation der Trialog-Projekte und zum gemeinsamen Gedankenaustausch.

Fazit: Auswirkungen auf die Schulentwicklung

▸ Die interreligiöse Seelsorge hat einen deutlichen Ausbau erfahren.

▸ Auf der Grundlage der Trialog-Erfahrungen wurde die Revision des Schulprogramms begonnen.

▸ Um den Schülern eine weitere Vertiefung in die Thematik zu ermöglichen, wurde spezielle Literatur für die Schulbibliothek erworben.

▸ Die Gründung eines interreligiösen Elterngesprächskreises soll dafür sorgen, dass sich Austausch und Begegnung nicht nur auf die Schülerschaft begrenzen.

▸ Die Besetzung einer A14-Stelle für die künftig hauptamtliche Projektleitung gewährleistet eine noch übergreifendere Organisation und Betreuung der Schülerschaft.

▸ Themen zum Trialog der Kulturen wurden im Unterricht, in Projekten, bei Exkursionen, Prüfungen und vergleichbaren Ereignissen aufgegriffen.

▸ In Planung ist eine weitere ständige Ausstellung unter dem Titel „Tische der Religionen", in der Schüler ihre unterschiedlichen Religionen darstellen werden.

Ansprechpartner an der Schule für Interessenten

Brigitte Itzerott, Rolf Weinreich

Rudolf-Koch-Schule

Gymnasium
Schlossstraße 50, 60355 Offenbach
Tel. 0 69/80 65 22 35
www.rudolf-koch-schule.de

Schülerzahl – Jahrgangsstufen – kulturelle und religiöse Zusammensetzung

▸ 750 Schüler
▸ Jahrgangsstufen 5–13
▸ Ca. 65 % der Schülerschaft mit Migrationshintergrund bzw. nicht deutscher Nationalität
▸ Ähnlich mannigfaltige Verteilung der Religionszugehörigkeiten

Projekt

Kunst und Literatur im Trialog der Kulturen
Die Teilnahme am Wettbewerb „Schulen im Trialog" im Jahr 2005/06 war zum einen ausgerichtet auf eine noch recht junge Einrichtung an der Schule, den so genannten „Kulturtag", zum anderen stellte auch das von der Schülervertretung der Rudolf-Koch-Schule gepflegte Projekt „Schule ohne Rassismus – Schule mit Courage" einen inhaltlichen Bezugspunkt dar.

Im Laufe des Jahres konnten so auf der einen Seite eine Reihe von *Einzelprojekten* ihre konkrete Umsetzung finden: Während der *Projektwoche* bildeten sich beispielsweise verschiedene Arbeitsgruppen zu den Themen „Religionen leben in Offenbach", „Interkultureller Stadtrundgang" und „Les Bagarres en France". Zwei Referendare bezogen den Trialog-Wettbewerb unmittelbar in ihre Ausbildung ein, indem sie für die Prüfungsarbeit die Themen „Migranten-Pädagogik" und „Die Welt zu Hause in der RKS" – ein Parallelprojekt zur Fußball-WM – als Ausbildungsmodul wählten. Zu erwähnen ist auch die *Entwicklung von Lernspiralen* in den Fächern Religion und

Ethik, die mit Besuchen in Kirchen, Moscheen und Synagogen verbunden wurde. Darüber hinaus ist die *Lesung* der Jugendbuchautorin Iris Lemanczyk („Flucht aus Tibet") anzuführen, die für die Jahrgangsstufen 5–7 gehalten wurde.

Auf der anderen Seite lag der Fokus schließlich auf drei größeren Projekten: Das schon länger laufende Projekt „Interkulturelles Mosaik" erhielt durch den Trialog-Wettbewerb einen neuen Akzent: Schüler erstellten im Kunstunterricht große *Bildtafeln*, auf denen in der jeweiligen Muttersprache ein für sie bedeutsamer Text in traditioneller Schrift geschrieben und mit landestypischen Motiven illustriert wurde. Über den Titel „Eingeschlossen – ausgeschlossen" wurden weitere Bildtafeln erstellt und am Kulturtag ausgestellt. Ferner entstand ein *Kooperationsprojekt* des Literaturkurses des Jahrgangs 11 mit der Autorin Safiye Can (einer ehemaligen Schülerin) und dem Klingspormuseum in Offenbach. Die Autorin entwickelte mit dem Literaturkurs ihre Idee eines Romans („Die sonderbare Stadt und der Imam der Kirche"), wozu die Schüler zum Thema „Stadt und Fremde" über Kunstbücher des Klingspormuseums eigene Leporellos gestalteten. Als drittes sei das *Theaterprojekt* genannt, das unter dem Titel „Melancholie der Ankunft" Akteure wie Zuschauer mit den Themen „Migration" und „interkulturelles Zusammenleben" konfrontierte.

Fazit: Auswirkungen auf die Schulentwicklung

▸ In der Schulbibliothek wurde eine Abteilung für Jugendliteratur zum Thema „interkultureller/interreligiöser Dialog und Migration" eingerichtet.

▸ Das angestoßene Projekt der Schrifttafeln findet Fortführung und Weiterentwicklung, etwa durch eine gemeinsame Aktion in der evangelischen Stadtkirche im Sinne der schreibenden Selbstdarstellung bzw. des (geschriebenen) religiösen Bekennens.

▸ Um den Trialog in Form konkreter Begegnung über die Schulgrenzen hinaus auszudehnen, befindet sich die Partnerschaft mit einer türkischen Schule im Aufbau.

Ansprechpartner an der Schule für Interessenten

Elmar Gerhart

Sankt-Lioba-Schule

Gymnasium
Eleonorenring 2, 61231 Bad Nauheim
Tel. 0 60 32/92 15 15
www.st-lioba.net

Schülerzahl – Jahrgangsstufen – kulturelle und religiöse Zusammensetzung

▸ 1229 Schüler
▸ Jahrgangsstufen 5–13
▸ 54 % der Schülerschaft gehören dem katholischen Christentum an, 44 % dem
  evangelischen Christentum, 2 % sonstigen Religionsgemeinschaften.

Projekt

Europa klingt nach Abraham
Im Wettbewerbsjahr 2007/08 richtete sich das Projekt an die gesamte Schulgemeinschaft, indem es zum einen thematisch in fast allen Fachbereichen in den Rahmen des
Lehrplanes eingearbeitet wurde und zum anderen verschiedene Kleinprojekte fächer-
und z. T. auch stufenübergreifend durchgeführt wurden.

Eröffnet wurde die *Projektarbeit* zu Beginn des Schuljahres mit dem Aufbau des *Abraham-Zeltes*, welches unter dem Titel „Bei Abraham, Sarah und ihren Kindern" stand.

Dieser Eröffnung folgten verschiedene *Exkursionen*, zum Beispiel die Besichtigung einer Synagoge und die damit verbundene Teilnahme am Erew-Shabbat-Gottesdienst, eine Fahrt ins Kloster Niederaltaich für die Jahrgangsstufe 11, ein Besuch im koptischen Museum Waldsolms-Kröffelbach oder die Besichtigung der Friedberger Moschee durch einen Teil des Lehrerkollegiums, welches darüber hinaus durch eine öffentlich akkreditierte Lehrerfortbildung zum Thema „Die Entzauberung des Heiligen" eine weitergehende Einführung in die Thematik erfuhr.

Neben diesen Exkursionen gab es verschiedene *Gastvorträge* an der Schule, etwa von einer Journalistin der Frankfurter Allgemeinen Zeitung oder von einem Bolivianer, der über sein Leben in Katar referierte.

Parallel zu diesen Veranstaltungen fanden verschiedene Schüleraktivitäten statt, zum Beispiel organisierten Schüler einen Stand zur Trialog-Thematik beim Jugendkirchentag in Rüsselsheim oder entrollten ein *Friedensband* vor der Friedberger Moschee, der Bad Nauheimer Synagoge und den Bad Nauheimer Kirchen. Das Angebot eines *Hebräisch-Kurses* für den Jahrgang 13 wurde in Kooperation mit der Elternschaft ermöglicht.

Zwei besondere Einzelprojekte waren sicherlich die Entstehung des *Theaterstücks* „Das Herz des Feindes", das die Schüler das ganze Jahr über einstudierten und zum Ende des Schuljahres schließlich aufführten, und das *Konzert der Kulturen*, welches in der Bad Nauheimer Dankeskirche aufgeführt wurde.

Fazit: Auswirkungen auf die Schulentwicklung

▸ Der Kontakt zur jüdischen und muslimischen Gemeinde wurde angestoßen und weiter ausgebaut.

▸ Die Identifikation der Schüler mit der Schule konnte durch die positive Auseinandersetzung mit anderen Konfessionen und Religionen verstärkt werden.

▸ Durch die breite Öffentlichkeitsarbeit etwa in Form von Fernseh- und Radioauftritten oder Berichten in überregionalen Zeitungen konnte eine vielschichtige Wahrnehmung der Schule und ihrer Arbeit von außen gewährleistet werden.

▸ Ausgeführte Aktionen sollen fortgeführt und ausgebaut werden, wie etwa die Möglichkeiten zu weiteren Exkursionen oder der Aufbau eines Standes beim ökumenischen Kirchentag 2010.

▸ Partnerschaften und Austausche mit Schulen in Israel werden angestrebt und sind in Planung.

Ansprechpartner an der Schule für Interessenten

Hans-Winfried Auel, Ernst Widman

Wald-Oberschule

Gymnasium
Waldschulallee 95, 14055 Berlin
Tel. 0 30/9 02 92 69 30
www.waldoberschule.de

Schülerzahl – Jahrgangsstufen – kulturelle und religiöse Zusammensetzung

▸ 794 Schüler
▸ Jahrgangsstufen 5–13
▸ Ca. 8–10 % der Schülerschaft mit Migrationshintergrund bzw. nicht deutscher
  Nationalität
▸ Großteil der Schülerschaft gehört dem evangelischen Christentum an,
  10 % dem katholischen Christentum, wenige dem Judentum oder Islam.

Projekt

Die monotheistischen Religionen im Nebeneinander
Nach dem Beschluss der Gesamtkonferenz im Wettbewerbsjahr 2006/07, die Schwerpunkte des Trialogs stärker als bisher zu berücksichtigen, begannen die Lehrer, die
verschiedenen Unterrichtseinheiten – wenn möglich – an diesem Schwerpunkt zu orientieren.

In diesem Zusammenhang sind einerseits die klasseninternen und *fachspezifischen
Projekte* zu erwähnen. So griffen die Musiklehrer in ihren Sekundarstufenkursen den
Themenschwerpunkt „Musik in den monotheistischen Religionen" auf und bearbei-
teten ihn. Im Fach Religion wurde – unterstützt von der Fachschaft Ethik – mit einer
8. Klasse eine umfangreiche Ausstellung zu den drei monotheistischen Religionen erarbeitet, die auf Stellwänden für alle Schüler sichtbar im Eingangsbereich des Ober-
stufengebäudes aufgebaut wurde. In dem anschließenden Gang war das Projekt zur
Musik der Kulturen des Faches Musik auf ebensolchen Stellwänden dokumentiert.

Die *jahrgangsübergreifenden Projekte* andererseits sind ebenfalls inhaltlich in den Rahmen des Trialogs eingebettet worden. So stand der alljährlich am Buß- und Bettag stattfindende *Schulgottesdienst* unter dem Thema „Buße in den Religionen", zu dem Vertreter der drei abrahamischen Religionen eingeladen wurden.

Bei dem jährlich im Dezember stattfindenden *Berliner Literaturfest* „Herbstliteratur" des persischen Künstlers Misha Bolouri, bekamen die Schüler der Wald-Oberschule eine Anregung zur eigenen literarischen Auseinandersetzung mit Themen des Trialogs.

Über das ganze Jahr verteilt fanden Proben und Vorbereitungen zu dem *Musical* Anatevka statt, sowohl mit über 80 Schülern der Wald-Oberschule als auch 20 Kindern einer zweiten Klasse der Heinz-Galinski-Grundschule, einer Schule der Jüdischen Gemeinde zu Berlin. Die Oberschüler beteiligten sich als Solisten, Sänger im Chor, Musiker im Orchester, Bild- und Tontechniker sowie als Bühnenbildner.

An dem von der Gesamt- sowie Schulkonferenz genehmigten *Projekttag* zum „Trialog Judentum – Christentum – Islam" fanden in der ersten Tageshälfte *Arbeitsgruppen* mit Gastreferenten, Aktionsgruppen, Lehrern und anleitenden Schülern sowie in der zweiten Hälfte Austausch und Präsentation der Arbeitsergebnisse statt, wobei Themen wie „Die Moschee – der Geist der Religion in der Architektur", „Techniken jüdischen Witzes" oder „Das Erlernen des hebräischen Alphabets" angeboten wurden.

Fazit: Auswirkungen auf die Schulentwicklung

▸ Bestehende Kontakte konnten ausgebaut, intensiviert und darüber hinaus neue geknüpft werden.

▸ Die mit Erfolg unterrichteten Einheiten zum Trialog sind wieder aufgenommen worden, die Kurse zur Musik in den Religionen finden ebenso eine Fortsetzung.

▸ Mehrere Schüler wählten ihr Thema für die schriftliche Hausarbeit (BLL) der 5. Prüfungskomponente für das Abitur aus dem Zusammenhang des Seminarkurses zum Trialog, so dass zum Beispiel zwei Schüler die Archivarbeit für das Projekt „Stolpersteine" des Künstlers Gunter Demnig leisten werden, das in unmittelbarer Nachbarschaft der Schule an Opfer des Nationalsozialismus erinnern soll.

Ansprechpartner an der Schule für Interessenten

Kathleen Kosalla, Jutta Loch, Günther Maschke, Frank Rundfeldt, Helene Skladny

Wilhelm-Heinrich-von-Riehl-Schule

Integrierte Gesamtschule
Rudolf-Dyckerhoff-Straße 10, 65203 Wiesbaden
Tel. 06 11/31 75 10

Schülerzahl – Jahrgangsstufen – kulturelle und religiöse Zusammensetzung

▸ Ca. 900 Schüler
▸ Jahrgangsstufen 5–10
▸ Über 50 % der Schülerschaft mit Migrationshintergrund bzw. nicht deutscher Nationalität
▸ Großteil der Schülerschaft gehört dem Christentum oder Islam an, ca. 11 % der griechisch-orthodoxen Kirche; stetige Zunahme von Schülern ohne Zugehörigkeit zu einer Religionsgemeinschaft.

Projekt

Interkulturelles und interreligiöses Lernen in Schule, Lehrerausbildung und Lehrerweiterbildung

Im Wettbewerbsjahr 2006/07 lag der Schwerpunkt der Projektarbeit in der *Weiterbildung und Ausbildung* von Lehrern und der Verankerung der erarbeiteten Themenbereiche des letzten Schuljahres im Schulprogramm. Mit der *Publikation* „Lehrerhandbuch interkulturelles und interreligiöses Lernen" sollten die Erfahrungen aus dem Schulalltag bundesweit weitergeben werden. Darüber hinaus wurden durch die Zusammenarbeit mit der Evangelischen Akademie Arnoldshain Studientage für Lehrkräfte sowie Weiterbildungsprogramme für Lehramtsabsolventen ermöglicht, die insgesamt die Auseinandersetzung mit der Thematik der kulturellen Vielfalt und Prägung zum Ziel hatten, ebenso wie ein gemeinsam mit dem Studienseminar Wiesbaden angebotenes Wahlmodul „Interkulturelles Lernen".

Im Rahmen des Bildungsangebotes in und außerhalb der Schule für Schüler wurde ein *Heft gegen die Langeweile* herausgegeben, welches eine Übersicht der Angebote für Jugendliche aus den verschiedenen Glaubensgemeinschaften bieten sollte. Zusätzlich ermöglichten auch *Studientage* für die Schülerschaft in der Evangelischen Akademie in Arnoldshain eine intensive Auseinandersetzung mit Themen im interreligiösen und interkulturellen Kontext. Das *interkulturelle Theaterstück* „Eine Reise um die Welt" nahm Akteure wie auch Publikum mit auf eine Reise in fremde Länder. Eine intensive Zusammenarbeit des Nachbarschaftshauses Wiesbaden e.V. und des Bauhofes Wiesbaden mit der Hauptschulklasse 8cH verwirklichte sich innerhalb zweier *Hauptschulprojekte*, die sich mit den Themen Heimat, Identität und Partizipation am gesellschaftlichen Leben in Biebrich beschäftigten. Neben diesen Aktivitäten wurden *Förderkonzepte* für Deutschkurse und differenzierte Förderung von Lese- und Rechtschreibkompetenz für sogenannte Seiteneinsteiger entwickelt und im Unterricht umgesetzt.

Durch die Einrichtung eines *interkulturellen Elternstammtisches* sollte ein Raum geschaffen werden, der den Austausch vielfältiger Themen und Fragen im Rahmen der Elternarbeit ermöglicht. Von Lehrern betreut haben Eltern hier die Möglichkeit, sich außerhalb des offiziellen Schulalltags auszutauschen, Fragen beantwortet zu bekommen und sich mit wichtigen Themen rund um die Schule zu befassen.

Fazit: Auswirkungen auf die Schulentwicklung

▸ Um die Verzahnung von Theorie und Praxis in den Vordergrund stellen zu können, sollen jährlich zwei Veranstaltungen in Form von Studientagen für Lehrer in der Evangelischen Akademie Arnoldshain angeboten und deren Ergebnisse im Unterrichtsalltag umgesetzt werden.

▸ Im Studienseminar Wiesbaden wird in Zusammenarbeit mit dem Amt für Lehrerausbildung und dem staatlichen Schulamt das Wahlmodul „Interkulturelles Lernen" auch im kommenden Schuljahr angeboten werden; ausgearbeitete Lehrinhalte sind im Bildungsserver des Hessischen Kultusministeriums einzusehen.

▸ In Zusammenarbeit mit dem staatlichen Schulamt werden Qualifizierungsangebote für Lehrkräfte anderer Schulen mit „Deutsch als Zweitsprache" durchgeführt.

Ansprechpartner an der Schule für Interessenten

Thomas Schwarze

3. Erfahrungsberichte aus dem Schulenwettbewerb

Karina Lajchter

Die Wasser-Installation als Symbol des friedlichen und respektvollen Nebeneinanders der drei abrahamischen Religionen

Eine Projektarbeit im Fach Bildende Kunst

1. Ist Religion ein jugendliches Thema?

> *„Wenn ich den Papst treffe, schlage ich ihn!*
> *Du roher Araber, Du!*
> *Wieso? Ich verstehe eh' nicht, warum ihr Deutschen Euch so viel gefallen lasst."*

... ein authentischer Dialog nach dem aufsehenerregenden Papst-Zitat im September 2006 unter Schülern der 10. Klasse im Wahlpflichtunterricht der Mildred-Harnack-Oberschule, Staatliche Europaschule Berlin – kein Einzelfall religiös gefärbter Schulhofstreitereien. Ist dies aber Anlass genug, ein Kunstprojekt mit religiösen Fragestellungen durchzuführen? Ist Religion überhaupt ein Thema unter Jugendlichen heute? Auf die Frage, was ihnen wichtig sei – Familie, Europa, Religion – lautete die Antwort dieser Klasse, Religion spiele kaum eine Rolle. Ein Drittel der Schüler in Deutschland bezeichnet sich laut aktueller Shell-Studie als Agnostiker. Sind fremdenfeindliche Aggressionen auf dem Schulhof und vor der Haustür nicht eher Zeichen von Zukunftsangst und gesellschaftlicher Kälte? Und sind Hunger und Not nicht wichtigere Themen als Religion, werde ich immer wieder gefragt. Es geht weder darum, Schüler zu missionieren, noch darum, eine „Hitparade" unter den Leiden der Welt zu veranstalten. Vielmehr sollen Jugendliche sensibilisiert werden für Hintergründe von – vielleicht unbewusst genutzten – verächtlichen Äußerungen gegenüber anderen Religionen und Kulturen, von weltweiten Terroranschlägen, Hungersnöten, Kriegen, die tagtäglich in den Medien präsent sind. Nicht immer sind sie religiös motiviert, aber wie oft wird die Religion vor den Karren gespannt?

Die Herbert Quandt-Stiftung rief im Sommer 2006 ein zweites Mal zum Wettbewerb *Schulen im Trialog – Europäische Identität und kultureller Pluralismus* auf. Wir stellten die Idee einigen Klassen der Mildred-Harnack-Oberschule vor. Die 10. Klasse eines Wahlpflichtkurses versuchte sich der Herausforderung zu stellen. Ihre Idee: Eine Projektarbeit in Form einer interreligiösen Wasserinstallation. Doch zuvor galt es Zusammenhänge zu durchschauen, eine eigene Position zu finden und künstlerisch auszudrücken – kooperativ, originell und selbstständig. Ein umfangreiches komplexes Projekt mit einem sehr hohen Anspruch an die 16- bis 19-jährigen Lichtenberger Schüler. Wird es gelingen, diese Schüler, deren Interessen sonst eher MP3-Playern,

Robbie Williams und Freunden gelten, für ein Kunstprojekt mit ethisch-religiösem Inhalt zu begeistern und sie über einen Projektzeitraum von fünf Monaten daran zu binden? Und wird es gelingen, diese Schüler zu relativ selbstständigen künstlerischen Lösungen zu führen, die das friedliche Nebeneinander der abrahamischen Religionen symbolisieren? Ein Projekt voller Risiken, mit möglichen Rückschlägen, unerwarteten Umwegen und letztlich verblüffenden Ergebnissen.

2. Begründung der Themenwahl

> *„Wieso müssen muslimische Frauen Kopftücher tragen?"* (Jennifer S., 16, Atheistin, wie sie sagt)
> *„Warum führt Glauben zu Krieg?"* (Maria R., 16, Christin)
> *„Warum glaubt jeder an was anderes?"* (Mandy W., 16, Christin, neuapostolisch)
> *„Weshalb stehen vor Synagogen in Deutschland immer noch Polizisten?"* (Tom G., 17, Atheist, wie er meint)

Die Zunahme religiös motivierter Auseinandersetzungen weltweit und im Schüleralltag, aber auch der immer lauter werdende Ruf nach einem Dialog der Religionen und Kulturen als Basis für ein friedliches respektvolles Nebeneinander begründete letztlich die Wahl des Themas: Entwurf einer Wasserinstallation, die das friedliche Nebeneinander der Religionen symbolisieren soll.

Der von der Herbert Quandt-Stiftung ausgeschriebene Wettbewerb ließ sich wunderbar integrieren und bildete eine große Herausforderung für die Schüler. „Die Religionen sind Ausdruck ein und derselben Wahrheit", ließ Lessing Nathan sagen. Werden die Schüler diesem Gedanken der Aufklärung folgen können? Und werden sie ihn selbst künstlerisch aufnehmen und umsetzen?

Die inhaltliche Auseinandersetzung mit den abrahamischen Religionen, die den Schülern sowohl im schulischen als auch außerschulischen (Medien-)Alltag begegnen, ist Ausgangspunkt und Basis des künstlerischen Gestaltungsprozesses. Religiös bedingte Auseinandersetzungen werden von den Schülern sehr genau über die Medien verfolgt, andere Kulturen werden kritisch beobachtet, aber auch Vorurteile und Missverständnisse können ungefiltert aufgenommen werden. Sich von diesen abzugrenzen, einen eigenen Standpunkt zu finden, Stellung zu beziehen – genau an diesem Punkt will das Projekt die Schüler „abholen". Und es will zu eigenen Lösungsansätzen für ein friedliches Nebeneinander der Religionen führen.

3. Umsetzung der Unterrichtseinheit (UE)

Übersicht über sämtliche Unterrichtsstunden der UE

I.   *Gliederung:* Die Unterrichtseinheit gliederte sich in drei Etappen:
1. Weißt Du, wer ich bin? – gestaltet als Symbolporträt
2. Weißt Du, wer die anderen sind? – gestaltet als Fotomotivwand
3. Weißt Du, wie wir friedlich nebeneinander leben können? – Wasserinstallation

II. *Zeitraum:* Die Unterrichtseinheit erstreckte sich über einen Zeitraum von vier Monaten und begann am 5. September 2006. Insgesamt 52 Stunden inklusive dreier Projekttage wurde intensiv geplant, erarbeitet und umgesetzt.

III. *Strukturierung der Unterrichtseinheit:* Der Wahlpflicht-Unterricht mit seinen drei Wochenstunden ermöglichte in der Doppelstunde eine intensive Arbeit am Objekt. Die 45-Minuten-Stunden wurden hauptsächlich für die Erarbeitung oder Präsentationen genutzt. So wurden in den Einzelstunden meist Impulse gesetzt, die handelnd in den Durchführungsstunden umgesetzt wurden. Die drei zusätzlichen Projekttage ermöglichten eine intensive Arbeit über vier Stunden und machten den Schülern jeweils große Freude, da sie durchgängig an ihren Modellen arbeiten konnten.

IV. *Zwischenreflexion:* Jeweils am Ende der Durchführungsstunden wurden regelmäßig zwei Arbeiten von den Schülern präsentiert. So konnten alle gemeinsam am Schöpfungsprozess teilhaben und eventuelle Probleme gemeinsam lösen. Dies schuf zusätzlich ein Gruppengefühl und verstärkte den Gedanken, dass wir alle an einem Projekt arbeiteten.

V.   *Projekthefter:* In allen Etappen wurde durchgehend ein Projekthefter geführt. Er erleichterte die Kommunikation zwischen mir als Projektleiterin und den Schülern. Der Projekthefter enthielt neben den Erkenntnissen aus den Input-Stunden Arbeitsblätter, Rechercheergebnisse der Schüler und die Verlaufsprotokolle.

VI. *Verlaufsprotokolle:* Vor allem letztere bildeten die Basis für eine effektive, freie und selbstbestimmte Arbeit der Schüler. Sie formulierten ihre Probleme bei der Umsetzung und erhielten von mir individuelle Lösungsansätze oder fehlende Materialien. Im Projekthefter wurden durchgängig Installationsideen gesammelt, um sie in der Entwurfsphase parat zu haben.

ERSTE PROJEKT-ETAPPE

Phase/Stunde	Inhalt/Thema	Aufgabenstellung – Problemstellung	Medien/Sozialform	Stundenziel
EINFÜHRUNG 1. Stunde 2./3. Stunde	**Wie kann ich die S. interessieren und aktivieren?** Auswahl einer für den Erwerb von Erfahrungen geeigneten **problemhaltigen Sachlage,** aus der ein echtes Problem erwächst (DEWEY).	Aufgreifen der Fragen aus der vorangegangenen UE: Wer ist Gott? Warum streiten alle um einen Gott? Weshalb bekämpfen sich die Kulturen? Gibt es eine künstlerische Antwort auf den „Krieg der Religionen" und welche? Vorstellen des Wettbewerbs TRIALOG DER KULTUREN Vorstellen der Partnerklasse in Palästina	**LV, UG** Berichte jugendlicher Gläubiger. Film über Talitha Kumi (Deutsche Schule in Bethlehem, mit christlichen/muslimischen S.)	**S.** sollen Bedeutung projektorientierten Lernens erfahren. **S.** sollen ihre Projekthefter erhalten u. seine Funktion erfassen. **S.** sollen mögl. Themen formulieren u. sich für problemhaltige Sachlage entscheiden. **S.** sollen eigenständige Entscheidungen fällen.
PLANUNG 4. Stunde	Planen des Projektes: 1. Wahl der künstlerischen Form 2. Clustern des Themas 3. Vorgehen planen	Erarbeiten eines Projektplans: 1. Wie wird Wasser i. d. Kunst eingesetzt? Vom Brunnen zur Wasserinstallation. 2. Was müssen wir alles wissen über die „anderen"? (Cluster) 3. Wie gehen wir vor?	**UG** Brunnen und Installationen im Vergleich. Vor- und Nachteile einer Wasserinstallation	**S.** sollen erste zeichnerische Ideen für eine Wasserinstallation fertigen. **S.** sollen Grenzen ihres Wissens erkennen u. Vorschläge für Planung des Projektes machen.

Phase/Stunde	Inhalt/Thema	Aufgabenstellung – Problemstellung	Medien/Sozialform	Stundenziel
ERARBEITUNG 5./6. Stunde **DURCHFÜHRUNG** 7. Stunde	**Projektdurchführung** 1. Etappe: S. erkunden und stellen sich über Begriffe u. ihr jeweiliges Symbol dar. Inhaltliche Fragestellung: Weißt du, was mir wichtig ist? Z. B. Begriffe: Liebe, Familie, Religion, Freundschaft, Geld. Gestalten von eig. Symbolen	**Stelle dich selbst nur mit Symbolen vor. Erzähle, was dir wichtig ist.** 1. Nenne sechs Dinge (Werte), die dir wichtig sind! 2. Wähle einen Begriff davon und gestalte dein Symbol als Farbcollage. 3. Entwerfe für die fünf weiteren Begriffe je ein Symbol.	**LV, UG, EA** René Magritte: Meister der Symbolik: „Meine Bilder sind sichtbare Gedanken." Im Vergleich mit einem gemalten Selbstporträt	**„Ich" als Symbolporträt** **S.** sollen sich selbst erkunden, was ihnen wichtig ist, welche Rolle in ihrem Leben Religion spielt. **S.** sollen Symbol als Sinnbild für komplexe Zusammenhänge erfassen. **S.** sollen Symbole selbst entwerfen können.
DURCHFÜHRUNG 8./9. Stunde	Gestalten des Porträtgrundes für Symbolporträt. /1.: S. fotografieren sich in Anlehnung an Magrittes „Therapeut". / 2.: S. wenden die Farbsymbolik für die Farbgestaltung an.	4. Gestalte den Porträtgrund. Orientiere dich dabei am Werk von René Magritte. 5. Wende die Kenntnisse über Farbsymbolik für die Farbgestaltung von Mantel und Hintergrund an.	**EA** René Magritte: „Der Therapeut"	**S.** sollen Fotogrund für die Collage gestalten. **S.** sollen Symbolgehalt der Farben erfassen u. anwenden bei der Gestaltung des Hintergrundes u. Mantels.
DURCHFÜHRUNG 10. Stunde **REFLEXION** 11./12. Stunde	**Fertigstellen** des Symbolporträts **Präsentieren** der ersten Zwischenergebnisse	6. Positioniere deine Symbole. 7. Stelle dich über dein Porträt vor. Erzähle, was dir wichtig ist, woran du glaubst.	**EA, UG** Schülerarbeiten	**S.** sollen ihren Gestaltungsprozess reflektieren. **S.** sollen sich über ihr Symbolporträt in der Gruppe vorstellen, tauschen ihre Meinungen über Glauben u. Religion aus.

ZWEITE PROJEKT-ETAPPE

Phase/Stunde	Inhalt/Thema	Aufgabenstellung – Problemstellung	Medien/Sozialform	Stundenziel
EINFÜHRUNG 13. Stunde	**Sammeln** relevanter Fragen für das Erkunden der Religion **Gruppeneinteilung** Verteilen der **Forschungsaufträge**	Was willst du über die Religion wissen? Sammeln und Strukturieren von Interviewfragen	**UG** Tafel, Papierstreifen mit Fragen	**S.** sollen Fragen sammeln und strukturieren für einen Fragenkatalog. **S.** sollen sich für eine Religionsgruppe entscheiden u. Verantwortung innerhalb der Gruppe übernehmen.
DURCHFÜHRUNG 1. Teil 14./15. Stunde	**S. erforschen** ästhetisch in Teams die jeweilige Religion. Wer sind die anderen? 1. Führen erster Interviews 2. Situationen fotografieren Erste Auswertung der Fotos durch STERN-Fotografen	Erforscht jeweils die Religionen und dokumentiert eure Ergebnisse fotografisch. Was ist wichtig in der jeweiligen Religion? Welche Gemeinsamkeiten und Unterschiede gibt es?	Berliner STERN-Fotograf Frank Silberbach Digitalkamera außerschulisch	**S.** sollen kooperieren. **S.** sollen selbstständig organisieren und Interviews führen. **S.** sollen erste Fotos machen. **S.** sollen ihre Ergebnisse präsentieren u. sind kritikfähig.
ERARBEITUNG / DURCHFÜHRUNG 16. Stunde	**Input-Stunde** Vermittlung ausgewählter bildsprachlicher Mittel als Voraussetzung für den Umgang mit der Digitalkamera	Welche bildsprachlichen Mittel sind für die unterschiedliche Wirkung der 4 Fotos von R. Williams verantwortlich?	**GA**	**S.** sollen bildsprachliche Mittel der Fotografie u. deren Wirkung erkennen u. anwenden.

Phase/Stunde	Inhalt/Thema	Aufgabenstellung – Problemstellung	Medien/Sozialform	Stundenziel
DURCHFÜHRUNG 2. Teil 17./18. Stunde	**S. erforschen** ästhetisch in Teams die jeweilige Religion: 1. Führen weiterer Interviews 2. Situationen fotografieren	Nutzt beim Fotografieren bildsprachliche Mittel, um die Aussage eurer Bilder zu verstärken.	**GA** Digitalkameras außerschulisch	**S.** sollen ihre Forschungsergebnisse ergänzen u. gezielt fotografieren unter Anwendung bildsprachlicher Mittel.
ERARBEITUNG 19./20. Stunde	**Input-Stunde** Internet-Recherche von Situationen, die man nicht fotografieren kann	Ergänzt eure Rechercheergebnisse mit Bildern aus dem Internet.	**GA** PC/Google/Bildbearbeitungsprogramm	**S.** sollen mit neuen Medien arbeiten, im Internet recherchieren, Bilder herunterladen u. positionieren.
DURCHFÜHRUNG 21.–23. Stunde	**Arbeit mit neuen Medien** Anordnen der Fotos aus der Dokumentation zu einer Fotomotivwand	**Gestalten der Fotowand** Gestaltet eine Fotowand. Ordnet die Bilder so an, dass deutlich wird: 1. Es gibt einen Gott. 2. Es gibt verschiedene Riten und Gesetze. 3. Wasser spielt eine große Rolle. 4. So leben die Gläubigen heute.	**GA** Bildbearbeitungsprogramm	**S.** sollen eine Fotomotivwand nach ihren Vorstellungen u. entsprechend ihrer Rechercheergebnisse gestalten. **S.** sollen kooperieren. **S.** sollen Bildbearbeitungsprogramme anwenden.
REFLEXION 24. Stunde	**Präsentation** der Forschungsergebnisse am Beispiel der Fotomotivwand	Was habt ihr über die Religion herausgefunden? Was habt ihr fotografiert? Welche Rolle spielt das Wasser in der Religion?	**GA** Schülerarbeiten	**S.** sollen über ihre Forschungsergebnisse berichten. **S.** sollen kritikfähig Verbesserungsvorschläge annehmen u. umsetzen können.

DRITTE PROJEKT-ETAPPE

Phase/Stunde	Inhalt/Thema	Aufgabenstellung – Problemstellung	Medien/Sozialform	Stundenziel
EINFÜHRUNG 25. Stunde	**Sensibilisieren** der S. für die 3. Projektetappe: Entwurf und Konstruktion der Wasser-installation S. erarbeiten die Bedeutung von Wasser als natürliches und künstlerisches Element.	Welche Bedeutung hat Wasser im Alltag und in der Kunst?	**LV** **GA** – Stationen Arbeitsblätter über die Bedeutung von Wasser Fotos von Brunnen	**S.** sollen selbstständig Funktion u. Bedeutung von Wasser als Quelle des Lebens und verbindendes Element erarbeiten. **S.** sollen Wasser als künstlerisches Element erkennen u. erste Ideen entwickeln.
ERARBEITUNG 1. Projekttag, 26.–30. Stunde	**Inspirieren und Aktivieren** **Erste Einblicke** in die Installationskunst durch einen Lehrervortrag mit ausgewählten Beispielen; anschließender Ausstellungsbesuch: Rebecca Horn	Was ist eine Installation? Welche Möglichkeiten bietet diese Kunstform für unser Projekt? Welches Werk von Rebecca Horn hat dich inspiriert und warum?	**LV** Installationskunst Ausstellungsbesuch Rebecca Horn	**S.** sollen in der Installation eine Kunstform des 20. Jh. sehen. **S.** sollen Wesen u. Ausdruckskraft dieser Kunstform erfahren. **S.** sollen ihr Verhältnis zu Wasser überprüfen, ihren Umgang damit.
DURCHFÜHRUNG 31. Stunde	**Entwerfen** erster Ideen Zusammenführen aller künstlerischen Erkenntnisse in einer Wasserinstallation	Skizziere deine Idee von einer Wasserinstallation, die das friedliche Nebeneinander der abrahamischen Religionen symbolisieren soll. Skizziere in mehreren Zeichnungen mindestens zwei Ideen mit Kohle auf DIN A4.	Kohle, Papier	**S.** sollen erste Ideen mit Kohle skizzieren. **S.** sollen ihre bisherigen Erkenntnisse, Forschungsergebnisse nutzen.

Phase/Stunde	Inhalt/Thema	Aufgabenstellung – Problemstellung	Medien/Sozialform	Stundenziel
ZWISCHEN-REFLEXION 2. Projekttag 32.–36. Stunde	**Präsentieren** der ersten Ergebnisse vor christlichen und muslimischen S. aus Bethlehem und gemeinsame Besprechung der verschiedenen Ideen; Überarbeiten der Ideen und Anfertigen einer Materialskizze	Welche Ideen kommen unserer Problemlösung am nächsten? Welche Ideen verfolgen wir weiter? Überarbeite deine Idee mit Bleistift. Sie sollte jetzt das Aussehen der Installation und den technischen Aufbau darstellen. Darum soll sie nicht nur gezeichnet, sondern auch durch schriftliche Bemerkungen ergänzt werden.	Schülerarbeiten, Bleistift, Papier	**S.** sollen ihre Ideen vorstellen. **S.** sollen ihre Ideen gegenseitig bewerten u. Verbesserungsvorschläge machen. **S.** sollen ihre Ideen überarbeiten. **S.** sollen in Gruppen kooperieren u. sich unterstützen.
DURCHFÜHRUNG 37. Stunde	**Umsetzen** der Ideen als Modell Die S. erkennen erste Probleme bei der Umsetzung; Suche nach Lösungen	Entscheide dich für eine Idee und setze sie als Modell um.	Materialien der S., Werkzeug, Skizzen	**S.** sollen ihre Ideen mit entsprechenden Materialien umsetzen. **S.** sollen Materialgrenzen erkennen u. Lösungen suchen und finden. **S.** sollen kooperieren.

Phase/Stunde	Inhalt/Thema	Aufgabenstellung – Problemstellung	Medien/Sozialform	Stundenziel
ERARBEITUNG 38./39. Stunde	**Input-Stunde** Materialexperiment: Anregungen durch Anbieten und Ausprobieren von vier Materialgruppen	Experiment zur Materialanregung in Stationsarbeit 1. Finde heraus, welches Material für die Umsetzung deiner Idee geeignet ist. 2. Probiere mindestens drei Stationen aus. 3. Ergänze jeweils dein Versuchsprotokoll. 4. Schildere deine Materialerfahrung auch in Verbindung mit Wasser.	**GA** – Stationen Material: Gips, Ton, Maschendraht, Pappmaschee und Recycling	**S.** sollen experimentell herausfinden, welche Materialien für das Modell einer Wasserinstallation geeignet sind. **S.** sollen ein Gefühl für das Material entwickeln, Vor- u. Nachteile einschätzen können. **S.** sollen entdecken, welches Material eine Verbindung mit Wasser eingehen kann u. wie man Materialien für eine Verbindung mit Wasser präpariert.
DURCHFÜHRUNG 40. Stunde	**Umsetzen** der Idee als Modell, Bau eines Wasserinstallationsmodells, Zwischenreflexionen	Überarbeitet eure Ideen. Sucht gemeinsam nach Lösungen. Fertigt entsprechend eine neue Skizze an. Setzt euer Modell um.	**GA**	**S.** sollen Ideen überarbeiten u. ggf. ändern (neue Skizze). **S.** sollen Ideen mit entsprechend neuen Materialien umsetzen. **S.** sollen kooperieren u. gemeinsam nach Lösungen suchen.

Phase/Stunde	Inhalt/Thema	Aufgabenstellung – Problemstellung	Medien/Sozialform	Stundenziel
DURCHFÜHRUNG 3. Projekttag, 41.– 45.Stunde	**Präsentieren** vor den S. der jüdischen Oberschule: Was wollen wir darstellen? Wo gibt es Probleme? Gemeinsame Lösungssuche	Vorstellen des Projektes ☐ Was wollen wir darstellen? Wo gibt es Probleme? Gemeinsame Lösungssuche	GA	**S.** sollen ihre Ideen präsentieren. **S.** sollen mit Kritik produktiv umgehen. **S.** sollen kooperieren u. gemeinsam nach Lösungen suchen. **S.** sollen gemeinsam Modelle umsetzen.
DURCHFÜHRUNG 46.– 50. Stunde	Reine Produktionsstunden mit Zwischenreflexionen	Modell einer Wasserinstallation, die das friedliche Nebeneinander der abrahamischen Religionen symbolisieren soll	GA	**S.** sollen konstant an der Umsetzung ihrer Modelle arbeiten. **S.** sollen sich gegenseitig unterstützen. **S.** sollen erkennen, dass Verwerfen einer Idee u. Suche nach einem anderen Weg zum künstlerischen Prozess gehört.

Phase/Stunde	Inhalt/Thema	Aufgabenstellung – Problemstellung	Medien/Sozialform	Stundenziel
PRÄSENTATION 51./50. Stunde	**Präsentieren** der Ergebnisse in der Klasse als Vorbereitung für die Präsentation zum Tag der offenen Tür und im Rahmen des Wettbewerbes mit allen beteiligten S.	Präsentation der Modelle nach Kriterien: Erklärt, was eure Wasserinstallation ausdrücken soll. Ist die Umsetzung gelungen? Beschreibt die Rolle des Wassers. Zeigt die Funktionsweise eurer Installation. Plädoyer: Nennt zwei Argumente, warum eure Installation gebaut werden sollte. Vorbereiten der Ausstellung	**GA, SV** Schülerarbeiten	**S.** sollen ihre Modelle vor anderen S. vorstellen. **S.** sollen den künstlerischen Gestaltungsprozess reflektieren. **S.** sollen ihre Arbeiten als künstlerisch wertvoll schätzen. **S.** sollen ihre Ausstellung vorbereiten.

Abkürzungen: L – Lehrer, LV – Lehrervortrag, S. – Schüler, SV – Schülervortrag, EA – Einzelarbeit, GA – Gruppenarbeit, UG – Unterrichtsgespräch, WPU – Wahlpflichtunterricht.

4. Exemplarische Beschreibung der 3. Etappe – Gestalten einer Wasserinstallation

Voller neuer Erkenntnisse und Eindrücke waren die Schüler nun bereit, die Wasserinstallation zu realisieren.

4.1 Ziele der Umsetzungsetappe

In Anlehnung an die im dritten Punkt aufgeführten Ziele sollten die Schüler vor allem in dieser Etappe selbstständig planen und Aktionen größtenteils eigenständig durchführen können, dabei Verantwortung übernehmen und zielstrebig nach neuen Lösungsansätzen suchen. Sie sollten Ideen für eine Wasserinstallation entwickeln und zeichnerisch darstellen können und experimentell herausfinden, welche Materialien für das Modell einer solchen Wasserinstallation geeignet sind. Darüber hinaus sollten sie ihre künstlerischen Entscheidungen reflektieren und begründen sowie die Arbeiten anderer anhand erarbeiteter Bewertungskriterien einschätzen können. Im Großen und Ganzen sollte das Projekt als ein selbst geplantes, eigenständig umgesetztes künstlerisches Vorhaben von den Schülern selbst gewertet werden, bei dessen Umsetzung sie ihre eigene Position überprüfen und künstlerisch Stellung beziehen können.

4.2 Verlaufsbeschreibung der Umsetzungsetappe

Nachdem die Schüler alle Forschungsergebnisse über die Religionen zusammengetragen hatten, ergaben sich neue Fragen: Was ist eine Installation? Welche Möglichkeiten bietet sie? Welche Rolle spielt das Wasser? Wie kann Wasser künstlerisch eingesetzt werden? Wie kann das friedliche Nebeneinander der abrahamischen Religionen in Form einer Wasserinstallation ausgedrückt werden? Ein kombinierter Lehrer-Schüler-Vortrag führte in das Thema ein und gab erste Anregungen. Die Annäherung erfolgte über drei ausgewählte Installationen: Kurt Schwitters „Merzbau" (1923) als eine der ersten Installationen überhaupt. Der Aktionskünstler HA Schult ermöglichte mit der Rauminstallation „Love Letters" (in Berlin) einen emotionalen Zugang. Die Schüler lauschten den Briefen – von HA Schult selbst im Dialog mit der Schauspielerin Birgit Zamulo hinausgeschrien –, dazu die überwältigenden Fotos, die die Schüler sehr beeindruckten. Nachdem die Schülergruppen nun ein erstes Gefühl für eine Installation hatten, stand die Frage im Raum, wie nun aber eine Wasserinstallation aussehe. Beispiele hierfür gab es nur vereinzelt und sie waren nicht leicht zugänglich. Stattdessen dienten Beispiele künstlerischer Brunnen als Anregung. Die Schüler hatten dafür Anschauungsmaterialien aus ihrem näheren Umfeld und aus dem Internet gesammelt.

Ausstellungsbesuch

Glücklicherweise gab es noch rechtzeitig genug eine Rebecca-Horn-Ausstellung vom 5. Oktober 2006 – 15. Januar 2007 im Martin-Gropius-Bau. So konnten die Schüler eine Wasserinstallation ganz nah erleben und erfühlen. Sie hatten während des Ausstellungsbesuchs die Aufgabe, sich eine Installation auszuwählen, die sie inspirierte, und sie den anderen vorzustellen. Vor allem die Wasserinstallation „Licht gefangen im Bauch des Wales" berührte die Schüler.

Ideenfindung

Im nächsten Schritt erfühlten und erlebten die Schüler das Element Wasser, seine Bedeutung als natürliches Element, seine Bewegungen, seinen Klang, seine Eigenschaften. Die dazu notwendigen Anschauungsbeispiele organisierten die Schülergruppen selbst: Wasserklänge, Zimmerbrunnen, Abbildungen aus dem Buch *Lebendige Wasser.*

1. Zunächst lauschten die Schüler mit geschlossenen Augen verschiedenen Wassergeräuschen und notierten Assoziationen.
2. Danach erkundeten sie drei Modelle von Zimmerbrunnen und schauten sich Abbildungen von Wasserläufen und Brunnen an. Das ließ die Schüler die Bewegung des Wassers nachvollziehen.
3. In einem Experiment fanden die Schüler das geeignete Material für sich heraus und wie es für eine Verbindung mit Wasser präpariert werden kann. Neue Ideen entstanden.

Umsetzung und Zwischenpräsentationen

Geplant war die Umsetzung ausgewählter Ideen in Gruppen. Doch plötzlich fand jeder Schüler sein Modell so überzeugend, dass er es selbst umsetzen wollte. Kathleen experimentierte an einem Labyrinth, Anni entwickelte ein Wasserspiel, Tom versuchte sich an einer Figur aus Ton, Maria arbeitete abstrakt, Petra konstruierte ein Floß mit Religionssegeln, Mandy formte Inseln aus Styropor, Jennifer eine Weltkugel, Michel konstruierte eine Wandinstallation, Sagvan einen Abendmahl-Tisch und Linh formte eine Installation aus Maschendraht.

In einer Zwischenpräsentation im Rahmen des Projekttages am 7. Dezember 2006 mit sechs Schülern der Jüdischen Oberschule stellte jeder sein Modell vor. Als Hilfestellung dienten Moderationskarten mit Präsentationskriterien:

‣ Was soll meine Installation ausdrücken?
‣ Wie will ich diesen Inhalt darstellen?
‣ Wo gibt es Probleme?

Jugendliche, die sich vorher nie gesehen hatten und aus verschiedenen Kulturkreisen kamen, begannen spontan zu diskutieren. Ein fruchtbares Gespräch entstand, in dessen Folge Ideen abgewandelt und Modelle umkonstruiert wurden sowie Freundschaften entstanden. Am Ende des Projekttages hatten die Wasserinstallationen deutlich an Aussagekraft gewonnen. Noch gab es kleine und größere Probleme, die die Schüler in ihren Verlaufsprotokollen notierten. Und noch einen Vorzug hatte der Projekttag bewirkt: Die Schülergruppen arbeiteten nun doch wieder zusammen an allen Modellen. Egal, wessen Idee es war, sie unterstützten sich bei der Umsetzung und endlich stellte sich auch wieder der gemeinsame Projektgedanke ein: „Es ist unsere Wasserinstallation. Und je mehr gute Installationen entstehen, umso mehr steigt die Chance, dass eine davon in Berlin gebaut wird.", stellte Mandy bestimmt fest. „Ist doch egal von wem die Idee war. Es ist unsere Installation." Unter diesem Motto rangen die Schüler ab jetzt gemeinsam um Lösungen. Natürlich gab es nicht immer eine „Friede-Freude-Eierkuchen-Stimmung", aber Situationen, die die Vorteile eines Projektunterrichts deutlich machen.

Beispiele: Sagvan, der seine Abendmahl-Idee zugunsten einer „Säule der Tränen" aufgab, wollte lieber sein eigenes Modell bauen. Aber schnell stieß auch er an Grenzen. Als beim Streichen des Ofenrohrs die Farbe umkippte, weil seine Säule nicht fest genug verankert war, nahm er dankbar Toms Hilfe an. Gemeinsam suchten sie fortan nach Lösungsmöglichkeiten. Oder: Jennifer, die eigentlich eine Weltkugel mit Wasser gefüllt bauen wollte, fand plötzlich Kathleens Idee mit den drei Händen, die die Lebensquelle schützen, so anschaulich, dass sie diese gleich mit umsetzte. Oder: Ohne Linhs Hilfe hätte Petras Floß keine so stabilen Segel aus laminierten Fotos erhalten. Und schließlich: Jessicas drei Religionsvertreter, die die Welt halten, würde keiner als solche erkennen, wenn nicht alle gemeinsam nach entsprechenden Attributen gesucht hätten.

Die Schlusspräsentation der Modelle erfolgte zunächst innerhalb der Projektgruppe. Dazu schrieben die Schüler Briefe an die Wettbewerbskommission:

Aufgabenstellung: Schreibe einen Brief an die Wettbewerbskommission. Beschreibe deine Idee, wie du sie umgesetzt hast und wie sie funktioniert. Orientiere dich an folgen Kriterien:

▸ Was symbolisiert deine Wasserinstallation?
▸ Wie wird diese Idee in deinem Entwurf ausgedrückt?
▸ Ist es dir gelungen, diese Idee für andere „erkennbar" darzustellen?

Beziehe das Umfeld ein, in dem deine Wasserinstallation stehen soll.

Erkläre die Funktionsweise deiner Installation.

Abschlussplädoyer: Nenne zwei Argumente, warum Deine Installation gebaut werden soll.

5. Darstellung der Ergebnisse

Die Produkte aller drei Etappen – das Symbolporträt, die Fotomotivwand, die Wasserinstallation – wurden jeweils in einer Präsentation vorgestellt. Im Laufe der Projektrealisation gab es vielfältige Präsentationsmöglichkeiten:

1. Tag der offenen Tür
2. Zwischenpräsentation vor der Herbert Quandt-Stiftung im März
3. Präsentation des Projektes vor der Lehrerkonferenz im April
4. Öffentliche Ausstellung am 7. Juni 2007 in der Aula der Schule

Die wichtigste Präsentation bildete eine abschließende Ausstellung mit prominenten Gästen. Die Schüler entwarfen und schrieben Einladungen und gestalten Plakate, um ihre Vision zu verwirklichen: die Realisation einer Wasserinstallation in Berlin.

6. Schlussbetrachtung

Abgesehen davon, dass wir die Schule unter Wasser gesetzt und den Kunstvorbereitungsraum bis an die Decke mit unseren Installationen und Materialien verbaut haben, blicken wir zurück auf ein umfangreiches Projekt voller Risiken und einen unerwarteten Umweg über Symbolsprache und ästhetische Forschung. Sie fragen sich sicher, warum dieser Umweg nötig war. Deshalb will ich auf zwei Punkte eingehen: den eingeschlagenen Umweg (Planung und Struktur der Unterrichtseinheit) und das Projektziel. Es waren die Schüler, die den Umweg vorschlugen, denn es ging in erster Linie um das Kennenlernen als Voraussetzung für eine lange Zusammenarbeit. Eine Vorstellung in Form eines Selbstporträts als Projekteinstieg (erste Etappe) war deshalb eine akzeptable Idee, kombiniert mit dem Wunsch nach einem Exkurs in die Symbolsprache. Sicher kann diese Phase kürzer gehalten werden. Aber die Auseinandersetzung mit sich selbst, das Eindringen in das Wesen der Dinge – Was ist mir eigentlich wichtig? Wer bin ich wirklich? Woran glaube ich? –, diese künstlerische Erkundungsphase des eigenen ICHs führte die Schüler zu spannenden Selbsterkenntnissen und motivierte sie erst für ein gemeinsames Projekt. Die anfängliche Scheu voreinander war verflogen. Eine Vertrauensbasis war geschaffen, die uns mit dem Projekt handlungsorientiert und lustvoll verband.

Die zweite Etappe – die Hinführung zum Thema über ästhetische Forschung – enthielt besonders die Gefahr, dass sich die Schüler im „Wirrwarr" der Informationen über die Religionen verlieren könnten. Das verhinderten gemeinsam festgelegte Leitfragen und eine fotografische Begleitung der Recherche. So gelang es, immer wieder kleine Höhepunkte zu schaffen. Indem über die Treffen mit spannenden Religionsvertretern und Schülern aus anderen Schulen und Ländern am Anfang der Stunde berichtet wurde, kam ein intensiver Austausch unter den Schülern zustande. Immer wieder entstanden so neue Ideen für die Wasserinstallation, die stets in den Hinterköpfen und den Projektheftern präsent waren. Eine DIN A1 große Fotomotivwand stellt nun jede Religion im Eingangsfoyer der Schule vor. Diese Präsenz macht die Schüler zusätzlich stolz.

In der dritten Etappe suchten sie handelnd, experimentierend und gemeinsam mit Schülern anderer Schulen und Kulturen nach Ideen, verwarfen Entwürfe zugunsten von Ideen mit stärkerer Aussagekraft und realisierten diese. Einzig das Problem der professionellen Umsetzung quälte die Schüler. Manches ließ sich nicht so realisieren, wie gedacht: Sagvans „Säule der Tränen" sprudelt nur bedingt, die Leistungskraft der Pumpe ist zu gering. In Michels Wandbrunnen folgt das Wasser nicht genau dem vorgeschriebenen Weg über alle Hände und Petras Floß liegt nicht stabil im Wasser.

Die Unterteilung des Projektes ermöglichte es, die Schüler über 14 Wochen zu motivieren und intensiv zu binden, denn die entstandenen Zwischenergebnisse in Form einer Fotomotivwand und eines Symbolporträts waren wichtige Meilensteine und Bestätigungen für die Schüler. Nach dem Bewältigen jeder Etappe entstand ein Gefühl von Stolz und neuer Motivation, die weiter trug zum großen Ziel: der Wasserinstallation. Abschließend möchte ich anmerken, dass die Schüler wirklich eine großartige Leistung über einen langen Zeitraum erbracht haben. Sie fanden selbstständig überzeugende künstlerische Lösungen und es entstanden so vielfältige Modelle. Sagvans Zwischenbetrachtung jedenfalls nach fast einjähriger Beschäftigung mit dem Thema lautete am Ende: „Das nächste Mal lese ich vorher genauer nach, bevor ich jemanden verurteile."

Annette Nawroth

Ausgewählte Aspekte interkulturellen Lernens im Fach Hauswirtschaftliche Versorgung

Planung und Durchführung einer Unterrichtsreihe

1. Schematische Einordnung des Unterrichts in das Schulprojekt

Im Schuljahr 2006/07 nahm die Emil-Fischer-Schule an dem von der Herbert Quandt-Stiftung ausgeschriebenen Schulenwettbewerb *Schulen im Trialog – Europäische Identität und kultureller Pluralismus* mit dem Projekt „Die Berufsbildung der Hauswirtschaft im Trialog – Interkulturelles Lernen mit besonderem Blick auf religiös begründete Speisetraditionen bzw. Speisegesetze des Islams, des Christentums und des Judentums" teil. Im vorliegenden Beitrag soll die Planung und Durchführung des Projektes im Fach Hauswirtschaftliche Versorgung anhand einer Unterrichtsreihe dargestellt werden. Der Unterricht in diesem Fach war Teil des fächerübergreifenden Unterrichts zum Thema „Trialog der Kulturen".

Die folgende Übersicht veranschaulicht die Einbindung der Klasse MDQM[1] II 5.1 in Teile des Schulprojektes.

Jurysitzung der Herbert-Quandt-Stiftung im Jahr 2008 in Bad Homburg v.d.H.

---

[1] MDQM II steht für „Modulare Duale Qualifizierungs-Maßnahme", d.h. die Schüler machen eine dreijährige berufsfachschulische Ausbildung, die ihnen bei durchschnittlich befriedigenden Leistungen den Erwerb des Mittleren Schulabschlusses ermöglicht. Der theoretische Teil der Ausbildung erfolgt an zweieinhalb Tagen in der Schule, der praktische Teil an zweieinhalb Tagen in praktischen Modulen des bbw-Berufsbildungswerkes Berlin.

Fachübergreifender Unterricht der Klasse MDQM II 5.1 zum Schulprojekt „Hauswirtschaft im Trialog der Kulturen – Judentum, Christentum und Islam"

Wirtschafts- und Sozialkunde	Betreuung	Hauswirtschaftliche Versorgung	Betriebslehre	OBF [2] Catering	HWA [3] Mensa-Kochen	MDQM II 4.1 EDV [4]
1. Einführung ▶ Religion und Gesellschaft ▶ Geschichte der Religionen	**2. Religiöse Feste** ▶ im Jahreslauf ▶ im Lebenslauf ▶ Gotteshäuser	**3. Essen und Religion** ▶ religiöse Einflüsse auf die Nahrungsauswahl ▶ Speisegesetze ▶ Rezepte für Begegnungen im Sinne des Trialogs	**4. Betriebserkundung/Expertenbefragung: Senioreneinrichtungen** ▶ jüdisch ▶ christlich ▶ muslimisch	**Praktische Umsetzung der Rezepte**		**Gestaltung des Rezeptheftes**

08.12.06 Forum Religion in der Jerusalemkirche (ganztägig): Begegnung und Gespräch mit einer jüdischen Inhaberin eines koscheren Cafés, einem Angehörigen des Jesuitenordens, einer evangelischen Pastorin und mit dem Imam der deutschsprachigen muslimischen Gemeinde in Berlin

08.01.07 Besichtigung und Führung: Neue Synagoge, Berliner Dom

22.01.07 Besichtigung und Führung: Sehitlik Moschee

01.03.07 Besichtigung der „Bäckerei Gümüs"

05.03.07 Expertenbefragung: Ernährungsberaterin der BKK zum Satlik-Projekt (Ernährungsberatungskurse für türkische Migrantinnen)

Gestaltung der Projektausstellung und Durchführung der Speiseversorgung am „Abend der Begegnung" am 21.03.2007 in der Emil-Fischer-Schule

[2] Einjährige Berufsfachschule.

[3] Hauswirtschaftsassistenten, dreijährige berufsfachschulische Ausbildung.

[4] Die Klasse MDQM II 4.1 hat am 26./27.10.2006 an dem zweitägigen Seminar „Taste of Heaven" der Jerusalemkirche – Forum für interreligiöse Bildung – teilgenommen.

2. Bedingungsanalyse

2.1 Formale Voraussetzungen

I. Curriculare Vorgaben: Für den Lernabschnitt „Personengruppen verpflegen" sind im Fach Hauswirtschaftliche Versorgung im Berliner Rahmenplan im zweiten Ausbildungsjahr 80 Wochenstunden vorgesehen. In diesem Rahmen sollen die Schüler in die Lage versetzt werden, verantwortungsbewusst Kostpläne für unterschiedliche Personengruppen unter anderem nach den Grundsätzen der vollwertigen Ernährung unter Berücksichtigung des unterschiedlichen Energie- und Nährstoffbedarfs dieser Personengruppen zu erstellen.

II. Lerngruppe: Die Klasse wurde zum Schuljahresbeginn aus zwei Klassen des ersten Ausbildungsjahres zusammengesetzt und besteht aus 17 Schülerinnen und fünf Schülern. Drei von ihnen wiederholen das Schuljahr. Vier haben einen Migrationshintergrund. Zwölf ordnen sich keiner Religion zu, sieben gehören dem Christentum an, zwei dem Islam und eine dem Buddhismus. Niemand ist Angehöriger des Judentums.

III. Kompetenzstand der Lerngruppe: Eine im Rahmen des Schulprojektes durchgeführte Befragung von 134 Schülern der Berufsfachschule Hauswirtschaft ergab hinsichtlich der Kenntnisse religiös bestimmter Verzehrsmuster, dass zwar 88 % der Schüler wissen, dass Angehörige des Islams gemäß religiöser Vorschriften kein Schweinefleisch essen dürfen, aber nur 6 % der Schüler ist bewusst, dass dieses in gleicher Weise auch auf Angehörige des Judentums zutrifft. Rund die Hälfte der Schüler gibt selbst an, „keine Ahnung" zu haben, ob aus religiösen Gründen der Konsum von Wein untersagt ist. 33 % der Schüler vermuten, dass im Judentum der Konsum von Wein nicht erlaubt ist.

Die Schülerbefragung ergab, dass die Schüler der Klasse, obgleich sie nur ein geringes Interesse für Religion angeben, eine vergleichsweise hohe Motivation haben, sich mit Angehörigen der drei Religionen im Gespräch auszutauschen. So gaben 67 % der Schüler an, sich mit einem gläubigen Juden, 61 % mit einem gläubigen Christen und 61 % mit einem gläubigen Muslim unterhalten zu wollen. Die Schüler attestieren sich selbst überwiegend keine guten Kenntnisse über die drei Religionen. Auf die Frage, ob sie sich von Angehörigen des jeweiligen Glaubens belästigt fühlen, antworten 33 % der Schüler, dass dieses für Angehörige des Islams zutreffen. Der Aussage, dass sie mit Angehörigen des jeweiligen Glaubens nichts zu tun haben wollen, stimmen beim Judentum 24 %, beim Christentum 18 % und beim Islam 28 % der Schüler zu.

2.2 Entscheidungsfelder

2.2.1 Didaktische Analyse

I. Exemplarität: Die Auseinandersetzung mit religiösen Speisetraditionen bzw. Speisegesetzen als kulturelles Merkmal kann exemplarisch zeigen, wie eine verstärkte Integration von berufsspezifischen Inhalten mit interkulturellem Lernen in der beruflichen Bildung verknüpft werden kann. Weiterhin beinhaltet diese Thematik eine exemplarische Sensibilisierung für die Einflüsse von Religionen auf das alltägliche Leben sowie die grundsätzliche Auseinandersetzung mit einem kulturellen Perspektivwechsel und die Auseinandersetzung mit Unsicherheit und Fremdheit.

II. Zukunftsbedeutung: Die Mischung von Personengruppen in Großhaushalten aus verschiedenen Kulturkreisen, besonders aus Judentum, Christentum und Islam, ist heute Realität, die sich voraussichtlich gemäß der demographischen Entwicklung in Deutschland zukünftig noch verstärken wird. Dieses gilt im Besonderen in einer Großstadt wie Berlin und setzt bei den zukünftigen Fachkräften interkulturelle Kompetenz, verbunden mit notwendigen fachlichen Qualifikationen, für die Erbringung der wünschenswerten Produkt- und Dienstleistungsqualität für die entsprechenden Personengruppen voraus.

III. Struktur des Inhalts: Um die Kenntnisse über die religiösen Speisegesetze im gesellschaftlichen Zusammenhang einzuordnen, ist ein sachliches Basiswissen hinsichtlich der Wurzeln und Werte der Religionen und des religiösen Lebens der Gläubigen Voraussetzung.

Die auf religiöse Speisegesetze bezogenen Fachkenntnisse erfordern zudem das Bewusstsein, dass Essen mehr als nur bloße Nahrungsaufnahme ist, sondern sowohl von individuellen Einstellungen, Emotionen und Wahrnehmungen als auch von unterschiedlichen äußeren, kulturellen Einflüssen mitbestimmt wird. Durch den gelenkten Blick auf die kulturelle Speisevielfalt, z.B. auf Restaurants, die auf unterschiedliche landestypische Küchen spezialisiert sind, und die Thematisierung von hierzulande weit verbreiteten Speisetraditionen mit oder ohne religiösen Bezug (z.B. das weihnachtliche Festessen), können die Schüler individuell für die Thematik sensibilisiert werden, was als Voraussetzung für den weiteren interkulturellen Lernprozess dienen kann.

Vor dem Hintergrund, dass die zukünftigen Fachkräfte Personen, die sich gemäß der religiösen Speisevorschriften ernähren, hauswirtschaftlich versorgen können sollten, muss besonderer Wert auf die Vermittlung der spezifischen Fachkenntnisse der Ernährungslehre gelegt werden.

IV. Zugänglichkeit: Bedingt durch eventuell vorhandene Vorurteile ist es unabdingbar, dass die Vorkenntnisse der Schüler am Anfang der Unterrichtsreihe mit einbezogen werden. Um gegebenenfalls negativ belastete private Erfahrungen zu relativieren und den Schülern einen neuen professionellen Zugang zu ermöglichen, sollte eine berufsbezogene Problemstellung gewählt werden, die nicht nur mit Fachkompetenz, sondern auch unter Einbezug entsprechender interkultureller Personal- und Sozialkompetenzen zu lösen ist. Um sowohl emotionale als auch kognitive Kanäle für den Lernprozess zu öffnen, sollte der Unterricht weitgehend ganzheitlich und handlungsorientiert gestaltet sein. Im Sinne des beruflichen Lernens sollte durchgängig der Theorie-Praxisbezug gewährleistet sein.

2.2.2 Methoden und Medien interkulturellen Lernens

Die wesentlichen methodischen Grundsätze interkultureller Bildung und Erziehung sind

▸ der Perspektivwechsel, d. h. der geschulte Blick von außen auf das Selbst, im Sinne der Möglichkeit der Betrachtung des eigenen Standpunktes aus der Sicht eines anderen,

▸ der Dialog, d. h. die Möglichkeit, durch Austausch gegenseitiges Verständnis zu bewirken.

Entsprechend sollten beim interkulturellen Lernen vielfältige Medien zum Einsatz gebracht werden. Angesichts der Fach- und Methodenkompetenzen der Lerngruppe eignen sich insbesondere Medien, die die Anschaulichkeit der sachlichen Inhalte erhöhen, z. B. Fotos, Abbildungen, Realieneinsatz oder symbolische Darstellungen.

Arbeitsblätter sollen so gestaltet sein, dass sie zum Austausch von Wissen, Gedanken oder Meinungen der Schüler aus unterschiedlichen Perspektiven Anlass geben (z. B. Tandembögen). Darüber hinaus sollen die eingesetzten Medien eine sachliche und partnerschaftliche Kommunikation oder ggf. auch eine Diskussion fördern, was auch durch den Einsatz von Spielmaterialien erreicht werden kann.

2.3 Angestrebter Kompetenzzuwachs

Erste Unterrichtseinheit: Verständnis für religiöse Einflüsse auf die Esskultur

I. Hauptlernaktion: Die Schüler üben den zeit- und themengebundenen sachlichen Austausch in Kleingruppen.

II. Handlungskompetenz: Die Schüler reflektieren eigene Erfahrungen hinsichtlich kultureller und ggf. religiöser Einflüsse auf die Esskultur. Davon ausgehend machen sie einen ersten bewussten Schritt zur grundsätzlichen Anerkennung von Andersartigkeit und der für sie auch beruflich relevanten interkulturellen Kompetenz.

III. Fachkompetenz – (Erwartungshorizont FLZ 4 – 8)[5]: Die Schüler sollen …

▸ (FLZ 1) den Begriff „interkulturelle Kompetenz" als die Fähigkeit zum beidseitig zufriedenstellenden Umgang mit Menschen anderer Kulturen umschreiben können (K2)[6],

▸ (FLZ 2) religiöse Einflüsse auf die Esskultur unterscheiden können im Sinne von: äußere Entstehungsgründe, Lebensmittel mit religiöser Symbolik, Essen als Form

---

[5] FLZ= Feinlernziel

[6] Bezug auf die 1972 vom Deutschen Bildungsrat beschlossenen Lernzielstufen: K1= Wissen, K2= Verstehen, K3= Anwendung, K4= Beurteilung.

der religiösen Gemeinschaft, Essen als Ausdruck einer besonderen Beziehung zu Gott (K2),

▸ (FLZ 3) als äußere Entstehungsgründe für religiöse Speisegesetze klimatische und hygienische Faktoren angeben können,

▸ (FLZ 4) drei Lebensmittelbeispiele mit religiöser Symbolik beschreiben können (K2),

▸ (FLZ 5) drei Beispiele dafür geben, dass das auf religiösen Festen oder Regeln beruhende Teilen von Essen das Gefühl der Gemeinschaft stiftet (K2),

▸ (FLZ 6) das Fasten der Muslime als Beispiel für eine zum Ausdruck gebrachte besondere Beziehung zu Gott benennen können (K1),

▸ (FLZ 7) zwei Beispiele für religiöse Feste oder Rituale angeben können, die zum Ausdruck bringen, dass Lebensmittel als Geschenk Gottes angesehen werden (K1),

▸ (FLZ 8) zwei Beispiele für Lebensmittel benennen, die an religiöse Geschichten erinnern (K2).

IV. Methodenkompetenz: Das Dominospiel übt die Fähigkeit der Schüler, Bildern entsprechende textliche Sachinformationen zuzuordnen. Das dazugehörige Arbeitsblatt zur Sicherung übt das schematische Denken.

V. Personal- und Sozialkompetenz unter Berücksichtigung des interkulturellen Lernens: Durch den selbstständigen Austausch zu bestimmten Frage- und Aufgabenstellungen wird sowohl die Selbstwahrnehmung im Hinblick äußerer Einflüsse auf die Esskultur sensibilisiert als auch das sachliche Gespräch geübt. Die Präsentation der Plakate der Stationengespräche erfordert von den Schülern die Fähigkeit zum Perspektivwechsel im Sinne der sachlichen Wiedergabe der vorgefundenen Eintragungen der Mitschüler.

Durch das Stationengespräch in Kleingruppen und insbesondere durch das Domino-Spiel üben die Schüler partnerschaftliches Arbeiten. Besonders durch die Porträtwand soll die Freude am Nachdenken über andere Menschen, von denen zunächst nur wenig bzw. nur Äußerlichkeiten bekannt sind, geweckt werden.

Zweite Unterrichtseinheit: Verstehen von Speisegesetzen der Religionen

I. Hauptlernaktion: Die Schüler erarbeiten sich Wissen über z. T. fremde Kulturen, indem sie sich Kenntnisse über die Gründe und Inhalte der religiösen Speisegesetze aneignen.

II. Handlungskompetenz: Die Schüler erwerben sich durch kognitive Wissensaneignung die Fähigkeit das Handeln derjenigen, die nach den religiösen Speisegesetzen leben, zu verstehen.

III. Fachkompetenz (Erwartungshorizont FLZ 1–8): Die Schüler sollen …

▸ (FLZ 1) erklären können, warum sich gläubige Juden nach den Speisegesetzen richten (K2),

▸ (FLZ 2) die jüdischen Speisegesetze im Hinblick auf folgende Lebensmittel erläutern können: Backwaren, Wein, Obst und Gemüse, Fleisch, Eier, Fisch und Meeresfrüchte (K2),

▸ (FLZ 3) die Begriffe „milchig" und „fleischig" im Hinblick auf die Einhaltung der Speisegesetze erläutern können (K2),

▸ (FLZ 4) angeben können, dass gemäß der jüdischen Speisegesetze mit Kälberlab hergestellter Käse und gelatinehaltige Speisen unzulässig sind (K1),

▸ (FLZ 5) die Begriffe „Kaschrut, Tora, koscher, parve, treife" und „schächten" mit Hilfe eines Glossars erklären können (K2),

▸ (FLZ 6) den Begriff „Koscher-Zertifikat" erklären können (K2),

▸ (FLZ 7) angeben können, dass bei koscheren, gegarten Speisen ein Jude mitgewirkt haben muss (K1),

▸ (FLZ 8) historisch erklären können, warum Christen auf die Einhaltung der jüdischen Speisegesetze verzichten dürfen. (K2) Jesus war gebürtiger Jude. Er wird im Neuen Testament zitiert mit folgender Aussage: „Was zum Mund hineingeht, das macht den Menschen nicht unrein, sondern was aus dem Mund herauskommt, das macht den Menschen unrein." (Matthäus 15,10 f.),

▸ (FLZ 9) angeben können, worauf die muslimischen Speisegesetze beruhen: Auf dem Koran und dessen Auslegungen (K1),

▸ (FLZ 10) „halal" und „haram" für tierische und pflanzliche Lebensmittel erläutern können (K2),

▸ (FLZ 11) Lebensmittel den Begriffen „halal" und „haram" zuordnen können (K2).

IV. Methodenkompetenz: Die Schüler üben das Lesen, Strukturieren, Wiedergeben von Sachtexten sowie das konzentrierte Zuhören und das sachliche Nachfragen mit Hilfe eines Tandembogens. In Kleingruppen lernen sie ihr durch Textarbeit angeeignetes Wissen mit Blick auf die Lebensmittelauswahl anzuwenden.

V. Personal- und Sozialkompetenz unter Berücksichtigung des interkulturellen Lernens: Die Methode des Tandembogens fördert die Fähigkeit zum sachlichen Dialog und übt grundsätzlich den Perspektivwechsel vom Redner zum Zuhörer. Die Aufgabenstellung der Lebensmittelauswahl unterstützt die beruflich erforderlichen Kenntnisse zum kulturellen Perspektivwechsel und fördert zudem die Diskussionsfreudigkeit und Konsensfähigkeit in der Kleingruppe.

Dritte Unterrichtseinheit: Verständigung über das Büfett der Begegnung

I. Hauptlernaktion: Die Schüler verständigen sich über gemeinsame Bezugspunkte und Differenzen der religiösen Speisegesetze und erarbeiten die theoretische Grundlage für ein gemeinsames Büfett.

II. Handlungskompetenz: Auf Basis des Dilemma-Ansatzes in einer fiktiven Situation erarbeiten die Schüler ein interkulturelles Handlungsmuster, indem sie durch den flexiblen Umgang mit den religiösen Speisegesetzen einen tragfähigen Konsens finden.

III. Fachkompetenz: Die Schüler sollen …

▸ (FLZ 1) die Aussagen zu den religiösen Speisegesetzen symbolisch korrekt auf dem Trialog-Kreis einordnen können (K2),

▸ (FLZ 2) Gemeinsamkeiten und Unterschiede der religiösen Speisegesetze erläutern können (K2),

▸ (FLZ 3) für die folgenden Lebensmittelbeispiele den Widerspruch zu bestimmten religiösen Speisegesetzen aufzeigen können. Emmentaler Käse: Lab; fettreduzierte Margarine: Milch und Emulgatoren ggf. unklarer Herkunft; Gummibärchen: Gelatine; Bolognese-Fertigprodukt: Rindfleisch nicht geschächtet,

▸ (FLZ 4) Rezepte aus Kochbüchern mit Hilfe der Fragestellungen des Rezeptchecks im Hinblick auf deren Eignung für ein gemeinsames Büfett der drei Religionen überprüfen (K3),

▸ (FLZ 5) Rezepte den Bereichen eines Büfetts (kalte Vorspeisen, Suppen, warme Vorspeisen, warme Hauptgerichte, Salate, Süßspeisen, Gebäck) zuordnen können (K2).

IV. Methodenkompetenz: Die Schüler üben in Partnerarbeit die Veranschaulichung von bestimmten Sachzusammenhängen. Sie lernen mit Hilfe einer Checkliste das rationale Überprüfen einer Lösungsmöglichkeit.

V. Personal- und Sozialkompetenz unter Berücksichtigung des interkulturellen Lernens: Die Schüler üben für die Lösung einer gemeinsamen Aufgabenstellung den sachlichen Dialog. Durch das Ziehen einer Rollenkarte üben sie erneut den Perspektivwechsel und damit die Fähigkeit zur Empathie und begegnen sich untereinander mit Respekt im Gespräch.

3. Handlungsentwurf und Unterrichtsdurchführung

3.1 Erste Unterrichtseinheit: Religiöse Einflüsse auf die Esskultur

Phase/Didaktische Funktion/Zeit	Fein-lernziel	Unterrichtsorganisation	Arbeitsweisen/ Medien
I. Einstieg S-Information Motivation 13.50 – 14.00 Uhr 10'	 FLZ 1	L gibt Überblick über die geplante Unterrichtsreihe, L legt AT 1 (Stellenangebot: Mehrgenerationenhaus) auf und bittet 1 S vorzulesen. L: Was bedeutet interkulturelle Kompetenz in der Situation für einen Hauswirtschafter (m/w)?	Stuhlkreis Tafelschilder Roter Faden/Magnete AT 1

PÜ: Das Stellenangebot hat Ihr Interesse geweckt und Sie möchten sich bewerben. Doch zunächst hören Sie sich in Ihrem persönlichen Umkreis um, welche religiösen Einflüsse auf die Esskultur dort bekannt sind.

Phase/Didaktische Funktion/Zeit	Fein-lernziel	Unterrichtsorganisation	Arbeitsweisen/ Medien
II. Erarbeitung 14.00 – 14.35 Uhr 25' **Sicherung** 10' FLZ 2		S liest Arbeitsauftrag des AT 2. Gruppeneinteilung 4 – 5 S Gruppen besuchen für jeweils 5' die 4 Stationen und tauschen sich über die Fragen der Plakate aus. ▸ **Wo begegnet Ihnen in der Stadt Essen aus anderen Religionen?** ▸ **Kennen Sie persönlich religiöse Feste, an denen etwas „Besonderes" gegessen wird?** ▸ **Gibt es etwas zum Thema Essen, was Ihnen generell oder zu einem bestimmten Ereignis „heilig" oder „besonders wichtig" ist?** ▸ **S ergänzen entsprechend die Plakate bzw. die Sprechblasen der Porträts an der Fotowand** (Menschen, die überwiegend mit Lebensmitteln abgebildet sind). S stellen das Ergebnis ihrer ersten Station vor.	AT 2 GA 3 Plakate Fotowand mit Porträts, Sprechblasen: „Ich esse gerne …" „Ich esse kein …" Filzstifte Pinnadeln, Magnete S-frontal/L-S-Gespräch

▶ **PÜ: Sie sind neugierig geworden und beschließen, mehr über den Zusammenhang von Essen und Religionen zu erfahren. Da entdecken Sie das Spiel „Trialog-Domino" und probieren es gleich aus …**

III. Erarbeitung	FLZ 2–9	S spielen in 4er-Gruppen *Trialog-Domino* (Bilder und Texte müssen passend aneinander gelegt werden. Bei richtiger Reihenfolge ergeben sie ein Lösungswort: Trialog der Kulturen). S ergänzen AB und je Gruppe einen Teil des AT	GA 4–5 Trialog-Domino mit Spielanleitung
14.35–15.20 Uhr 25'			
			AB1,
Sicherung 10' 10'		Ein S je Gruppe stellt das Arbeitsergebnis vor, Zeit für vertiefendes Gespräch und S-Fragen.	geteilter AT 3 S-frontal, L-S Gespräch

PÜ zum nächsten Block: Sie haben sich beworben und wurden angenommen, ab nächsten Mittwoch arbeiten Sie als Hauswirtschafter in dem Berliner Mehrgenerationenhaus.

Abkürzungen: L = Lehrkraft, S = Schüler, PÜ = Projektübergang, AB = Arbeitsblatt, AT = Arbeitstext, GA = Gruppenarbeit, IB = Informationsblatt, LSG = Lehrer-Schüler-Gespräch, LV = Lehrervortrag

3.2 Zweite Unterrichtseinheit: Speisegesetze der Religionen

Phase/Didaktische Funktion/Zeit	Fein-lernziel	Unterrichtsorganisation	Arbeitsweisen/ Medien
I. Einstieg		S sitzen paarweise in frontaler Sitzordnung.	AT 3 der ersten Einheit LSG
10' Wiederholung		Begrüßung zum Nikolaustag, Wiederholung/Korrektur AB 1 des 1. Blocks – L legt AT auf, 1 S liest vor –	
Hinführung zum Thema S-Information		L gibt Stundenüberblick und begründet die Reihenfolge im Vorgehen.	Fragend entwickelnd AT 1 Tafelschilder Roter Faden

PÜ: Wir gehen nach der geschichtlichen Entwicklung vor und beginnen mit den jüdischen Speisegesetzen. ▶

II. Erarbeitung 25'	FLZ 1–7	L teilt **Tandembögen** AB 1/2 A/B aus und erklärt den Arbeitsauftrag. S lesen, markieren und machen sich Notizen für das Partnerreferat. S verschaffen sich einen Überblick über die Fragen des Partnerbogens auf der Rückseite.	AB 1 A/B gelb (Rückseite AB 2 Partnerbogen A/B) EA ▸ PA
5'		A trägt Partnerreferat vor. B notiert Antworten auf dem Partnerbogen.	
5'		B trägt Partnerreferat vor. A notiert Antworten auf dem Partnerbogen.	
5'		A und B füllen gemeinsam das Glossar aus.	
5' **Sicherung**		A und B tauschen AB und kontrollieren sich gegenseitig. Ein S überträgt Glossar auf einen AT und stellt dieses der Klasse vor. Zwei S tragen mit Hilfe von Tafelschildern die Kernaussagen der jüdischen Speisegesetze vor.	AT 2 1 S frontal Tafelschilder, Magnete 2 S frontal

PÜ: Die Einhaltung der jüdischen Speisegesetze wirkt auf Sie zunächst kompliziert. Im nächsten Schritt wenden wir uns den christlichen Speisevorschriften zu, die bei Jesus, der ja Jude war, beginnen …

III. Erarbeitung 5' **Sicherung**	FLZ 8	L legt AT 3 auf und bittet 1 S vorzulesen. L: „Was bedeutet dies hinsichtlich der christlichen Speisegesetze?" L teilt IB 1 aus.	AT 3 LSG fragend-entwickelnd IB 1 grün (=AT 3)

PÜ: Wir schreiten in der Zeit voran. Ca. 600 Jahre n. Chr. entsteht der Islam und damit die muslimischen Speisegesetze, deren Grundlagen Sie sich jetzt in Gruppen erarbeiten werden.

IV. Erarbeitung		L teilt S in 4 Gruppen ein, verteilt AB 3 und erklärt den Arbeitsauftrag, S lesen	AB 3 orange
10'	FLZ 9 −11	AB und **sortieren die Lebensmittel** mit Hilfe der Zutatenliste von dem Tablett des Christentums auf das Tablett des Islams. Leistungsstarke Gruppen	EA ▸ GA 8 Tabletts 4 Sets Christentum 4 Sets Islam
Sicherung		erhalten die Zusatzaufgabe, entsprechende Lebensmittel für ein Tablett des Judentums auszuwählen.	4 Sets Judentum diverse Lebensmittel
Zusammenfassung 10'		Vier S-Gruppen stellen begründet ihre Auswahl vor, Mitschüler kommentieren bzw. korrigieren.	

Abschluss: Sie haben heute gut und konzentriert gearbeitet, daher auch ein kleiner Dank vom „Nikolaus", dessen typische Gaben Sie sich von den Tabletts herunternehmen dürfen.

3.3 Dritte Unterrichtseinheit: Das Büfett der Begegnung

Phase/Didaktische Funktion/Zeit	Fein-lernziel	Unterrichtsorganisation	Arbeitsweisen/ Medien
I. Einstieg		S sitzen gemäß Sitzordnung im Klassenraum.	AT 1
S-Information Motivation 5'		Begrüßung, Information über den Stundenverlauf	Tafelschilder Roter Faden/Magnete

PÜ: Um Rezepte für das Büfett der Begegnung auswählen zu können, werden Sie sich zunächst verdeutlichen, was die drei Religionen hinsichtlich der Speisevorschriften gemeinsam haben und was sie trennt.

II. Erarbeitung		L legt AT 2 auf, 1 S liest den Arbeitsauftrag vor.	AT 2
10'		Je 2 S erhalten das DIN-A3-Blatt mit dem „**Trialog-Kreis**" und je einen Umschlag mit Aussagen zu den	AB Trialog-Kreis DIN A3
	FLZ 1	Speisevorschriften. S ordnen zu.	

Sicherung 10'	FLZ 2	L verteilt die vergrößerten Aussagen an einzelne S in der Klasse. Diese müssen nach vorne kommen und entsprechend ihren Lösungsvorschlag vorstellen und begründen. L verteilt Lösungsblatt.	Je Paar 1 Umschlag mit 10 Satzkarten / PA Pinnwand „Trialog-Kreis", 1x großes Satzpuzzle S-frontal/ Lösungsblatt
Vertiefung 5'	FLZ 3	L: Welchen Speisevorschriften widersprechen diese Lebensmittel? Warum?	Realien: Emmentaler Käse, fettreduzierte Margarine, Gummibär-chen, Bolognese-Fertigprodukt, LSG/ fragend-entwickelnd

PÜ: Der „Trialog-Kreis" kann Ihnen jetzt bei der Auswahl der Rezepte für das Büfett der Begeg-nung eine Hilfe sein. Doch zunächst müssen wir „den Tisch" für unser Büfett eindecken.

III. Erarbeitung		Vier S befestigen die Papierrolle an der Tafel.	Zeichenpapier, Magnete
S-Motivation 5'		L erläutert die Einteilung des Büfetts. L legt die Rezeptfolien auf dem Lehrertisch aus. L: „Suchen Sie sich ein Rezept heraus." L teilt das AB 1 **„Trialog-Rezept-Check"** aus und erklärt den Arbeitsauftrag. S	LV, Tafelschilder, 36 Rezeptfolien DIN A4 (vorne Abbildung, hinten Beschreibung)
15'	FLZ 4	lesen Rezept und beantworten das AB 1. L verteilt die restlichen Rezepte und dazu entsprechendes AB in der Klasse an leistungsstarke S.	AB 1 EA
		L teilt die Klasse durch Rollenkarten in 4 5er Gruppen. S lesen ihre „Persönlich-keitsbeschreibung" und gehen in die Gruppe 1–4. **S-Diskussion**:	Rollenkarten GA S-Diskussion

▶ 15'		S stellen sich untereinander ihre Rezepte vor, diskutieren gemäß ihrer Rolle und	
Sicherung		entscheiden, welche Speisen auf das Büfett sollen.	
Präsentation		Die Gruppen stellen ihre Auswahl ihren	Magnete
15'		Mitschülern begründet vor und befestigen die geeigneten Rezepte	
	FLZ 5	entsprechend an der Tafel.	
		L stellt die Einkaufsführer für das	L frontal
Vertiefung		Judentum und den Islam vor.	2 Fachbücher
5'			

PÜ: Auch wenn es dem einen oder anderen schwer fällt, auf Fleisch zu verzichten, haben Sie durch diesen Verzicht die Basis für das gemeinsame Büfett geschaffen. Jetzt können Ihre Gäste kommen …

IV. Zusammen-fassung, Anwendung		L nimmt einzelne Porträts und Sprechblasen von der Fotowand. S	Pinnwand Fotos mit Sprechbla-
5'		erkennen an der Rückseite, ob eine	sen (vgl. 1. Block)
		jüdische, christliche, muslimische Person abgebildet ist. S überprüfen die	
		vermuteten Speisevorlieben, die sie am	Magnete
		Anfang der Unterrichtsreihe geäußert hatten, auf ihre Wahrscheinlichkeit und stellen fest, ob die Person unter Berücksichtigung der religiösen Speisegesetze vom Büfett der Begegnung essen kann.	

PÜ: Ich glaube, die Gäste des Mehrgenerationenhauses können mit Ihnen sehr zufrieden sein.

4. Analyse der Unterrichtsreihe durch die Lehrkraft

4.1 Analyse der ersten Unterrichtseinheit

Gibt es bei der Lerngruppe Verständnis für religiöse Einflüsse auf die Esskultur?

Zunächst wurden die Schüler mit der in einer fiktiven Situation mit Berufsbezug angesiedelten Unterrichtsreihe mit dem Stellenangebot eines zu gründenden Mehrgenerationenhauses[7] bekannt gemacht. Die Tatsache, dass zu der Einrichtung eines Mehrgenerationenhauses die Schüler ihr im Fach Betreuung kurz zuvor erworbenes Wissen einbringen konnten, weckte bei der Mehrzahl der Schüler Interesse. Es standen die Fragen im Raum, ob es das wirklich gäbe, ob darin eine berufliche Perspektive für sie als angehende Hauswirtschafter liegen könnte und welche Anforderungen zu erfüllen seien. Diesbezüglich sind auf dem Arbeitstransparent im Stellenangebot gleichwertig nebeneinander Fachkenntnisse, Teamfähigkeit und interkulturelle Kompetenz angeführt.

In diesem Block konnte ich als Lehrerin beobachten, wie die Schüler insbesondere durch die Kommunikation an der Fotowand und durch die Bilder des Dominospiels einen persönlichen Eindruck und ein erstes Verständnis von den unterschiedlichen religiösen Einflüssen auf die Speisenauswahl erhalten haben. Dieses wurde durch die abschließende Auswertung der Feedback-Bögen bestätigt.

4.2 Analyse der zweiten Unterrichtseinheit

Verstehen die Schüler die Speisegesetze der Religionen?

Das zum Einstieg verwendete Arbeitstransparent löste eine erste Diskussion darüber in der Klasse aus, was denn interkulturelles Handeln in einem von Christen, Muslimen und Juden zu besuchenden Café eines Mehrgenerationenhauses beinhalten könnte. Während eine Schülerin behauptete, dass sie bei der Speisezubereitung keine Rücksicht auf kulturelle Unterschiede nehme, äußerte sich eine andere, dass sie sich über die Unterschiede informieren und „von jedem etwas anbieten würde, damit alle sich bedienen und voneinander probieren können." Einige Schüler merkten an, dass es auch aus ökonomischen Gesichtspunkten sinnvoll sein könnte, sich hinsichtlich kultureller Unterschiede in der Nahrungszubereitung zu informieren, um möglichst viele Gäste bewirten zu können. Es wurde angeregt, dass man persönlich bei den Gästen und Angehörigen einer Religion nachfragen oder sich auch im Internet informieren könnte.

Die Erkenntnis, dass es keine christlichen Speisevorschriften gibt, überraschte einige Schüler und ermöglichte zugleich einen zügigen Fortschritt des Unterrichtsprozesses in Richtung Thematisierung der Speisegesetze des Islams.

Abschließend wurde rege im Klassengespräch diskutiert. Eine Schülerin bemerkte überrascht: „Ein Jude kann nicht mein Gast sein, weil ich kein Jude bin!" Hierin lag

---

[7] In Absprache mit der Kollegin, die in der Klasse das Fach Betreuung unterrichtet, hatten die Schüler zuvor Gelegenheit, sich im Internet über die Initiative des Bundesfamilienministeriums zur Förderung von Mehrgenerationenhäusern zu informieren.

ein gewisses Bedauern, und es wurde im Gespräch nach Lösungsmöglichkeiten gesucht, um gläubige Juden zu verpflegen. Eine Schülerin machte den Vorschlag, einen gläubigen Juden zu bitten, beim Kochen mitzuwirken und zum Beispiel den Ofen anzustellen.

Aus diesen Äußerungen lese ich eine hohe Motivation der Schüler heraus, die für die Lerngruppe nicht einfach zu verstehenden religiösen Speisegesetze zu respektieren und mit Hilfe ihrer Kenntnisse nach fachbezogenen Lösungen für die Verpflegung zu suchen.

4.3 Analyse der dritten Unterrichtseinheit

Verständigen sich die Schüler über ein interkulturelles Büfett der Begegnung?

Die Schüler wurden mit der Situation vertraut gemacht, dass sie im Mehrgenerationenhaus ein Büfett gestalten sollten, von denen gemeinschaftlich jüdische, christliche und muslimische Gläubige speisen können. Diese Situationsbeschreibung erlebten die Schüler auf der Grundlage ihrer zuvor erworbenen Kenntnisse als Dilemma. Zunächst aktivierten sie ihre Vorkenntnisse und ordneten konzentriert und zügig, aber oftmals fehlerhaft in Partnerarbeit die Satzkarten im Trialogkreis ein.

Bei der Ergebnissicherung des Trialog-Kreises traten trotz Unterstützung durch die Lehrerin z. T. einige Probleme hinsichtlich des Verstehens der Begrifflichkeiten zu Tage. Deren Klärung im Klassengespräch verlief einerseits inhaltlich förderlich, andererseits aber zu impulsiv durcheinander und z. T. im Ton respektlos. Eine Schülerin bemerkte erfreulicherweise, dass es gilt, „persönlichen Ekel" oder die „Einhaltung religiöser Speisegesetze zu unterscheiden". Eine Gruppe schlug vor, das Büfett vegetarisch zu gestalten. Von anderen wurde ergänzt, dass zumindest Fisch zulässig sei. Als positiv im Sinne eines flexiblen Umgangs mit kulturellen Regeln und geschmacklichen Variationen möchte ich auch Vorschläge von Schülern zur Umgestaltung von Rezepten (z. B. Verzicht auf Rotwein, Apfelessig statt Weinessig, Tiramisu oder Mousse au chocolat ohne Alkohol) anführen. Die vorletzte Gruppe wollte erneut ein Fleischgericht einfügen, fand dafür aber nicht die Zustimmung der Mehrheit der Mitschüler. Nach intensiven Diskussionen gelang es der Klasse, sich insgesamt auf eine gemeinsame Lösung für ein interkulturelles Büfett unter der bestmöglichen Berücksichtigung der religiösen Speisegesetze zu verständigen. Insofern zeigten die Schüler Respekt vor den Gläubigen der drei Religionen, was ich als bedeutsamen Schritt im Sinne des interkulturellen Lernens ansehen möchte.

4.4 Weiterführende Reflexion

Die fachlichen Lernziele der Unterrichtsreihe waren im Anschluss Bestandteil der Klassenarbeit. Ich konnte feststellen, dass die Ergebnisse der Leistungsüberprüfung bezüglich der Unterschiede und Gemeinsamkeiten der Speisegesetze im Trialog-Kreis im oberen befriedigenden Bereich wiedergegeben wurden. Ebenso ergaben die Erläuterungen der jüdischen Speisegesetze und die Anwendung ihrer Kenntnisse für eine Rezeptauswahl befriedigende Ergebnisse. Dieses erscheint zwar nicht wirklich

„gut", aber besser als das ansonsten realisierte Leistungsniveau im Durchschnitt dieser Klasse.

Im weiteren Verlauf des Projektunterrichtes arbeiteten die Schüler an den Aufgabenstellungen weitgehend interessiert und motiviert. Insbesondere die Betriebserkundungen und die Expertenbefragungen in den Senioreneinrichtungen der drei Religionen in Kleingruppen wurde von den Schülern sehr gewissenhaft vorbereitet, durchgeführt und dokumentiert. Auch zeigte sich die Mehrzahl der Schüler während der Besichtigungen der Gotteshäuser sehr interessiert und um ein respektvolles Verhalten bemüht.

Eine entsprechend positive Resonanz, insbesondere auf die außerschulischen Veranstaltungen bezogen, ist auch aus der Evaluationsbefragung der Projektklassen herauszulesen. Hinsichtlich der Akzeptanz der Angehörigen der drei Glaubensrichtungen äußerten sich ca. 72 % der befragten Schüler, dass sie Juden jetzt besser akzeptieren können, ca. 84 % gaben dies bezüglich der Christen an und 69 % bezüglich der Muslime. Demgemäß antworten immerhin ca. 53 % der befragten Schüler, dass das Projekt „Trialog der Kulturen" sie fit im Umgang mit Menschen anderer Kulturen für den Berufseinstieg in der Hauswirtschaft gemacht habe.

5. Zusammenfassung und Ausblick

Die vorliegende Arbeit zeigt, dass die Einbindung von kulturellem Wissen in Bezug auf spezielle Kenntnisse über die Speisegesetze der drei monotheistischen Religionen einen möglichen Weg des interkulturellen Lernens in der Berufsbildung im Bereich der Hauswirtschaft eröffnen kann. Im Verlauf der so konzipierten und demgemäß reflektierten Unterrichtsreihe durchlaufen die Schüler die drei Prozessebenen des interkulturellen Lernens: das Verständnis für religiös bedingte kulturelle Unterschiede, das Verstehen der entsprechenden Sachzusammenhänge und die Verständigung im Sinne einer interkulturellen Konsensbildung.

Sie konnten ein grundlegendes Verständnis für die Bedeutsamkeit von interkultureller Kompetenz im Berufsfeld Hauswirtschaft aufbauen. Trotz eines nicht konfliktfreien Verhaltens in der Klasse zeigt die Reflexion der Unterrichtsreihe und des weiteren Projektunterrichtes, dass sich insgesamt die Team- und Dialogfähigkeit und damit die Fähigkeit zur Empathie und des Respektempfindens in der Lerngruppe verbessert hat. Die engen Theorie-Praxisbezüge, die Anschaulichkeit der Medien und der Einsatz von kommunikationsfördernden Methoden fanden hierfür eine hervorgehobene positive Wirksamkeit.

Insgesamt kann ich auch für mich sagen, dass ich während des Projektes Lehrende und Lernende in einer Person war und mit meinen Lerngruppen gerne interkulturell dazugelernt habe und persönlich mit ihnen gemeinsam Fremdheit gegenüber jeweils anderen Kulturen abbauen konnte. So möchte ich angesichts des didaktischen Schwerpunkts meiner Arbeit mit den Worten schließen: „Wir sind auf dem Weg, aber nicht am Ziel […]".

Silvia Agde-Becke/Jürgen Stein

„Was glaubst Du denn?" – Schulen im Trialog
Eine kollegiumsinterne Fortbildungsreihe

1. Vorbereitung des Kollegiums auf die Teilnahme am Trialog-Schulenwettbewerb

Die Teilnahme des Georg-Büchner-Gymnasiums in Bad Vilbel am „Trialog-Schulen-wettbewerb" war in besonderer Weise darauf ausgerichtet, die gesamte Schulgemeinde mit der interkulturellen Thematik in Berührung zu bringen. Im Hinblick auf die Schülerschaft wurde dazu bereits vor der Bewerbung eine Fragebogenaktion durchgeführt, an der etwa zwei Drittel aller Schüler teilnahmen und die eine grundsätzliche Offenheit innerhalb der Schülerschaft für das Projektvorhaben zeigte. Daraufhin wurde das Projekt in einer Gesamtkonferenz vorgestellt, bei der sich von ca. 80 Kollegen nur fünf gegen eine Bewerbung aussprachen, während etwa zwei Drittel des Kollegiums eine solche Bewerbung ausdrücklich befürworteten. Zudem konnte sich die Hälfte des Kollegiums spontan vorstellen, sich aktiv für das Projekt zu engagieren. Nach diesem Vorlauf entschied sich das Team der Projektverantwortlichen für eine Bewerbung, da das zentrale Ziel der Breitenwirkung aufgrund der positiven Resonanz realistisch erschien.

Nach der Auswahl der Schule zur Teilnahme an dem Wettbewerb durch die Herbert Quandt-Stiftung stellte sich die Aufgabe, das Gesamtkollegium inhaltlich auf das Trialog-Thema vorzubereiten. Dies war deshalb notwendig, weil sich neben der Behandlung des Themas im Deutschunterricht (s. dazu S. 223 f.) auch die Projekttage der Schule, zu denen jeder Kollege einen aktiven Beitrag leisten muss, dem Trialog widmen sollten. Abgesehen von dieser konkreten Notwendigkeit hielten wir es auch für wichtig, Gesprächsanlässe für interkulturelle Fragestellungen zu schaffen.

Um dem Gedanken des Trialogs möglichst gerecht werden zu können, entstand die Idee einer dreiteiligen kollegiumsinternen Fortbildungsreihe, die in die Gotteshäuser von Islam, Judentum und Christentum führen sollte. Wichtig war uns dabei die lokale Anbindung dieser Exkursionen. Dies hatte nicht nur organisatorische Gründe, wie die Vermeidung von Fahrtkosten oder die Nutzung bereits bestehender Kontakte, sondern es sollte damit auch die Möglichkeit geschaffen werden, die besuchten Orte im Rahmen von Unterrichtsgängen oder außerunterrichtlichen Aktivitäten nutzbar machen zu können.

Im Hinblick auf den Islam fiel dabei die Auswahl nicht schwer. In Bad Vilbel existiert eine einzige Moschee, die in Trägerschaft eines Kulturvereins dem Dachverband türkisch-islamische Union der Anstalt für Religion e.V. (DITIB) angehört. Diese Moschee hat sich von Beginn an für die interessierte Öffentlichkeit immer offen gezeigt, so dass unter anderem auch Religions- und Ethikkurse unserer Schule des Öfteren Unterrichtsgänge zu dieser Moschee unternahmen und immer fachkundig über die Besonderheiten des Islams und dieser Gebetsstätte aufgeklärt wurden. So entschieden wir uns, diesen bereits „etablierten" Ort an den Anfang unserer Fortbildungsreihe zu stellen. Von dem überwältigenden Interesse innerhalb des Kollegiums waren wir dann selbst überrascht. Etwa 45 Kollegen und damit mehr als die Hälfte des Kollegiums nahmen diese Fortbildungsmöglichkeit wahr. Der Vorsitzende des Kulturvereins, Hakan Cicek, hatte unseren Besuch sehr gründlich organisiert. Da er sich nach eigenen Angaben nicht als Spezialist in religiösen Fragen sieht, hatte er sich noch theologische Unterstützung durch Mehmet Soyhun geholt, der zu dieser Zeit Mitarbeiter am Lehrstuhl für islamische Theologie an der Universität Frankfurt und auf Grund seines Wohnsitzes in Bad Vilbel Mitglied der türkischen Gemeinde war. So führten uns die beiden in gelungener Teamarbeit sowohl in die religiöse Praxis des Islams als auch in das Gemeindeleben in Bad Vilbel ein. Auch der Hodscha der Gemeinde war zeitweise anwesend, der aufgrund seiner geringen Deutschkenntnisse zwar weniger als Gesprächspartner zur Verfügung stand, jedoch sehr eindrucksvoll einen Gebetsruf vorführen konnte. Zum Abschluss der Exkursion waren wir gegen einen geringen Kostenbeitrag zudem noch zum Essen im der Moschee angeschlossenen Restaurant eingeladen, wo sich sowohl die Möglichkeit zu einem ersten Austausch unter den anwesenden Kollegen als auch zu weiteren Gesprächen mit den anwesenden Moscheevertretern ergab. Eingeladen zu dem Moscheebesuch hatten wir auch Vertreter der lokalen Presse, so dass in der Folge drei Artikel erschienen, die nicht nur diese Veranstaltung, sondern die Wettbewerbsteilnahme der Schule insgesamt thematisierten, wodurch die Fortbildung auch den Auftakt zu unserer intensiven Öffentlichkeitsarbeit bildete.

Die Resonanz auf den Moscheebesuch war erstaunlich. So wurde den nicht anwesenden Kollegen ausführlich und in der Regel positiv von dem Besuch berichtet. Es gab darüber hinaus auch einige kritische Stimmen. So gestand zum Beispiel ein Kollege aus dem Bereich der Naturwissenschaften zwar zu, dass die in der Moschee gehörten Ausführungen durchaus eine innere Logik besessen hätten, er fand aber, dass man diese religiösen Mythen als vernünftig denkender Mensch doch nicht ernst nehmen könne. Ein anderer Kollege erinnerte sich aufgrund des Moscheebesuchs daran, dass er und seine Frau vor vielen Jahren einmal eine muslimische Schülerin für einige Tage bei sich aufgenommen hatten, da die Gefahr bestand, dass sie in ihre Heimat geschickt und dort verheiratet werden sollte. Für uns waren zunächst einmal aber weniger die Inhalte und die Qualität solcher Äußerungen interessant, als vielmehr die Tatsache, dass sich unsere Hoffnung auf die Schaffung von Gesprächsanlässen erfüllt hatte. Darüber hinaus war auch unsere zweite Hoffnung, dass sich solche Kontakte als nützlich für die Arbeit mit den Schülern erweisen könnten, berechtigt. So eröffnete unser Besuch in der Moschee einem Musiklehrer der Schule letztlich die Möglichkeit, einen Muezzin in eine Aufführung von „The Armed Man" mit einzubeziehen. Zudem wurde die Moschee in den Projekttagen von zwei Projektgruppen besucht, die gewohnt freundlich empfangen und umfassend informiert wurden.

2. Besuch einer Synagoge

Für den zweiten Teil der Fortbildungsreihe war der Besuch einer Synagoge vorgesehen. Hier war die Frage der Anlaufstelle schon wesentlich schwieriger zu beantworten, da Bad Vilbel zwar eine kleine jüdische Gemeinde besitzt, jedoch keine Synagoge, da diese am 10. November 1938 verwüstet und ab da einer anderen Nutzung zugeführt wurde. Die jüdische Gemeinde Bad Vilbels besucht daher die Synagogen in Bad Nauheim und Frankfurt.

Da für die große Frankfurter Westendsynagoge die Besichtigungstermine bereits Monate im Voraus ausgebucht sind und Bad Nauheim schon ein ganzes Stück von Bad Vilbel entfernt liegt, entschieden wir uns für eine reizvolle Alternative im Frankfurter Stadtteil Seckbach, der nur fünf Kilometer von Bad Vilbel entfernt liegt und somit auch unserem Kriterium der Ortsnähe am besten entsprach. Die Synagoge gehört zu einem Seniorenheim der jüdischen Henry und Emma-Budge-Stiftung. Gemäß der Stiftungsabsicht leben dort Juden und Christen in einem Bereich des betreuten Wohnens und der Pflege unter einem Dach. Die Bewohner haben sich bewusst für das Heim entschieden, so dass dort viele interessante Menschen, darunter zahlreiche Betroffene der Schoah und auch Angehörige des Widerstands, leben, um in Würde ihren letzten Lebensabschnitt verbringen zu können. Zu den Themen des vielfältigen Angebots der Stiftung gehört auch die Aufarbeitung des in der Vergangenheit Geschehenen. So war zum Beispiel zur Zeit unseres Besuchs eine Ausstellung mit dem Titel „Dead Line – Orte der Opfer, Orte der Täter" zu sehen.

Unsere Fortbildung, an der wieder über 30 Kollegen teilnahmen, begann in der Kapelle des Hauses mit einer Einführung in die Geschichte und die allgemeine Situation der Einrichtung durch den Direktor Heinz Rauber. Hier erfuhren wir zahlreiche interessante Details zu den Besonderheiten des Hauses, die das Zusammenleben von Juden und Christen mit sich bringt. So verfügt das Seniorenheim zum Beispiel über drei Küchen, da neben der nichtkoscheren Abteilung die streng koschere Küche noch einmal in eine Milch- und eine Fleischküche unterteilt werden muss.

Das Seniorenheim verfügt zudem über einen eigenen Rabbiner, Andrew Steiman, der unsere Gruppe dann übernahm und von der Kapelle in die Synagoge führte. Er vertiefte die Darstellung des gelebten jüdischen Glaubens in Deutschland und stand für vielerlei Fragen zur Verfügung. So zeigte er zum Beispiel die prächtigen Tora-Rollen der Synagoge und informierte über die Bedeutung, die die Tora im jüdischen Gottesdienst hat. Er führte aus, dass in jedem Sabbat-Gottesdienst die Tora in einer feierlichen Prozession aus dem Tora-Schrein geholt und auf das Lesepult gelegt wird, wo jeweils von aufgerufenen Gemeindemitgliedern ein Wochenabschnitt gelesen wird. Der Rabbiner betonte dabei, dass jüdischen Kindern eingeschärft wird, ja nicht ihre Eltern und Lehrer zu blamieren, wenn sie aus Anlass ihrer Bar Mizwa – etwa der Konfirmation vergleichbar – zum ersten Mal zum Lesen aufgerufen werden. Auf dieses Bemühen, Lesen in einer so fremden Sprache wie dem Hebräischen zu lernen sowie das damit einhergehende Bildungsideal, führte es der Rabbi auch zurück, dass besonders viele Menschen jüdischen Glaubens als wichtige Denker der Natur- und Geisteswissenschaften zu Ruhm gelangt sind. Für die meisten Kollegen waren diese Ausführungen weitgehend neu, da sie zum ersten Mal ein jüdisches Gotteshaus betraten.

Diesmal entschieden wir uns dafür, keine Pressevertreter einzuladen, um den Kollegen durch die etwas intimere Atmosphäre die Gelegenheit zu geben, auch heiklere Fragen anzusprechen. Um die Öffentlichkeitsarbeit gleichwohl auch an dieser Stelle fortzusetzen, verfassten wir selbst einen Presseartikel mit Bildmaterial, der dann auch von zwei Zeitungen übernommen wurde.

Die wichtigste Folgewirkung dieser Fortbildung bestand jedoch darin, dass dadurch ein neuer Kontakt zu einer für den Bildungsauftrag der Schule bedeutsamen Institution entstand. So lud uns Rabbiner Steiman einige Wochen nach dem Besuch in seinem Haus zur Gedenkstunde am 27. Januar (Holocaust-Gedenktag) sowie zu einem Synagogengottesdienst zum Sabbat-Auftakt ein. Während der Projekttage besuchte eine Schülergruppe die Budge-Stiftung und interviewte Überlebende des Holocausts. Rabbiner Steiman übernahm zusätzlich eine Beratungstätigkeit für das Musicalprojekt „Anatevka", das ebenfalls im Rahmen des Schulenwettbewerbs mit großem Erfolg aufgeführt wurde. Schließlich gelang es sogar, eine Aufführung des Musicals im Seniorenheim für die Bewohner zu organisieren. Sowohl von Seiten der Schule wie der Budge-Stiftung besteht die feste Absicht zu einer weiteren Zusammenarbeit, etwa durch weitere Schüleraufführungen oder Zeitzeugenbefragungen.

3. Besuch einer christlichen Kirche

Den dritten und letzten Teil unserer kollegiumsinternen Fortbildungsreihe planten wir für die Weihnachtszeit in einer christlichen Kirche. Dazu erwogen wir mehrere Möglichkeiten. Eine Idee war, eine in Bad Vilbel ansässige syrisch-orthodoxe Gemeinde aufzusuchen, um den Kollegen die Möglichkeit zur Beschäftigung mit einer weniger vertrauten Form des Christentums zu geben. Allerdings besitzt diese Gemeinde keinen eigenen Kirchenraum, so dass wir von dieser Idee wieder Abstand nahmen. Die zweite Idee bestand darin, sowohl ein protestantisches wie ein katholisches Gotteshaus aufzusuchen. Auch dies scheiterte, da wir aufgrund von Schwierigkeiten bei der Terminkoordination keine Möglichkeit fanden, beide Kirchen an einem Nachmittag aufzusuchen. So beschränkten wir uns auf eine Kirchenführung durch die in den 60er-Jahren gebaute protestantische Christus-Kirche in Bad Vilbel, in deren interessante Symbolik uns Marlene Schröder-Greim, die Frau eines Kollegen, sehr fachkundig einführte. So erfuhren wir zum Beispiel, dass die Kirche in ihrer sechseckigen Grundform einen Davidsstern symbolisieren soll oder dass die unverputzten Backsteine für die einzelnen Mitglieder der Gemeinde stehen, die sich zur Gesamtheit des Kirchengebäudes und damit zum lebendigen Tempel Gottes zusammenfügen.

Auffällig war, dass diese Fortbildung die mit Abstand geringste Resonanz hatte, es waren nur etwa zwölf Personen anwesend. Auf Nachfrage bei einigen Kollegen, die die ersten beiden Veranstaltungen wahrgenommen hatten, wurde die Nichtteilnahme mit der hohen Arbeitsbelastung kurz vor den Weihnachtsferien erklärt. So wäre sicherlich der Termin zu überdenken. Allerdings können wir auch nicht ausschließen, dass der Besuch einer Kirche einfach deshalb auf ein geringeres Interesse stieß, weil die Kollegen hier im geringeren Maß damit rechneten, für sie neue Erfahrungen machen zu können. Auch wenn diese vermutete geringe Erwartungshaltung gerade in Anbetracht unserer Wahl einer auf Grund der reichhaltigen Symbolik theologisch sehr reizvollen Kirche sicherlich ungerechtfertigt wäre, so müsste ihr bei zukünftigen Planungen doch Rechnung getragen werden.

Insgesamt waren wir mit den Teilnehmerzahlen und den Rückmeldungen zu dieser Fortbildungsreihe sehr zufrieden. Die Teilnehmerzahl mag an unserer Schule auch deshalb sehr hoch gewesen sein, weil es in Hessen seit einigen Jahren eine Verpflichtung für Lehrer zur Wahrnehmung von Fortbildungsveranstaltungen gibt, die durch ein Portfolio dokumentiert werden müssen. Dem liegt ein Punktesystem zugrunde, das jeder Veranstaltung je nach Art und Umfang eine bestimmte Wertigkeit zuweist. Damit eine Fortbildungsveranstaltung für das Portfolio anerkannt wird, muss sie akkreditiert sein. Eine solche Akkreditierung beantragten wir erfolgreich für jede dieser Fortbildungen. Die Durchführung einer akkreditierten Fortbildung macht auch eine – allerdings stark formalisierte – Evaluation notwendig, aus der wir eine grundsätzliche Zufriedenheit mit den Angeboten herauslesen konnten. Geplant ist, die Reihe auch über die Wettbewerbsteilnahme hinaus in loser Folge fortzusetzen, zum Beispiel durch den Besuch eines großen buddhistischen Zentrums in Frankfurt.

Da diese Fortbildungsreihe auf Freiwilligkeit beruhte, im Hinblick auf die Projekttage jedoch ein Engagement aller Kollegen notwendig war, entschieden wir uns darüber hinaus zur Durchführung eines so genannten „Trialogtags", der in den Rang einer Dienstversammlung gehoben wurde, so dass das gesamte Kollegium zur Teilnahme verpflichtet war. Der Unterricht schloss an diesem Tag für die Schüler nach der vierten Stunde. Zur inhaltlichen Einstimmung auf die Thematik hielt zunächst Klaus Reder, Professor am Lehrstuhl für Europäische Ethnologie der Universität Würzburg sowie Mitglied der katholischen Laiengemeinschaft Sant'Egidio, einen Vortrag zum Thema *Gelebte Diakonie der Religionen*. Er schilderte dabei, wie sich seine Laiengemeinschaft in Krisengebieten für den Frieden engagiert und welche Rolle dabei Religion sowohl in negativer wie in positiver Hinsicht spielen kann. Das sich anschließende gemeinsame Mittagessen diente dem Ziel, einen informellen Austausch innerhalb des Kollegiums zu fördern sowie zu zeigen, dass das Projektvorhaben nicht nur mit Arbeit verbunden sein sollte. Am Nachmittag stand dann die Vorbereitung der Projekttage im Mittelpunkt. Dadurch sollte explizit die Möglichkeit gefördert werden, Lehrerteams zur Vorbereitung inhaltsgleicher Projekte zu bilden, eine erste Materialsichtung vorzunehmen sowie Projektbeschreibungen anzufertigen. Zudem stellten externe Projektleiter, die insbesondere aus der Elternschaft der Schule kamen, ihre Projektideen vor.

Das Angebot wurde sehr gut angenommen. Es zielte vor allem auf die Kollegen, die dem Trialog-Projekt skeptisch gegenüberstanden und in großer Sorge waren, thematisch nichts zu den Projekttagen beitragen zu können. Normalerweise stehen die im zweijährigen Rhythmus durchgeführten Projekttage zwar ebenfalls unter einem bestimmten Motto, dieses wurde aber immer so weit gefasst (zum Beispiel *Unsere Schule in 20 Jahren*) und so großzügig ausgelegt, dass es praktisch kaum inhaltliche Beschränkungen gab. Nun musste aber zum ersten Mal verbindlich ein Projekt aus dem Bereich des interkulturellen Lernens angeboten werden. Die Möglichkeit zur Zusammenarbeit mit anderen Kollegen in einem Vorbereitungsteam sowie auch zur Beschränkung auf eine Aufsichtsführung bei einem Projekt externer Projektleiter oder bei einem von Oberstufenschülern angebotenen Projekt führten dazu, dass die Akzeptanz von Projekttagen zu diesem Thema am Ende doch sehr groß war und wir uns über 65 größtenteils sehr gelungene Projekte freuen konnten, in denen fast 1500 Schüler drei Tage lang arbeiteten, um ihre Ergebnisse dann im Rahmen eines großen „Fests der Kulturen" der Schulgemeinde sowie der interessierten Öffentlichkeit zu präsentieren.

Insgesamt lässt sich festhalten, dass unsere Angebote im Bereich der interreligiösen und interkulturellen Lehrerfortbildung zweierlei gezeigt haben: Zum einen besteht für die Lehrerschaft eine große Notwendigkeit für solche Fortbildungen. Das Wissen der Kollegen nicht nur über theologische Inhalte, sondern auch über die religiöse Praxis und den Alltag von Angehörigen der abrahamischen Religionen war an vielen Stellen ergänzungsbedürftig. Zum anderen war aber auch eine große Offenheit erkennbar, sich mit diesen Inhalten auseinanderzusetzen, wenn das entsprechende Angebot vorhanden und die Gelegenheit zu kollegialer Zusammenarbeit gegeben war. Damit eröffnet sich ein weiter Bereich für die Lehrerfortbildung, zumal auch hier gilt, dass erst die eigene interreligiöse und interkulturelle Kompetenz des Lehrpersonals den Boden bereiten kann, um sowohl professionell mit der kulturellen Heterogenität der Schüler umgehen als auch Lernprozesse in diesem Bereich anstoßen zu können.

4. Bausteine für die schulische Projektarbeit

Ann-Kathrin Muth

Methodencurriculum für das trialogische Lernen

Im Folgenden werden 26 konkrete Projekte aus den Wettbewerbsbeiträgen der Schulen ausführlich vorgestellt. Sie sind Best-Practice-Beispiele für das interreligiöse und interkulturelle Lernen im Raum von Schule und sollen Lehrern, vor allem aber Schülern als Anregung für eigene Projekte im Sinne des trialogischen Lernens dienen.

Ich habe für diese Publikation Bausteine verfasst, die auf den Informationen der Schulen über ihre Projekte und dem eingereichten Material beruhen. Diese sind als Methodencurriculum angelegt, indem sie der Struktur des aufbauenden Lernens folgen: So finden sich zu Beginn Projekte aus der Grundschule, dann Projekte aus der Sekundarstufe I und II sowie den Berufsbildenden Schulen. Die Projekte sind im Einzelnen:

Projekte für allgemeinbildende Schulen

Für die Grundschule [+ Orientierungsstufe]
▸ Organisation einer Projektwoche zum Thema „Abraham"
▸ Veranstaltung eines Sommerfests des friedlichen Miteinanders
▸ Komposition und Aufführung eines Musicals („So anders bist du gar nicht!")
▸ Erstellung eines Jahreskreises/Kalenders der religiösen Feste
▸ Konstruktion und Bau eines Labyrinths
▸ Bau einer Kugel aus „trialogischen" Dreiecken
▸ Planung und Durchführung eines Buchprojektes

Für die Sekundarstufe I
▸ Entwicklung und Gestaltung einer Internetseite zum Thema „Was glaubst Du denn?"
▸ Planung von Aktionen zu Gedenktagen
▸ Komposition eines Abrahamlieds
▸ Erstellung eines Mosaiks zu den drei Religionen
▸ Zusammenstellung eines „Programmhefts gegen die Langeweile"
▸ Organisation eines Elternstammtischs der Kulturen
▸ Konzeption und Entwicklung von Wasserinstallationen zu den drei monotheistischen Religionen
▸ Untersuchung von Geschichtsbüchern und anderen Publikationen auf Vorurteile
▸ Erstellung eines deutsch-jüdischen Wörterbuches
▸ Planung eines trialogischen Unterrichts im Fach Deutsch in allen Jahrgangsstufen

---

> ▶

Für die Sekundarstufe II

▸ Bau eines „Turms zu Babel"
▸ Erarbeitung und Durchführung eines Bußgottesdienstes
▸ Aufführung eines „Konzertes der Kulturen"
▸ Organisation und Durchführung einer Lessing-Konferenz

Projekte für berufsbildende Schulen

▸ Erstellung eines Kochbuches für koschere und reine Speisen
▸ „Compassion im Trialog"
▸ Entwicklung, Herstellung und Durchführung von Spielen (trialogischer Spieleabend)
▸ Entwicklung und Aufführung eines trialogischen Theaterstücks
▸ Vergleich von Bautechnik bzw. Körperpflege in den drei Religionen

---

1. Organisation einer Projektwoche zum Thema „Abraham"
Durchgeführt von der Brunnenschule, Bad Vilbel

1. *Klassenstufe:* Alle Jahrgangsstufen (Vorklasse bis Jahrgangsstufe 10)
2. *Zeitlicher Umfang:* Projektwoche. Als Vorbereitung für das Kollegium wird eine Fortbildung durchgeführt, außerdem besucht jede Klasse das Bibelmuseum in Frankfurt.
3. *Beteiligte Fächer:* Alle Fächer bzw. Fachvertreter sind beteiligt, da die gesamte Schule die Projektwoche durchführt.
4. *Außerschulische Kooperationspartner:* Bibelmuseum Frankfurt, Johann Wolfgang Goethe-Universität Frankfurt, Gotteshäuser der drei Religionen
5. *Ablauf:* Zur Vorbereitung auf die Projektwoche „Abraham" lässt sich das gesamte Kollegium der Brunnenschule von einem Religionswissenschaftler der Universität Frankfurt weiterbilden. Dieser erläutert aus wissenschaftlicher Sicht die Hintergründe zur Abrahamserzählung. Außerdem werden die Projektvorhaben in der Gesamtkonferenz zu Schuljahresbeginn vorgestellt, so dass alle Lehrkräfte und auch die anwesenden Elternvertreter über die Planung informiert sind. Die Themen der Projektwoche legen die Lehrer vorher fest. Mit einer Wandzeitung und einem ständig aktualisierten Büchertisch im Lehrerzimmer besteht zudem jederzeit die Möglichkeit, sich über das Thema zu informieren.

   Die Schüler besuchen zur Einstimmung das Bibelmuseum in Frankfurt. In der eigentlichen Projektwoche wird dann das Thema „Abraham" auf unterschiedlichste Weise behandelt. Die Vorklassen beschränken sich auf auditive und haptische Aufgaben (der Geschichte von Abraham zuhören und Bilder von ihm und seiner Frau

Sara ausmalen). Die Klassen 3 und 4 setzen die zuvor gehörten Geschichten um Abraham und seine Familie in Wüstenbilder um, die sie z. T. an kompletten Wänden eines Raums künstlerisch gestalten. Zudem besteht die Möglichkeit, sich mit der Zeit und Lebenswelt Abrahams zu beschäftigen, so dass einige Klassenzimmer sich in Nomadenzelte verwandeln und Gäste mit orientalischen Speisen bewirtet werden. In diesem Zusammenhang entstehen zum Thema „Gastfreundschaft" Verhaltensregeln, wie sie wohl zu Abrahams Zeit gegolten haben könnten. Diese werden laminiert und in einem Klassenraum aufgehängt, so dass jeder Besucher dieses Raums weiß, welche Behandlung ihm als Gast hier zusteht. Ein Zelt wird in eine Erzählwerkstatt verwandelt, in der die Schüler eigene Geschichten verfassen. Ebenso wird die Lebensgeschichte von Abraham verarbeitet und in einigen Rollenspielen oder einem Puppenspiel interessierten Zuschauern präsentiert. Doch auch der aktuelle Bezug zur heutigen Zeit kann berücksichtigt werden. So beschäftigen sich andere Schüler mit dem Karikaturenstreit und sind um friedliche Lösungen dieses Konflikts bemüht. In einem Klassenraum wird die Gewalt, die der Streit der Religionen auslösen kann, plastisch dargestellt: Der Raum ist vollständig verwüstet und überall finden sich Hinweise, durch welche Anlässe Gewalt entstehen kann. Doch auch besinnliche Elemente kann eine solche Projektwoche bieten: Auf dem Fußboden eines Klassenzimmers liegt z. B. eine Plane mit den Umrissen eines Labyrinths aus, in dessen Mitte eine Kerze steht. Die Schüler folgen schweigend den Wegen dieses Labyrinths bis sie bei der Kerze angekommen sind, durch die Ruhe entsteht so eine besinnliche Atmosphäre. Zusätzlich werden aber auch kognitive Zugänge geboten, beispielsweise im Anlegen einer Geschichtsleiste, die die Zeit Abrahams darstellt, oder in der Erstellung eines Quiz', das von den Besuchern gelöst werden kann und für das Karteikarten auf der Vorderseite mit Fragen und auf der Rückseite mit den entsprechenden Antworten versehen werden. Das gesamte Projekt wird durch eine 15-köpfige Schülergruppe dokumentiert, die die Ergebnisse schließlich in einer Trialog-Zeitung veröffentlicht.

6. *Bedenkenswertes:* Da die gesamte Schule an der Projektwoche teilnimmt, sollten ausreichende und abwechslungsreiche Themen entwickelt werden, die jeweils auf die Schülerschaft zugeschnitten sind. Die Dokumentation in Form einer Schülerzeitung ist empfehlenswert, da auf die so festgehaltenen Lernergebnisse im Unterrichtsgeschehen immer wieder zurückgegriffen werden kann.

7. *Material:*

Abraham-Quiz

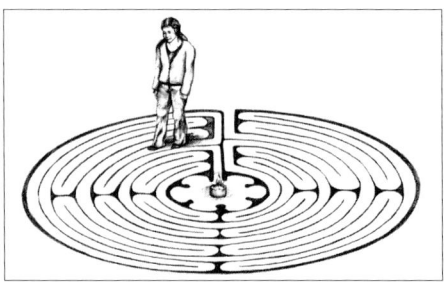

Labyrinth

Gruß

Mahl

2. Veranstaltung eines Sommerfests des friedlichen Miteinanders
Durchgeführt von der Brunnenschule, Bad Vilbel

1. *Klassenstufe:* Alle Jahrgangsstufen (Vorklasse bis Jahrgangsstufe 10)
2. *Zeitlicher Umfang:* Das Sommerfest selbst umfasst zeitlich einen Tag (Aufbau am Morgen, das eigentliche Fest am Abend). Die Vorbereitungen dazu reichen z. T. bis in den Unterricht hinein, während die konkrete Planung (Raumbelegung, Organisation der Kooperationspartner und des Caterings) einige Wochen an Vorlauf erfordert.
3. *Beteiligte Fächer:* Bei einem solchen Fest sind alle Fächer beteiligt. Bedingt durch eine zuvor durchgeführte Auseinandersetzung mit dem Thema des Trialogs, z. B. durch eine Projektwoche, können alle Schüler zum Fest etwas beitragen.
4. *Außerschulische Kooperationspartner:* Musikschule Bad Vilbel, Eltern
5. *Ablauf:* Am Morgen des Festes beteiligen sich alle Schüler beim Aufbau und Schmücken, ebenso gestalten sie auch die abendlichen Programmpunkte selbst. Die Themenauswahl orientiert sich größtenteils an der Projektwoche „Abraham", jedoch ist aufgrund der verkürzten Zeit freilich nicht jedes Projekt vertreten. Das Fest wird dann in den Abendstunden mit jüdischer Klezmer-Musik (Musikgruppe der Musikschule Bad Vilbel) eröffnet. Alle Schüler singen im Anschluss daran das Lied „Wir wünschen Frieden" auf Hebräisch („Hevenu shalom aleicham"). Ein Theaterstück zum Gedicht „Totschlagen" von Erich Fried verdeutlicht, wie aus Langeweile Gewalt entstehen kann. Eine andere Klasse hat sich mit den Psalmen beschäftigt und trägt nun Gedichte vor, die ihre eigenen Gefühle ausdrücken. Zum Abschluss des Bühnenprogramms erhält jeder der Anwesenden einen Luftballon von der Bühnendekoration, an dem ein Zettel mit Friedenswünschen hängt. Die Ballons werden dann auf dem Schulhof in den Himmel entlassen, um den Wunsch nach Frieden in die Welt hinauszutragen. Auf dem Schulhof selbst befinden sich fünf Zelte, die als Ausstellungsraum für Gotteshäuser, Friedensspiele aus der ganzen Welt oder Erzählraum für selbst geschriebene Texte der Schüler genutzt werden. Auch ein Nomadenzelt, das so gestaltet aus der Zeit Abrahams stammen könnte, bietet den Besuchern einen Zugang zum Thema des Trialogs. Ein ernsteres Thema zeigt das letzte Zelt: Hier findet sich eine Ausstellung, die die verschiedenen Vorstellungen zum Tod sowie dem Leben nach dem Tod präsentiert. Dort besteht auch die Möglichkeit, eine Kerze verbunden mit einem Wunsch, einer Bitte oder einer Klage anzuzünden. Für das leibliche Wohl sorgen die Eltern mit einem internationalen Büfett, bei dem jede Speise ein Fähnchen trägt, das das Herkunftsland derselben verrät. Einen inhaltlichen Abschluss erhält die Veranstaltung durch den Verkauf der Trialog-Zeitung, die Schülern ebenso wie Eltern und Besuchern die Ergebnisse der Projektwoche präsentiert.
6. *Bedenkenswertes:* –

7. Material:

Trialog-Zeitung

3. Komposition und Aufführung eines Musicals („So anders bist du gar nicht!")
Durchgeführt in Kooperation der Elbe-Schule, Berlin, und Richard-Wagner-Schule, Berlin

1. *Klassenstufe:* Jahrgangsstufen 5–6
2. *Zeitlicher Umfang:* Dieses Projekt nimmt zeitlich ein gesamtes Schuljahr in Anspruch, da Musik und Texte von den Schülern mit den begleitenden Lehrern selbst stammen.
3. *Beteiligte Fächer:* Deutsch, Geschichte, Religion, Musik, Kunst
4. *Außerschulische Kooperationspartner:* Gotteshäuser bzw. Vertreter von Islam und Christentum (Hodscha, Pastorin), Jüdisches Museum (Berlin), Werkstatt der Kulturen (Berlin), Konservatorium für türkische Musik (Berlin), Musikschule Lichtenberg, Freizeit- und Erholungszentrum Wuhlheide
5. *Ablauf:* Zunächst wird an den zwei Schulen, die dieses Projekt als Kooperation durchführen, jeweils eine Musiktheater AG gegründet, die dann gemeinsam die Aufgabe haben, eine Handlung und damit auch das Thema festzulegen. Die beteiligten Lerngruppen entwickeln dann in einem ersten Schritt einen Forschungsfragen-Katalog, der inhaltliche und methodische Schwerpunkte setzen soll: Was will ich über das Judentum/Christentum/den Islam wissen? Wie soll die Rahmenhandlung aussehen und was für ein Bühnenbild ist dafür erforderlich? In den Fächern Deutsch, Geschichte und Religion werden die von den Schülern formulierten Fragen behandelt, so dass aufgrund des zunehmenden Wissensstandes die Rahmenhandlung des Stückes weiter ausdifferenziert werden kann. Die Musik AGs treffen sich zu regelmäßigen Proben, um die inzwischen von den Lehrkräften komponierten Stücke mit dem Schulorchester einzuüben und die endgültige Handlung des Stückes festzulegen und ebenfalls einzustudieren. Diese Arbeitsphasen werden während einer dreitägigen Probenreise noch intensiviert. Bis kurz vor Aufführungsbeginn finden dabei immer wieder auch ganztägige Proben statt. Die Darstellung auf der Bühne wird noch von einer Videoproduktion unterstützt, die während der Aufführungen gezeigt wird und einen Einblick in die Proben- und zugleich Begegnungsphasen der Lerngruppen bietet.
6. *Bedenkenswertes:* Ein solches Projekt fordert ein hohes Engagement sowohl auf Seiten der Schüler als auch auf Seiten der Betreuenden. Zudem ist eine hohe (besonders musikalische) fachliche Kompetenz Voraussetzung, wenn die Musikstücke selbst geschrieben werden sollen. Zudem müsste die Schule, wenn die Musik live gespielt werden soll, über ein Orchester verfügen, das in der Lage ist, ein solches Projekt zu bewältigen. Zu bedenken ist ebenfalls der enorme zeitliche Aufwand, der auch von der Schule für die Planung des jeweiligen Schuljahres berücksichtigt werden muss. Sind diese Voraussetzungen gegeben, ist dies ein Projekt, das ein hohes Lernpotenzial für Schüler bietet. Natürlich müssen nicht zwei Schulen zusammenarbeiten. In dem Fall sollte aber darüber nachgedacht werden, sich von außenstehender Seite (Musikschule, Theater oder Ähnliches) kompetente Hilfe zu holen.

7. *Material:*

Inhaltsangabe Musical

„So anders bist du gar nicht!"
Ein interkulturelles Musical

Wie der Titel des Stückes bereits verrät, geht es um die Erkenntnis, dass die drei monotheistischen Religionen mehr gemeinsam haben als viele Menschen denken. So beginnt das Stück mit der Suche eines christlichen Mädchens nach einem Andenken an ihre Tante: ein Kreuzanhänger. Dabei kommt sie mit zwei weiteren Mädchen ins Gespräch, einer Muslima und einer Jüdin. Die drei stellen fest, dass sie alle einen Urururgroßvater mit dem Namen Abraham besitzen. Stammen sie etwa aus einer Familie? In der nächsten Szene erfahren sie dann, dass ein Ort für das geplante Schulkonzert gefunden wurde: eine christliche Kirche. Die muslimischen Kinder reagieren entsetzt, da ihre Eltern ihnen verbieten, in einer Kirche aufzutreten. Am Mittagstisch der Christin und der Muslima werden viele Fragen der Kinder zu ihrer Religion gestellt und von den Eltern beantwortet, z. B. über die Speisevorschriften, Feiertage oder auch über das Verständnis der Schrift. Alle, sowohl Eltern als auch Kinder, machen sich Gedanken über das, was sie gehört und besprochen haben. Schließlich entscheiden sich alle dazu, das jüdische Museum aufzusuchen, um mehr über die Ursprünge der drei Religionen zu erfahren. Hier entdecken sie Gemeinsamkeiten: Die Geschichten von Adam, Eva und Abraham. Am Ende lautet das Fazit von allen daher: „So anders bist du gar nicht!"

Melodie

Ein Wind

Matthias Goldbeck-Löwe

4. Erstellung eines Jahreskreises/Kalenders der religiösen Feste
Durchgeführt von der Regenbogen-Schule, Berlin

1. *Klassenstufe:* Jahrgangsstufen 5–6
2. *Zeitlicher Umfang:* ein Schuljahr
3. *Beteiligte Fächer:* Deutsch, Geschichte, FiBS-Kunst (FiBS = Förderung individueller Begabungen von Schülern)
4. *Außerschulische Kooperationspartner:* Künstler mit jüdischem, christlichem und islamischem Hintergrund
5. *Ablauf:* Der Jahreskreis gibt als Kalender die inhaltlichen Vorgaben. Die Schüler werden in drei Gruppen (Christentum, Judentum und Islam) aufgeteilt, von der jede von einem Künstler fachlich betreut wird, der eine der drei Religionen als biografischen Hintergrund hat. Die Schüler bleiben für 5–6 Wochen in einer Gruppe und rotieren danach in die nächste Gruppe. Auf diese Weise betätigen sich alle Kinder in allen drei religiösen Arbeitsgruppen. Zu den Festen im jahreszeitlichen Verlauf wird nun in den Gruppen gearbeitet. Wird beispielsweise die Arbeit zu Beginn eines Schuljahres begonnen, bieten sich auf christlicher Seite das Erntedankfest oder der Reformationstag, auf jüdischer Seite Rosh Hashanah oder Jom-Kippur und auf islamischer Seite der Ramadan oder auch das Opferfest an. Dabei muss bedacht werden, dass die meisten religiösen Feiertage sich nach Mondkalender und Jahreszeiten richten, also in jedem Schuljahr zu unterschiedlichen Terminen stattfinden.

Der Jahreskreis selbst ist ein runder Teppich, der quasi den Arbeitsplatz der Gruppen darstellt und von den Schülern, z. B. mit Zeichnungen, gestaltet wird, indem sie diese dort auslegen oder befestigen. Parallel wird im regulären Unterricht die trialogische Komponente aufgegriffen und weiterführende Informationen über Feste und Bräuche in den drei Religionen gelehrt. Fixpunkt bleibt dabei aber immer der Teppich, der sich im Atrium der Schule befindet, also an einem zentralen Platz für die Kinder. Um sich den Themen künstlerisch zu nähern, verfügt jedes Kind über ein Skizzenbuch, in dem es Ideen und Vorschläge dokumentiert. Diese werden dann in den Arbeitsgruppen mit den Künstlern besprochen und z. T. auch umgesetzt. So entsteht ein weiterführender Prozess, der sowohl die Lernleistung im Unterricht wie auch die künstlerische Arbeit beeinflusst. Das Skizzenbuch bildet dabei den Ausgangspunkt und dokumentiert, ähnlich einem Portfolio, den (künstlerischen) Lernprozess. Die Schüler können so immer wieder Ideen vergleichen, verwerfen oder modifizieren. Der kreative Aspekt steht dabei im Vordergrund und kann besonders stark in die Arbeit der Kinder miteinbezogen werden.

Die fertigen Produkte können von allen Schülern der Schule im Atrium angeschaut werden. So entsteht auch die Möglichkeit, dass ganze (Religions-) Klassen sich mit den Arbeiten beschäftigen und so von den Ergebnissen profitieren. Da die Arbeitsgruppen häufig am Kunstwerk selbst tätig sind, können auch sie ihren Mitschülern Begriffe oder Zusammenhänge des Miteinanders der drei Religionen erklären, ohne dass dies in einem regulären Unterricht stattfinden muss.

6. *Bedenkenswertes:* In diesem kunstbetonten Projekt sollten die Schüler einen Zugang zur Kunst haben oder bereit sein, einen solchen zu finden. Es wäre sogar von Vorteil, wenn sie schon etwas Erfahrung in kunstpädagogischer Arbeit besäßen. Zudem ist der Kontakt mit Künstlern, die selbst einen religiösen Hintergrund haben, von Vorteil. Sie können ein authentischer und kompetenter Ansprechpartner für die Schüler sein.

7. *Material:*

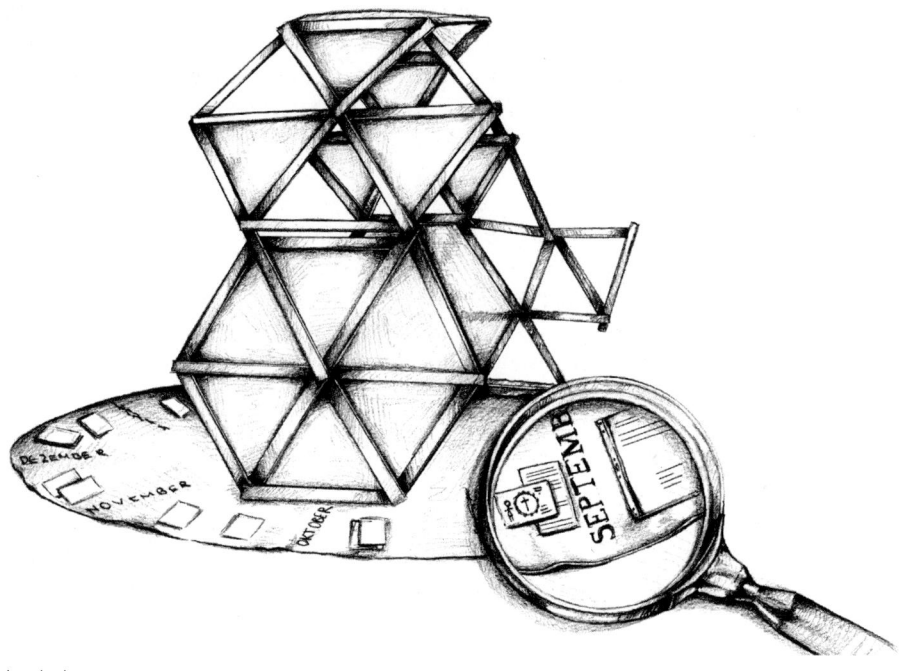

Jahreskreis

INFOBOX: PORTFOLIO

Das Portfolio ist eine systematisch angelegte Sammlung von Arbeitsprodukten. In der Regel wird das Portfolio als Mappe angelegt, die Arbeitsergebnisse festhält und die vorausgehenden Arbeitsprozesse nachvollziehbar dokumentiert: So bewerben sich z. B. Künstler mit einer Mappe von Zeichnungen, Handwerker werben um Aufträge mit Fotos ihrer gelungensten Werkstücke. Ziel der Portfolioerstellung ist immer der Ausweis von Produkten, an denen individuelle Kompetenzen erkennbar und ihre Entwicklung anschaulich gemacht werden können.

Weiterführende Literatur

Endres, W./Engel, A./Wiedenhorn. T. (Hrsg.) 2008: Das Portfolio in der Unterrichtspraxis. Präsentations-, Lernweg- und Bewerbungsportfolio. (Pädagogik-Praxis) Weinheim
Gnandt, G./Michalke-Leicht, W. 2007: Das Portfolio im Religionsunterricht in: Dies. (Hrsg.): Leistungsmessung im Religionsunterricht. Freiburg. S. 86–88
Lemaire, Rainer 2008: Die Portfolio-Methode im Unterricht. Eine Möglichkeit subjektorientierter Leistungsbewertung. Freiburg
Schwarz, J./Volkwein, K./Winter, F. (Hrsg.) 2008: Portfolio zum Unterricht. 13 Unterrichtsideen mit Portfolio. Seelze-Velber

5. Konstruktion und Bau eines Labyrinths
Durchgeführt von der Regenbogen-Schule, Berlin

1. *Klassenstufe:* Jahrgangsstufen 3–6
2. *Zeitlicher Umfang:* Offener Prozess
3. *Beteiligte Fächer:* Religion, Kunst, Lebenskunde
4. *Außerschulische Kooperationspartner:* Künstler mit jüdischem, christlichem und islamischem Hintergrund, interessierte Eltern
5. *Ablauf:* Bevor die handwerkliche Arbeit an dem Labyrinth beginnt, muss eine Skizze der Konstruktion entworfen werden. Dabei stehen Fragen im Mittelpunkt wie: „Was wollen wir thematisch darstellen?", „Was interessiert die Schüler?". Da das Labyrinth im Schulhof stehen und von allen Kindern genutzt werden soll, werden bauliche Elemente angedacht, die den Bedürfnissen der Schüler (in der Pause besonders nach Bewegung) gerecht werden. So finden sich im Labyrinth sowohl Möglichkeiten zum Klettern wie auch zum Verstecken in Höhlen. Ebenfalls müssen Materialien ausgewählt werden, die die Kinder selbst gestalten und die auch von den Künstlern und Eltern verarbeitet werden können. Die Wahl fällt daher auf feste Holzplatten als Wände, die dann nach Wunsch bemalt werden können. Zudem werden Holzpfeiler ausgewählt, die nicht nur dekorativ eine Abwechslung zu den Platten bieten, sondern auch auf handwerkliche Art, z. B. durch Schnitzen, verziert werden können. So entstehen mindestens zwei verschiedene Möglichkeiten des künstlerischen Ausdrucks. Zeitlich parallel entwickeln die Schüler mit den Lehrkräften zusammen thematisch erste Ideen.

Da Holzwände als Außenfassade für das Labyrinth gewählt werden, sollen diese als Eingangsbereiche der Gotteshäuser der drei Religionen gestaltet werden, die ins Innere des Labyrinths führen. Die Holzpfeiler werden von den Schülern so bearbeitet, dass dort Menschenköpfe bzw. -gesichter zu erkennen sind. Einen weiteren thematischen Schwerpunkt bildet die Auseinandersetzung mit Symbolen des Friedens. Die Schüler müssen dabei herausfinden, welche Symbole in den drei monotheistischen Religionen existieren und aus diesem Fundus dann gut darstellbare auswählen. Diese werden dann an die Innenwände des Labyrinths gemalt oder skizziert. Es wären aber freilich auch andere Themenkomplexe denkbar. Insgesamt zeichnet sich die Arbeit an diesem Projekt durch einen offenen und längerfristig gestalteten Prozess aus, der, abgesehen von den baulich erforderten Materialien, von den Schülern selbst gesteuert und verändert werden kann.

6. *Bedenkenswertes:* Für dieses Projekt sind insbesondere handwerklich begabte Helfer gefragt. Es wäre auch denkbar, ein solches Labyrinth an weiterführenden Schulen mit einem Oberstufenzweig herzustellen, da sich hier eher Schüler finden, die fachgerecht ein derartiges Konstrukt bauen könnten. Da aber die Sicherheit der Schülerschaft immer im Vordergrund stehen sollte, ist fachkundige Beratung immens wichtig.

7. Material:

Türen des Labyrinths

6. Bau einer Kugel aus „trialogischen" Dreiecken
Durchgeführt von der Regenbogen-Schule, Berlin

1. *Klassenstufe:* Jahrgangsstufen 4–6
2. *Zeitlicher Umfang:* ein Schuljahr
3. *Beteiligte Fächer:* Deutsch, Geschichte, FiBS-Kunst (FiBS = Förderung individueller Begabungen von Schülern), Religion
4. *Außerschulische Kooperationspartner:* Künstler mit jüdischem, christlichem und islamischem Hintergrund
5. *Ablauf:* Die Schüler der FiBS-Gruppe Kunst werden wie bei dem Projekt des Jahreskreises in drei Gruppen (Judentum, Christentum und Islam) aufgeteilt und von je einem Künstler betreut. Zudem finden Arbeitsphasen im Kunstunterricht zweimal pro Woche statt, an dem alle Kinder des Projektes parallel teilnehmen. Den Ausgangspunkt stellen dabei die Fragen und Vorstellungen der Schüler zum projektübergreifenden Thema „Himmel und Hölle" dar. Durch das ihnen bereits vertraute Skizzenbuch werden sie neben ihren eigenen Anfragen über den gesamten Zeitraum des Projektes mit inhaltlichen Anregungen durch die Lehrkräfte versehen. Dies geschieht in vielfältigster Form, sei es nun mit Texten und Geschichten, aber auch mit Postkarten und Bildern. Da sich in diesem Skizzenbuch auch die Gedanken zum Jahreskreis befinden, wird eine themenübergreifende Anregung ermöglicht. Die Schüler entdecken eventuell Zusammenhänge oder bringen schon Gelerntes mit ein. Insgesamt werden so die Lernfortschritte und -erfahrungen vertieft. Auch können auf diese Weise zu Beginn aufgeworfene Fragen beantwortet und inhaltliche Vorschläge überarbeitet oder auch verworfen werden. Nachdem dann eine erste thematische Eingrenzung vorgenommen wurde (z. B. Vorstellung und Darstellung von Engel-Gestalten in den drei monotheistischen Religionen), beginnt die handwerkliche Arbeit. Da die Einzelteile zusammengesetzt am Schluss eine Kugel ergeben sollen, werden drei Holzlatten mit Nägeln zu einem Dreieck verbunden (ähnlich einem Bilderrahmen, nur ohne eine vierte Seite, sondern eben als Dreieck). Dieser Rahmen kann nun auf unterschiedlichste Art geschmückt werden: Es können selbstgemalte Bilder daran befestigt werden, oder er wird mit einem Stoff, beispielsweise Seide, bespannt, den die Schüler dann gestalten. Besonders für eine längerfristig angelegte Arbeit ist diese Form sinnvoll, da der Rahmen immer bestehen bleibt, er sich jedoch dem Thema entsprechend ständig verwandeln lässt. Wenn die Holzdreiecke dann zusammengesetzt werden, kann dadurch eine große Kugel entstehen. Es besteht allerdings auch die Möglichkeit, dieses Kunstwerk als Halbkugel zu konstruieren, so dass sie aufgestellt werden kann und den Schüler auf diese Weise als Arbeitsplatz an dem Projekt dient. Dafür müssen ein paar Stellen freigelassen werden, um einen Eingang zu schaffen. So wird nicht nur der Charakter einer kreativen Künstlerwerkstatt geschaffen, sondern es entfernt die Kinder auch von dem Lernort des Klassenzimmers und bietet so eine andere Lern- und Arbeitsatmosphäre.

Das Projekt wird eingerahmt von zwei großen Veranstaltungen: zunächst zu Beginn des Schuljahres eine Auftaktveranstaltung und Eröffnung, dann gegen Ende des Projektes eine Ausstellung aller erarbeiteten Ergebnisse. Hier werden viele Fragen, die am Anfang des Projektes standen, beantwortet sowie neu gewonnenes Wissen dargestellt und dem Publikum erläutert. Um die Arbeit dauerhaft zu begleiten, findet einmal im Monat ein Treffen aller beteiligten Gruppen statt, in dessen Rahmen Fragen gesammelt und erklärt werden. So kann auch jede der drei Gruppen von den Erfahrungen der anderen profitieren.

6. *Bedenkenswertes:* Um eine solche Kugel zu konstruieren und zu bauen, braucht es sicherlich einiges handwerkliches Geschick; insbesondere dann, wenn geplant wird, die Kugel als „Projektraum" zu benutzen, da sie dann sicher und begehbar auf dem Boden stehen muss.

7. *Material:*

Aufbau der Kugel aus „trialogischen" Dreiecken

7. Planung und Durchführung eines Buchprojektes
Durchgeführt von der Regenbogen-Schule, Berlin

1. *Klassenstufe:* Jahrgangsstufen 5–6
2. *Zeitlicher Umfang:* ein Schuljahr
3. *Beteiligte Fächer:* Religion, Kunst, Geschichte, Deutsch
4. *Außerschulische Kooperationspartner:* keine
5. *Ablauf:* Im Regelunterricht der Fächer Religion, Deutsch und Geschichte werden Grundlagenkenntnisse zu den Religionen vermittelt. Ausgehend von diesen Erkenntnissen beschäftigen sich die Schüler mit der Frage des eigenen Glaubens und dem der anderen. Sie suchen unter anderem nach Spuren religiösen Lebens in ihrem eigenen Umfeld und an außerschulischen Lernorten. Zudem werden grundlegende Glaubenskategorien der drei Religionen, wie Schöpfung, Tod, Glaube oder auch Toleranz, in einen künstlerischen Ausdruck gebracht. Hierbei dient das Skizzenbuch der Begleitung und Sammlung von Ideen und Entwürfen. Die Schüler sind so in der Lage, ihre kreativen Einfälle aufzulisten, eventuell auch zu strukturieren und sich von anderen Teilnehmern der Lerngruppe Anregungen zu holen, so dass ein Ideenaustausch stattfinden kann. Als zentrales Medium des Projektes wird das Buch (in diesem Fall mit überdimensionalen Ausmaßen von 1 x 1 Meter) gewählt. Es hat den Vorteil der Mobilität und kann im Gegensatz zu anderen Kunstwerken, z. B. Bildern oder Skulpturen, um verbale und textliche Dimensionen erweitert werden. Das Buch wird in einer Werkstatt erstellt, zu der alle Schüler Zugang haben (im Fall der Regenbogen-Schule in der zuvor geschaffenen Kugel). So kann nicht nur die gesamte Schulgemeinschaft am Prozess der Erarbeitung teilhaben, sondern es entsteht zudem die Möglichkeit, den Arbeitsgruppen neue Impulse zu liefern oder die Arbeit kritisch im eigenen Unterricht zu hinterfragen. Die beteiligten Gruppen des Projekts werden in ihrer Arbeit an zwei Tagen der Woche von drei Künstlern betreut, die jeweils einer der drei abrahamischen Religionen angehören. So werden diese zum wahren Ansprechpartner für die Schüler, und zwar nicht nur im kreativen Bereich, sondern auch in Bezug auf die verschiedenen Aspekte des Glaubens. Außerdem verlässt die Lerngruppe an einigen Tagen das Schulgebäude und begibt sich auf die trialogische Spurensuche in ihrem Wohnort. So werden Türen von Häusern gezeichnet, in denen früher Juden gewohnt haben. Nach einer Auswahl der Skizzen und Bilder werden diese dann auf die Buchseiten gemalt oder anderweitig gestaltet. Sind die Seiten fertig gestellt und als Buch zusammengefasst, bereitet die Lerngruppe eine Präsentation vor, an der die übrigen Schüler teilnehmen können. Diese findet am Tag des Buches statt und die beteiligten Kinder zeigen der Öffentlichkeit ihre Bilder oder lesen selbstverfasste Texte/Gedichte daraus vor.
6. *Bedenkenswertes:* –

7. Material:

Buchpräsentation

8. Entwicklung und Gestaltung der Internetseite www.religio.eu zum Thema „Was glaubst Du denn?"

Durchgeführt von der Gesamtschule am Gluckenstein, Bad Homburg

1. *Klassenstufe:* Jahrgangsstufen 5–10
2. *Zeitlicher Umfang:* Das Projekt erstreckt sich insgesamt über den Zeitraum eines Schuljahres. Es wird in den verschiedenen Klassenstufen in unterschiedlich langen Einheiten behandelt. So können ein Projekttag durchgeführt oder Fragen formuliert werden, die die Schüler an Vertreter der drei Religionen stellen wollen. Die sich hieraus bildenden Themenblöcke werden dann im Unterricht der verschiedenen Jahrgangsstufen behandelt.
3. *Beteiligte Fächer:* Religion, Ethik
4. *Außerschulische Kooperationspartner:* Jüdisches Museum Frankfurt, Gesellschaft für christlich-jüdische Zusammenarbeit Hochtaunus e. V., Moschee in Bad Homburg v. d. H., Expertenbefragung mit Petra Kunik, Naime Cakir und Norbert Roth, Zeitzeugen, EDV-Betreuer der Internetseite
5. *Ablauf:* In einem ersten Schritt formulieren die Schüler im Ethik- und Religionsunterricht der 10. Jahrgänge Fragen, die sie an das Judentum, das Christentum und den Islam stellen wollen. Im Unterricht werden daraus Themenbereiche gebildet, die in verschiedenen Arbeitsformen (Gruppenarbeit, Referate, Diskussionen, Literaturstudium, Internetrecherche) untersucht werden. Auch außerschulische Quellen können hinzugezogen werden. Zum einen werden die Eltern über das Projekt informiert und bekommen so die Gelegenheit mitzudiskutieren. Zum anderen werden Exkursionen zu außerschulischen Lernorten unternommen und Expertenbefragungen durchgeführt. So entwickeln die Schüler eine Internetseite, die über Themen der drei monotheistischen Religionen in bestimmten Kategorien (wie z. B. „Familie", „Feste und Bräuche" oder „Schöpfung") informiert und die Sicht der Religionen erläutert. Zudem haben die Schüler die Möglichkeit, eigenständig kreativ zu werden, z. B. in Form der Gestaltung von zwei Fotostorys über Abraham und Moses, in denen wichtige Lebensabschnitte dieser biblischen Figuren dargestellt werden. Eine andere Form der kreativen Auseinandersetzung mit dem Thema des Trialogs zeigt das Projekt „Basteln für Feste", bei dem die Schüler überwiegend für jüdische Feste Requisiten herstellen, die für eine solche Feier wichtig sind, z. B. etwa Dreidel oder Davidssternkarten. Es besteht auch die Möglichkeit, eigene thematische Schwerpunkte zu setzen. So existiert auf www.religio.eu ein eigener Abschnitt zum Thema Tod, der sich in Form eines Films damit auseinandersetzt und auch ein Interview mit einem Bestattungsunternehmer und einer Bewohnerin eines Altenheims enthält, die ihr Verhältnis zum Tod schildern. Der Nutzer dieser Internetseite kann aber auch sein Wissen in einem von den Schülern erstellten Quiz über die drei Religionen testen und in zahlreichen Foren seine Meinung äußern, z. B. über das Tragen eines Kopftuches.

6. *Bedenkenswertes:* Da eine solche Internetseite eine Menge Information über die Religionen enthält, bedarf es eines profunden theologischen bzw. religionskundlichen Wissens. Zudem muss bedacht werden, dass in allen drei monotheistischen Religionen nicht nur eine Hauptrichtung, sondern viele Strömungen existieren, die sich in ihren Ansichten durchaus unterscheiden können. Der Nutzer dieser Seite sollte nicht das Gefühl haben, eine allumfassende Antwort auf z. T. sehr spezielle Fragen zu bekommen (deutlich wird dieser Punkt in einigen Beiträgen im Gästebuch).

7. *Material:*

Internetseite des Projekts „Was glaubst du denn?"

Sitemap

Einführung
- Inhaltsverzeichnis
- Film

Aktuelles
- die letzten Änderungen auf religio.eu
- die nächsten Veranstaltungen

Themen
- Familie (Bsp. Tradition, Ehe, Erziehung)
- Liebe und Sexualität
- Heilige Schriften
- Feste und Bräuche der drei monotheistischen Religionen
- Tod
- Gesetze und Regeln (z. B. Fasten- und Speiseregeln)
- Schöpfung
- Gewalt
- Verhältnis der Religionen zueinander

Aktionen
- z. B. Fotostory, Umfrage, Geschichte zum Thema „Abraham"
- Basteln für Feste
- Bilder zum Thema Tod
- Diskussionen (im Forum)
- Interviews
- Islamische Mode
- Kirchen- bzw. Moscheebesuch
- Knigge
- Quiz
- Stadtkirchentag
- Zeitzeugen

Spiele
- z. B. „Finde die Evangelisten"

Material
- Bücherliste
- „Engel und Co" und „Anybody out there?" (Buchvorstellung + Audiodatei Buchbesprechung)
- Glossar
- Internetressourcen

9. Planung von Aktionen zu Gedenktagen
Durchgeführt von der Ricarda-Huch-Schule, Gießen

1. *Klassenstufe:* Jahrgangsstufen 9–13
2. *Zeitlicher Umfang:* AG, d. h. langfristiges Engagement, das auch die Planung von Aktionen im Blick hat; die AG trifft sich in der Regel einmal pro Woche eine Stunde lang
3. *Beteiligte Fächer:* Arbeitsgruppe „9. November"
4. *Außerschulische Kooperationspartner:* Gesellschaft für christlich-jüdische Zusammenarbeit, Christlich-islamische Gesellschaft, jüdische, islamische und christliche Gemeinden, Stadt Gießen, Verein „Wider das Vergessen"
5. *Ablauf:* Die interreligiösen Aktionen richten sich auf den Gedenktag zur Reichspogromnacht (9. November 1938). Es wird ein Gesprächskreis mit Vertretern der drei Religionsgemeinschaften und z. T. den außerschulischen Kooperationspartnern durchgeführt. Diese fungieren für die Schüler als Expertengruppen, mit denen sie ihr angeeignetes Wissen vertiefen und die als Zeugen ihrer Religion authentische Ansprechpartner bilden können. Zudem gibt es an der Schule eine Ausstellung mit dem Thema „Entrechtung und Vernichtung der europäischen Juden". Die Schüler lesen dazu Auszüge aus Texten von Hilda Stern Cohen, Martin Niemöller, Abraham Bomba, Martha Appel und Primo Levi, die sie auch bei der Gedenkveranstaltung anlässlich des 9. November vortragen. Die Textauswahl erfolgt durch die begleitenden Kollegen. Gedenken und Erinnern wird dabei auch mit Blick auf die Texte als Aufgabe von Schule immer wieder betont. Im Anschluss an diese Veranstaltungen führt das Trialog-Team der Schule eine Umfrage in den Klassen 10–13 durch. Die Schüler werden gebeten, ihre Gedanken und Gefühle zur Ausstellung aufzuschreiben. Die Ergebnisse werden dann am Tag der offenen Tür veröffentlicht und bieten so einen weiteren Gedankenanstoß zum Thema des Trialogs. Um es nicht nur bei außerschulischen Aktionen zu belassen, wird das Thema im regulären Unterricht inhaltlich vertieft. Die Schüler unternehmen einen Stadtrundgang durch das jüdische Gießen und erfahren dabei etwas über das Leben der Gießener Juden. Bei einer Recherche im Stadtarchiv vertiefen sie darüber hinaus noch ihr neu gewonnenes Wissen über ihre Heimatgemeinde und das jüdische Leben dort.
6. *Bedenkenswertes:* Zum einen ist dies ein Projekt, das einen deutlichen Akzent auf die Geschichte von Juden in Deutschland legt. Im Sinn des Trialogs müsste man auch die Rolle des Islams stärker in den Blick nehmen. Es böte sich ein Blick auf den Umgang des Islams mit den Vorgängen der NS-Zeit an: Wie reagierten Muslime auf die Ermordung der Juden in Deutschland?
Zum anderen muss bedacht werden, dass an der Ricarda-Huch-Schule die oben genannte AG einen festen Bestandteil im Schulprogramm darstellt und diese daher schon Erfahrungen bei der Planung der Aktionen hat. Im Sinne einer Anregung für interessierte Schulen wären eine genaue Textauswahl und tiefer gehende inhaltliche Unterstützung sinnvoll.

7. Material:

INFOBOX: 9. NOVEMBER

Auf den 9. November fällt eine ganze Reihe von Ereignissen, die in der Geschichte Deutschlands einen politischen Wendepunkt darstellen. In den Jahren nach der Wiedervereinigung wurde deshalb kontrovers diskutiert, ob nicht dieses Datum den offiziellen Feiertag anlässlich der deutschen Wiedervereinigung markieren sollte. Vor allem der damalige Bundeskanzler Kohl votierte aber nachdrücklich für den 3. Oktober, den Tag des Beitritts der „Deutschen Demokratischen Republik" (DDR) zur Bundesrepublik Deutschland (BRD) im Jahre 1990.

Folgende Ereignisse sind für die deutsche Geschichte besonders wichtig:

9. November 1918: Die sogenannte Novemberrevolution
Reichskanzler Maximilian von Baden verkündet eigenmächtig die Abdankung von Kaiser Wilhelm II. und betraut Friedrich Ebert mit den Amtsgeschäften. Der Sozialdemokrat Philipp Scheidemann ruft vom Reichstagsgebäude aus die „deutsche Republik" aus. Später verkündet der Spartakist Karl Liebknecht vom Berliner Stadtschloss aus die deutsche Räterepublik.

9. November 1923: Niederschlagung des Hitler-Ludendorff-Putschs
Der sogenannte Hitler-Ludendorff-Putsch wird von der Bayerischen Landespolizei vor der Feldherrnhalle in München blutig niedergeschlagen, nachdem der Bayerische Ministerpräsident Gustav Ritter von Kahr über den Rundfunk seine Unterstützung für den Putsch zurückgenommen und die Auflösung der NSDAP erklärt hat.

9. November 1938: Die sogenannte Reichspogromnacht
Im Deutschen Reich kommt es reichsweit zu organisierten Übergriffen gegen Juden und jüdische Einrichtungen, bei denen unter anderem Synagogen in Brand gesteckt werden. Polizei und Feuerwehr haben Weisung, nur nichtjüdisches Eigentum zu schützen.

9. November 1989: Der Fall der Berliner Mauer
Nachdem SED-Politbüromitglied Schabowski auf einer im DDR-Fernsehen übertragenen Pressekonferenz die Gewährung von Reisefreiheit bekanntgegeben hat, strömen Tausende zu den Grenzübergangsstellen, zuerst zum Übergang Bornholmer Straße in Berlin, später dann auch zu allen anderen Übergängen an der innerdeutschen Grenze. Der Prozess der Wiedervereinigung ist nicht mehr aufzuhalten.

---

10. Komposition eines Abrahamlieds
Durchgeführt von der Rudolf-Koch-Schule, Offenbach

1. *Klassenstufe:* Jahrgangsstufe 12
2. *Zeitlicher Umfang:* ca. zwei Wochen (abhängig von der Kompetenz des Komponisten)
3. *Beteiligte Fächer:* Deutsch, Religion, Musik
4. *Außerschulische Kooperationspartner:* Institut für Kirchenmusik Mainz, Musikschule Offenbach
5. *Ablauf:* Grundlage des von einem Schüler selbstkomponierten Liedes bilden die Bibelstellen Gen 13,14–15, Gottes Verheißung an Abraham („Blicke auf und schau von der Stelle, an der du stehst, nach Norden und Süden, nach Osten und Westen. Das ganze Land nämlich, das du siehst, will ich dir und deinen Nachkommen für immer geben.") und Gen 15,5, Gottes Bund mit Abraham („Sieh doch zum Himmel hinauf und zähle die Sterne, wenn du sie zählen kannst. Und er sprach zu ihm: So zahlreich werden deine Nachkommen sein."). Eine erste Auseinandersetzung mit dem Text entscheidet mittels der rhythmischen Aussprache über die Textgestaltung im Lied, wobei eine Vertonung des Textes in seiner ursprünglichen Form in den meisten Fällen kaum möglich ist. So werden dann prägnante Textstellen, die sich gut als Leitmotive im Lied rhythmisieren lassen, ausgewählt (in diesem Fall etwa „Blicke auf"). Beachtet werden sollte, dass eine Änderung des Textes nur vorgenommen werden kann, wenn die Grundaussage weiterhin bestehen bleibt. Ziel ist eine Balance, die sowohl dem Text als auch der Musik gerecht wird. Es kann dabei hilfreich sein, sich an einem Refrain zu orientieren, so dass, anders als bei einem durchkomponierten Lied, auch für den Hörer eine klare Struktur transparent wird und zudem dadurch eine textliche Fokussierung stattfinden kann. Der Komponist oder Arrangeur ist dann in der Lage, die ihm wichtigen Textstellen hervortreten zu lassen. Im vorliegenden Lied geschieht dies durch die Wiederholung der prägnanten Gottesworte „Blicke auf". Der inhaltliche Schwerpunkt liegt damit auf der Zuwendung Gottes zu Abraham bzw. zu den Menschen, die auf Gott vertrauen. Ihnen schenkt er Zuversicht. Dieser inhaltliche Aspekt kann dann auch von der musikalischen Seite ver- und betont werden, wenn etwa eine nach oben gerichtete Melodieführung der prägnanten Worte „Blicke auf" den Zuspruch Gottes musikalisch formuliert. Im Laufe des Prozesses dieser Auseinandersetzung mit Text und Musik entstehen auch Melodik und Harmonik, welche den grundlegenden kreativen Prozess bei diesem Projekt ausmachen. Dass dabei immer wieder auch Ideen verworfen oder modifiziert werden müssen, wird recht schnell deutlich und ist besonders bezeichnend für die künstlerisch-kreative Arbeit im Bereich der musikalischen Komposition. Den Abschluss dieser Arbeitsphase bildet das *Leadsheet*, auf dem sich der Text mit der Melodiestimme und die Angaben zur Harmonik finden und an das sich die Phase des Arrangements anschließt. Der Komponist kann dabei individuell auf die ihm zur Verfügung stehenden Instrumente Rücksicht nehmen. Dabei ist eine

Grundkenntnis im Arrangieren von Vorteil, da der Komponist sich an einer musikalischen Richtung orientieren sollte. So gibt es charakteristisch für diese jeweils rhythmische Grundfiguren, z.B. orientiert sich das Lied „Blicke auf" vom Arrangement her stark an Pop- und Jazzsongs, böte aber natürlich auch die Möglichkeit einer Ausrichtung an klassischen Stücken. Dabei kann sich das Arrangement rhythmisch an der Melodie orientieren. Finden sich hier eher synkopische Figuren mit stark punktierten Rhythmen, legt dies ein eher im Jazz beheimatetes Arrangement nahe. Die Arbeit an der Partitur wie auch am Leadsheet lässt sich am besten mit Hilfe eines Notenschreibprogramms bewältigen. Besonders die Erstellung der Partitur wird dadurch erleichtert, da wiederholende Figuren an die entsprechenden Stellen kopiert werden können ohne diese immer neu schreiben zu müssen.

6. *Bedenkenswertes:* Der Erfolg eines solchen Projektes ist in hohem Maße abhängig von den beteiligten Schülern. Sie benötigen entweder eine schon vorhandene Kenntnis über den Prozess des Komponierens oder einen kompetenten Ansprechpartner, sei es in Form einer Lehrperson oder auch eines außerschulischen Musikers. Sicher ist auch die Größe der beteiligten Gruppe ausschlaggebend. Sich mit 20 oder mehr Mitstreitern auf eine Melodie zu einigen, kann durchaus Schwierigkeiten hervorrufen. Zudem muss mit der Melodie und dem Arrangement viel experimentiert werden, um ein gutes Ergebnis zu erzielen.

7. Material:

Blicke Auf

M. und Arr:Andreas Drescher

2

Blicke Auf

11. Erstellung eines Mosaiks zu den drei Religionen
Durchgeführt von der Rudolf-Koch-Schule, Offenbach

1. *Klassenstufe:* Jahrgangsstufen 8–13
2. *Zeitlicher Umfang:* variabel, mindestens 2 Unterrichtsstunden pro Woche verteilt über ca. 6–8 Wochen
3. *Beteiligte Fächer:* Kunst
4. *Außerschulische Kooperationspartner:* Klingspor-Museum, Offenbach
5. *Ablauf:* Anstoß für das Projekt der interkulturellen Mosaike gibt die Ausstellung „Let's talk about us" im Klingspor-Museum, die sich mit kultureller Identität auseinandersetzt. Nach einem Besuch von Schülern entsteht die Idee, sich im Kunstunterricht mit der Frage der eigenen Identität zu beschäftigen. Dies bietet sich besonders aus dem Grund an, da ein nicht geringer Teil der Schülerschaft einen Migrationshintergrund hat. Unter den 38 an dem Projekt teilnehmenden Schülern lassen sich 25 Nationen aus insgesamt vier Kontinenten ausmachen und die Frage nach Heimat oder dem Gefühl des Fremden steht damit häufig im Mittelpunkt des Miteinanders.

   Zunächst suchen die Schüler Texte, die ihr Gefühl der Heimat ausdrücken. Dabei kann es sich um Selbstgeschriebenes oder auch um Abschnitte aus heiligen Texten, Literaturzitaten oder Nationalhymnen handeln. Bei der Auswahl, Bearbeitung und z. T. auch Übersetzung werden sowohl die Lehrkräfte wie auch das Elternhaus zu Rate gezogen. Die zu gestaltenden Spanplatten (70 x 90 cm) stellt ebenso wie die Acrylfarben die Schule bereit. Die Schüler arbeiten zum großen Teil im Unterricht an ihren Kunstwerken, wobei für sie aber ebenfalls die Möglichkeit besteht, im Werkraum der Schule außerhalb des Kunstunterrichts weiterzuarbeiten. Der gesamte Prozess wird dabei sehr offen gestaltet, so dass auch interessierte Schüler teilnehmen können, die nicht Teilnehmer des Kunstkurses sind. Dabei muss natürlich darauf geachtet werden, nicht zu viele mit einzubeziehen, da dies organisatorisch nicht mehr handhabbar wäre. Nachdem die Schüler sich Texte bereitgelegt haben, beginnt der kreative Prozess mit der Anfertigung von Skizzen. Die Schriftstücke, die in das Kunstwerk integriert werden sollen, werden dabei oft in der Heimatsprache eingearbeitet und mit landestypischen Motiven illustriert. Nach Rücksprache mit der Fachlehrerin (und auch der Künstlerin) beginnt die Ausgestaltung der Tafeln. Während der Arbeit selbst entstehen immer wieder Diskussionen und Gespräche, die Fragen der unterschiedlichen Kulturen thematisieren. Die Jugendlichen lernen auf diesem Weg viel über die Herkunft ihrer Mitschüler.
6. *Bedenkenswertes:* Da sich die Schüler bei einem solchen Projekt mit ihrer nicht deutschen Herkunft bzw. Identität beschäftigen, sollte insbesondere die Phase der Textauswahl von den Lehrkräften begleitet werden. Es muss gewährleistet sein, dass die von den Teilnehmern erstellten Endprodukte nicht in nationalistische Schwärmereien abgleiten. Die Schüler sollen sich zwar mit ihrem kulturellen Ursprung auseinandersetzen, doch muss dies in geregelten Bahnen geschehen, da die eigene Identität

und das Bewusstsein für die Andersartigkeit der Mitmenschen ja die Basis für ein gemeinsames Miteinander und nicht für ein konfliktreiches Gegeneinander sein soll. Ziel muss immer der Dialog bzw. Trialog sein.

7. *Material:*

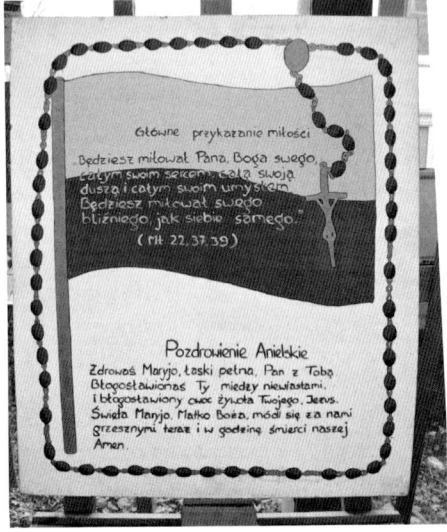

Schülermosaiken

12. Zusammenstellung eines „Programmhefts gegen die Langeweile"
Durchgeführt von der Wilhelm-Heinrich-von-Riehl-Schule, Wiesbaden

1. *Klassenstufe:* Jahrgangsstufe 10
2. *Zeitlicher Umfang:* 8 Monate, ca. eine Stunde pro Woche
3. *Beteiligte Fächer:* Evangelische Religion, Informatik
4. *Außerschulische Kooperationspartner:* Religiöse Einrichtungen in der Stadt Wiesbaden
5. *Ablauf:* Die Schüler werden zunächst in Kleingruppen (4 Teilnehmer pro Gruppe) aufgeteilt und bekommen jeweils Ortsteile oder Kirchengemeinden ihrer Stadt zugeordnet. In einem zweiten Schritt erstellen die Schüler einen Fragebogen, der für das Programmheft leitend ist und ihm ein einheitliches Layout geben soll (Welche Informationen sind für Jugendliche interessant? Wer ist der Veranstalter der Freizeitangebote? Welche Aktivitäten werden angeboten? Wie lauten die Öffnungszeiten? Wer ist der Ansprechpartner?). Die zusammengestellten Informationen werden dann im Heft tabellenartig aufgeführt, um dem Leser einen kurzen Einblick in die Veranstaltungen und die wichtigsten Informationen zu geben. So soll die Möglichkeit gegeben werden, sich über das Freizeitangebot der religiösen Einrichtungen zu informieren und dieses zu nutzen. Daher enthält jeder Eintrag im Heft die Kontaktdaten und auch eine kleine Kartenskizze, wo genau sich die Einrichtung befindet. Nachdem die Gruppen Kontakt zu den Gemeinden hergestellt haben, werden die gesammelten Informationen geordnet und ein Layout erstellt. Im Informatikunterricht werden nun die Informationen bearbeitet und der Form nach vereinheitlicht. Zudem nehmen die Schüler von jedem erwähnten Stadtteil Fotos auf, die in Form einer zusammengestellten Collage im Heft als Deckblatt für den jeweiligen Stadtteil fungieren. Nach der Korrekturarbeit seitens der Schüler wird das Heft gedruckt und in den Klassen und anderen interessierten Einrichtungen verteilt.
6. *Bedenkenswertes:* Bei diesem Projekt ist der Anteil der Schülerleistung besonders hoch, da sie in der Lage sein müssen, selbstständig Kontakt zu den Einrichtungen aufzunehmen, die wichtigen Informationen zu sammeln und diese anschließend in eine einheitliche und ansprechende Form zu bringen. Soll Kartenmaterial im Heft erscheinen, ist der Kontakt zum Vermessungsamt hilfreich. Auch hier leisten die Schüler eigenständige Arbeit. Darüber hinaus muss der Kontakt zu Druckereien hergestellt und Angebote eingeholt und verglichen werden. Falls die Kosten von der Schule nicht komplett getragen werden können, muss auch die Frage nach finanzieller Subvention geklärt werden. An all diesen Stellen müssen die begleitenden Lehrer entscheiden, wie stark sie in die Aktivität der Lerngruppen eingreifen wollen. Grundlegende Voraussetzung bei diesem Projekt ist dennoch ein hohes Engagement und Durchhaltevermögen von Seiten der Schüler.

7. Material:

1. Ev. Kirchengemeinde Auringen

✉ Kirchenhuegel 1a,
65207 Wiesbaden – Auringen

📱 06127 / 4271

@ Ev.KircheAuringen@t-online.de
www.evangelischekirchengemeinde-auringen.de

Angebot: Internetcafé

📅 mittwochs   18.00 Uhr - 21.00 Uhr
donnerstags 18.00 Uhr – 20.00 Uhr

🏠 Im Pfarrhaus (Kirchenhuegel 1a)

👤 Daniel Look

👥 10 – 25 Jahre

🎬 Die Jugendlichen treffen sich, um gemeinsam an den Computern zu spielen und zu chatten. Sie können ihre Freunde treffen und neue Kontakte knüpfen.

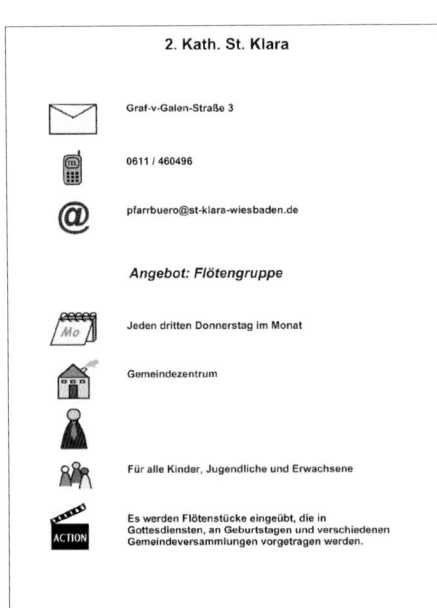

2. Kath. St. Klara

✉ Graf-v-Galen-Straße 3

📱 0611 / 460496

@ pfarrbuero@st-klara-wiesbaden.de

Angebot: Flötengruppe

📅 Jeden dritten Donnerstag im Monat

🏠 Gemeindezentrum

👤

👥 Für alle Kinder, Jugendliche und Erwachsene

🎬 Es werden Flötenstücke eingeübt, die in Gottesdiensten, an Geburtstagen und verschiedenen Gemeindeversammlungen vorgetragen werden.

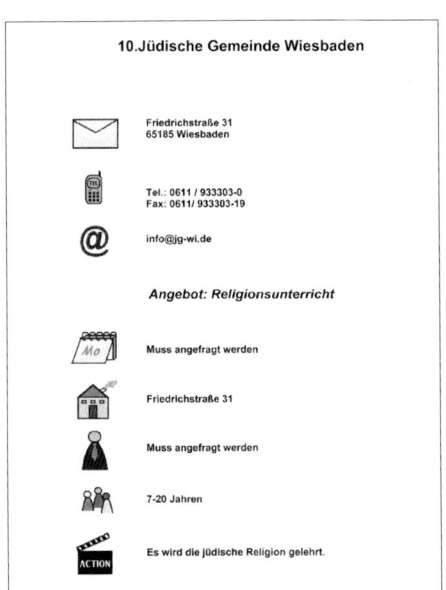

10. Jüdische Gemeinde Wiesbaden

✉ Friedrichstraße 31
65185 Wiesbaden

📱 Tel.: 0611 / 933303-0
Fax: 0611/ 933303-19

@ info@jg-wi.de

Angebot: Religionsunterricht

📅 Muss angefragt werden

🏠 Friedrichstraße 31

👤 Muss angefragt werden

👥 7-20 Jahren

🎬 Es wird die jüdische Religion gelehrt.

5. Islamische Gemeinschaft der Bosniaken

✉ Helenenstraße 9
65183 Wiesbaden - Westend

📱 0611 / 4050497

@ Keine Internetseite vorhanden

Angebot: Vorträge vor der Freitagspredigt

📅 Freitag (Vor der Zeit der Freitagspredigt)

🏠 In der Moschee, Helenenstraße 9

👤 Imam (Vorbeter)

👥 Alle Jugendlichen

🎬 Der Imam hält für die Jugendlichen vor der Freitagspredigt Vorträge auf Deutsch. Diese Aktivität dient der Verständlichkeit der Jugendlichen über ihre Religion.

Auszüge aus dem Programmheft

13. Organisation eines Elternstammtischs der Kulturen
Durchgeführt von der Wilhelm-Heinrich-von-Riehl-Schule, Wiesbaden

1. *Klassenstufe:* –
2. *Zeitlicher Umfang:* unterschiedlich
3. *Beteiligte Fächer:* –
4. *Außerschulische Kooperationspartner:* Eltern
5. *Ablauf:* Bei diesem Projekt handelt es sich nicht um eine Initiative von Seiten der Schüler, sondern der Lehrer. Ziel soll es sein, Eltern nicht deutscher Herkunft in einem ruhigen und privaten Umfeld eine Hilfestellung zur Integration zu bieten. In einem ersten Schritt müssen sich dafür Kollegen finden lassen, die bereit sind, die Gestaltung eines solchen Stammtischs zu übernehmen. Um mit diesem Angebot möglichst viele Eltern anzusprechen, ist es hilfreich, wenn sich bei der Organisation und Durchführung besonders jene Mitglieder des Lehrkörpers engagieren, die selbst über einen Migrationshintergrund verfügen oder eine Muttersprache der teilnehmenden Eltern beherrschen. Je nachdem, wo der Stammtisch stattfindet, können sowohl die Lehrkräfte als auch Eltern die Bewirtung übernehmen. So wird der einladende und persönliche Charakter dieser Veranstaltung noch unterstrichen. Grundsätzlich soll den Eltern oder Elternteilen aber die Möglichkeit geboten werden, sich über Probleme und Fragen auszutauschen. Durch die Teilnahme von Schulleitern und Lehrern, die in der Schulverwaltung tätig sind, können sich besonders Eltern, die eventuell Sprachschwierigkeiten haben oder sozial (noch) nicht voll integriert sind, über Abläufe in der Schule informieren oder Fragen stellen, für die im normalen Schulalltag wenig Zeit ist. Auch können sich Eltern untereinander kennenlernen und gegebenenfalls von den Erfahrungen anderer profitieren. So soll die Scheu genommen werden, damit weder Eltern noch ihre Kinder in die soziale Isolation geraten.

Nachdem sich also ein Organisationsteam im Kollegium gefunden hat, beginnt die Phase der Vorbereitung. Es muss im Zuge dessen ein geeigneter Ort gefunden werden, der eine gemütliche Atmosphäre schafft, in der die Möglichkeit eines ruhigen Kennenlernens und Austauschs besteht. Für die Bewirtung kann auf verschiedene Weise gesorgt werden. Wenn der Stammtisch beispielsweise in einem Wohnhaus einer Lehrkraft stattfindet, kann jeder Teilnehmende etwas mitbringen, so dass ein abwechslungsreiches Angebot entsteht. Dadurch ergibt sich auch schnell eine Kontaktaufnahme. Auf welche Weise dann verfahren wird, hängt von den Anwesenden ab. Ist der Schulleiter bzw. die Schulleiterin zugegen, können eine offizielle Begrüßung und ein paar einleitende Worte angebracht sein. Danach besteht die Möglichkeit, die Eltern über aktuelle Geschehnisse an der Schule zu informieren (anstehende Klassenfahrt, Tag der offenen Tür oder Ähnliches), wobei dies flexibel gehandhabt werden kann und zudem von der Jahrgangsstufe abhängig ist, in der sich die Kinder der Eltern momentan befinden. So benötigen Eltern angehender Fünftklässler andere Informationen als Eltern, deren Kinder schon mehrere Jahre die Schule besuchen. Falls von einem festen Ablauf abgesehen wird, kann man sich auch an den Fragen der Eltern orientieren und anhand dieser Informationen, die das Schulleben der Kinder betreffen, darstellen. Auch wenn ein fester Ablauf vorgesehen ist, sollte für die Fragen der Eltern immer genug Raum gelassen werden.

6. *Bedenkenswertes:* Für eine Schule mit Schülern, deren Eltern nicht aus verschiedenen Kulturen stammen, ist ein solcher Stammtisch zwar möglich, dennoch stünde dann nicht der Aspekt des Interkulturellen im Mittelpunkt. Es wäre allerdings möglich, dass sich die Elternschaft bei einer solchen Veranstaltung Gedanken macht, was sie im Umfeld der Schule für den Trialog leisten kann.

Darüber hinaus stellt sich die Frage nach der Akzeptanz und Relevanz einer solchen Veranstaltung auf Seiten der Eltern. Zudem sollte die Betreuung von kompetenten und in der jeweiligen Kultur beheimateten Lehrern durchgeführt werden. Außerdem setzt die Teilnahme oder das Interesse der Schulleitung an dem Projekt einen positiven Akzent.

7. *Material:*

Ablaufplan: Interkultureller Elternstammtisch

Begrüßung durch den Schulleiter/die Schulleiterin oder den Klassenlehrer/die Klassenlehrerin mit evtl. Vorstellungsrunde

Aktuelles
Ankündigung von Ereignissen, die im Schuljahr stattfinden werden, z. B. Klassenfahrt, Projekttage (Klassenleitung)

Informatives
(Dies kann sowohl in Form einer Präsentation als auch durch Infotische oder -stände geschehen. Dort könnten sich die Eltern dann gezielt informieren.)
Wo gibt es kulturelle Schwierigkeiten?
▸ Thema Cafeteria
▸ Thema Sportunterricht
▸ Thema Klassenfahrt/Ausflug

(Ist sich die Gruppe vertrauter, kann an dieser Stelle auch eine Erarbeitungsphase stehen, in der Eltern Vorschläge zum besseren Verständnis der Kulturen entwickeln, die sich konkret auf die Situation ihrer Kinder beziehen; z. B.: Wie kann man ein Angebot für die Schüler schaffen, die sich nach den muslimischen Speisevorschriften ernähren?)

▶

Kritisches und Diskussion

Inhaltliche wie auch formale Rückfragen können direkt an die Lehrkräfte gestellt werden: Wo kann man finanzielle Subventionen für die Klassenfahrt bekommen? Wie können auf der Klassenfahrt Gebetszeiten eingehalten werden? …

Ausklang

Bei Kaffee und Kuchen oder auch Wein/Wasser und Schnittchen können sich die Eltern besser kennen lernen, Probleme besprechen und Erfahrungen austauschen.

14. Konzeption und Entwicklung von Wasserinstallationen zu den drei monotheistischen Religionen
Durchgeführt von der Mildred-Harnack-Oberschule, Berlin

1. *Klassenstufe:* Jahrgangsstufe 10
2. *Zeitlicher Umfang:* Vier Monate, inklusive dreier Projekttage bzw. ein Schuljahr
3. *Beteiligte Fächer:* Kunst (Wahlpflichtunterricht)
4. *Außerschulische Kooperationspartner:* Evangelische Gemeinde Berlin, jüdische Gemeinde Berlin, muslimischer Verein Inssan e.V., Schüler der jüdischen Oberschule in Berlin sowie christliche und muslimische Austauschschüler aus Bethlehem
5. *Ablauf:* Ziel dieses Projektes ist die Gestaltung einer künstlerischen Wasserinstallation, die das Nebeneinander der drei abrahamischen Religionen symbolisiert. Eine Annäherung an ein solch komplexes wie künstlerisch anspruchsvolles Vorhaben geht in der Grundstruktur in drei Schritten vor sich:

   1. Weißt du, wer ich bin? Bei diesem ersten Kontakt mit dem Projekt sollen die Schüler das eigene Ich in einer Selbstdarstellung ausdrücken. Um das andere begreifen zu können, muss man zunächst sich selbst kennen. In der künstlerischen Umsetzung wird dies in einem Symbolselbstporträt repräsentiert.

   2. Weißt du, wer die anderen sind? Nun kann eine Annäherung an die drei Religionen erfolgen. Dokumentiert wird dieser Arbeitsschritt auf je drei Fotowänden, die jeweils eine der drei Religionen zeigen.

   3. Weißt du, wie wir friedlich nebeneinander leben können? Der letzte Schritt umfasst die eigentliche Wasserinstallation. Die theoretischen Vorüberlegungen werden hier als Synthese zusammengeführt und in die Planung einer Installation miteingebracht. Um sich dem außergewöhnlichen Thema einer Wasserinstallation zu nähern, findet zunächst eine Auseinandersetzung mit der künstlerischen Materie des Wassers statt. Dazu werden auch andere Wasseranlagen (z.B. Brunnen) auf ihre Form und Funktion untersucht.

   Zusätzlich stellt sich die Frage, welche Bedeutung diesem Element in den drei Religionen zukommt. Lassen sich Geschichten, in denen Wasser vorkommt, in den Religionen finden? Wofür steht hier das Wasser? Diese funktionalen (Eigenschaft von Wasser und Wasserinstallationen) und symbolischen (Bedeutung des Wassers in den Religionen) Erkenntnisse werden dann in die Konzeption einer Installation eingebracht. Aus den entstandenen Entwürfen werden einige in Gruppenarbeit zunächst im Modell hergestellt und im Anschluss im Rahmen einer Ausstellung der Öffentlichkeit präsentiert.

6. *Bedenkenswertes:* Bedingt durch eine lange und intensive Auseinandersetzung mit dem Projekt einer trialogischen Wasserinstallation ist es sinnvoll, mit einer kleineren, dafür aber stark motivierten Lerngruppe zu arbeiten.

7. *Material:*

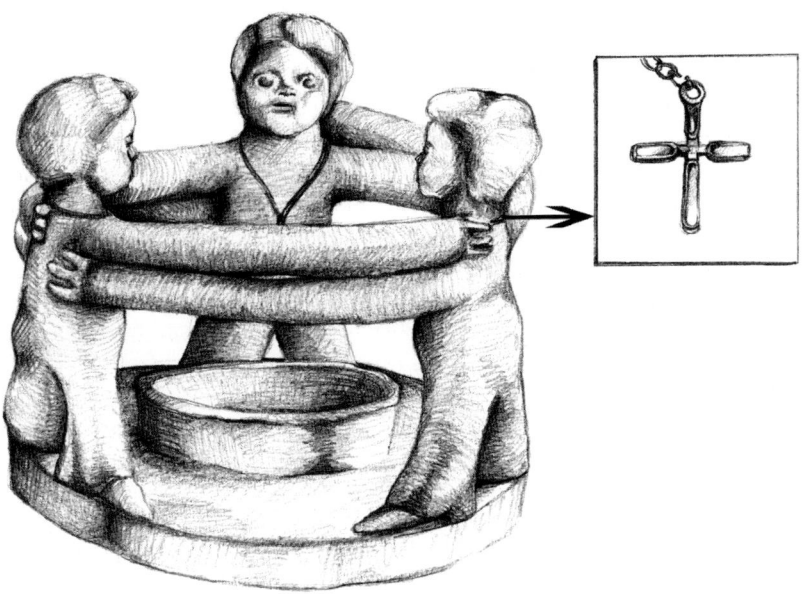

Skizze einer Installation (Planungsphase)

15. Untersuchung von Geschichtsbüchern und anderen Publikationen auf Vorurteile
Durchgeführt von der Dreieichschule, Langen

1. *Klassenstufe:* Jahrgangsstufe 8
2. *Zeitlicher Umfang:* Unterrichtseinheit von 4 – 5 Wochen (mit Vorbereitung wie Fortbildung/Nachbereitung: 3 – 4 Monate)
3. *Beteiligte Fächer:* Geschichte
4. *Außerschulische Kooperationspartner:* Lehramtsstudentinnen des Seminars für Didaktik der Geschichte der Johann Wolfgang Goethe-Universität Frankfurt am Main
5. *Ablauf:* Die vier Lehramtsstudentinnen besuchen zunächst ein vorbereitendes Seminar an der Universität. Parallel finden Fortbildungen für die in der Jgst. 8 eingesetzten Geschichtslehrer statt (Thema: „Christlich-jüdisch-islamische Begegnungen im Mittelalter" sowie „Kritik klischeehafter Vorstellungen in Lehrbüchern"). Ziel des Projektes soll die Integration des Trialogs in die Lehrerausbildung (im Rahmen des Praktikums) sowie in den laufenden Geschichtsunterricht sein. Die Praktikantinnen steigen mit im Seminar entwickelten Ideen und Vorstellungen zum Thema „Interkulturelle Begegnungen im Mittelalter" in den Geschichtsunterricht aller 8. Klassen ein. Zunächst erfolgt eine kurze Phase (z. B. eine Woche) der Hospitation. Danach planen die Praktikantinnen den Unterricht gemeinsam, führen ihn aber in wechselnder Besetzung durch. So kann das Konzept einer Unterrichtsstunde überarbeitet und gegebenenfalls für eine themengleiche Stunde der Parallelklasse modifiziert werden. Außerdem haben die Praktikantinnen die Möglichkeit, das eigene Lehrverhalten durch direkte Rückmeldung der Mitpraktikantinnen zu verbessern. Einen inhaltlichen Schwerpunkt bildet dabei die Behandlung der Vorurteile in Lehrbüchern. Besonders hinsichtlich des „Feindbildes Islam" lassen sich viele falsche Vorstellungen finden, z. B. die einer geschlossenen islamischen Welt. Auf jüdischer Seite begegnet das Bild des typischen Juden als Geldverleiher, das sich in Kombination mit der Thematisierung der allgemeinen Geschichte im Mittelalter gut klären lässt (das Zinsverbot der Kirche wurde in der Realität nie respektiert).
6. *Bedenkenswertes:* Eine derartige Verknüpfung von Lehrerausbildung und Schule lässt sich nur mit einem Kontakt zur Universität realisieren. Dabei muss nicht unbedingt ein Vertreter des Kollegiums einen Lehrauftrag besitzen, allerdings ist ein guter Kontakt nötig, um ein solch eng verzahntes Projekt erfolgreich durchführen zu können.

7. Material:

Ein Beispiel für ein Vorurteil aus einem Schulbuch:

Jüdischer Geld-
wechsler mit seiner
Frau (Gemälde von
Quentin Metsys)

... man im christlichen A...
...üge. Herrscher erließ...
...ndere Schutzgesetze für ...

Jüdischer Geld-
wechsler mit seiner
Frau (Gemälde von
Quentin Metsys)

Was kennzeichnet hier den
jüdischen Geldwechsler?

→ Gar nichts.

Es ist nämlich gar kein jüdischer
Geldwechsler!

Dreieichschule Langen

Das Original des Gemäldes hängt im Louvre.

Es hat dort den Titel:

„Der Geldverleiher und seine
Frau."

Tatsächlich ist ein christlicher
flämischer Geldverleiher
dargstellt, wie man auch aus
verschiedenen Details des Bildes
erkennen kann.

**Quentin METSYS (Louvian,
1465/1466-Anvers, 1530)**
Le Prêteur et sa femme 1514

Dreieichschule Langen

213

Diese Verwechslung hat eine konkrete Ursache: die Legende von der exklusiven Beziehungen der Juden zum Geld – **ein altes aber leider immer noch aktuelles Vorurteil.**

Dies findet sich auch im Text wieder.

In vielen Ländern herrschten für Juden Berufsbeschränkungen: Sie durften weder als Handwerker noch als Bauern tätig sein. Es blieb ihnen nichts anderes übrig, als Geldverleiher zu werden. Waren nun übermäßig viele Bürger einer Stadt bei den Juden verschuldet, gab es ein einfaches Mittel, sich der Geldlast zu entledigen: Unter den Parolen „Gottesmord", „Hostienfrevel" und „Brunnenvergiftung" erschlugen Bürger Juden und waren so schuldenfrei.

m christliche Mittelalter de

So oder ähnlich steht es in allen Geschichtslehrbüchern. Damit verbunden ist die vermeintliche Erklärung des jüdischen Geldverleihs durch das Zinsverbot für die Christen.

In Wirklichkeit waren weder alle oder auch nur die meisten Juden Geldverleiher, noch waren die meisten Geldverleiher Juden.

Das Zinsverbot wurde nämlich von den Christen keineswegs respektiert, deswegen waren die italienischen Banken im Finanzgeschäft führend.

Dreieichschule Langen

Ein anderes Beispiel:

Normannen, Ungarn und Araber vom 8. bis to. Jahrhundert

Diese Karte über die Bedrohungen Europas aus dem Norden und aus dem Süden zeigt den islamischen Raum als eine (fast) geschlossene Herrschaft.

Dreieichschule Langen

Präsentation der Ergebnisse

16. Erstellung eines deutsch-jüdischen Wörterbuches
Durchgeführt vom Georg-Büchner-Gymnasium, Bad Vilbel

1. *Klassenstufe:* Jahrgangsstufe 10
2. *Zeitlicher Umfang:* 6–8 Wochen
3. *Beteiligte Fächer:* Deutsch, Englisch
4. *Außerschulische Kooperationspartner:* keine
5. *Ablauf:* Den Ausgangspunkt und Hintergrund dieses Projektes bildet die deutsche Filmkomödie „Alles auf Zucker", die das gegenwärtige jüdische Alltagsleben in Deutschland thematisiert. Durch die Beschäftigung mit dem Film, dem Verfassen von fiktiven Rollenbiographien und der Recherche über die Geschichte der Juden in Deutschland nähern sich die Schüler dem Gegenstand der jüdischen Sprache im Film. Mit Hilfe von Beobachtungsbögen, die verschiedene Aspekte behandeln („Welche geschichtlichen Zusammenhänge werden im Film aufgezeigt?", „Welches Bild von jüdischem Leben und Glauben in Deutschland vermittelt der Film?", „Welche religiösen Regeln werden erkennbar?"...), wird der Fokus auch auf die im Film verwendeten jiddischen Ausdrücke gelegt. Nach diesem in der Filmanalyse vorbereiteten Einstieg in das Thema beginnt die eigentliche genauere Untersuchung des Jiddischen. Die Grundlage dazu bietet in erster Linie ein Text mit dem Titel „Guten Rutsch – ‚Jüdisches' in der deutschen Sprache", der den jüdischen Einfluss auf das Deutsche an einigen Beispielen deutlich macht (unter anderem die Herkunft des an Silvester oft gehörten Spruches „Guten Rutsch!"). Anhand dieses Textes kann den Schülern verdeutlicht werden, wie viele dieser Ausdrücke sie selbst benutzen. Angeregt durch diesen Text entsteht die Idee weitere jiddische Ausdrücke im Deutschen in einer Sammlung, einem Wörterbuch, aufzulisten. Parallel kann dies auch im Englischunterricht entstehen, da sich in dieser Sprache bedingt durch die starke jüdische Emigration in die USA besonders viele Einflüsse des Jiddischen festmachen lassen. Die Arbeitsgruppe wird, abhängig von ihrer Größe, in mehrere Kleingruppen aufgeteilt. Diese recherchieren eigenständig in Bibliotheken oder im Internet unter verschiedenen Aufgabenstellungen: „Was bedeutet grundsätzlich ‚Jiddisch'?", „Was ist ‚Rotwelsch'?", Erstellung einer Liste religiöser/kultureller Begriffe und deren Bedeutung, Verfassen eines Glossars jiddisch-deutscher und jiddisch-englischer Begriffe. Nachdem alle Gruppen sich gegenseitig ihre Ergebnisse präsentiert haben, beginnt die Zusammenstellung eines Wörterbuches. Dabei belassen es die Schüler nicht bei der reinen Auflistung der jiddischen Wörter und ihrem deutschen bzw. englischen Pendant, sondern sie verfassen auch eine kurze Einleitung in die jiddische Sprache und ihre Geschichte. So erfährt der Leser dann zusätzlich viele kulturelle Informationen über die jüdische Sprache.
   Nachdem die inhaltliche Arbeit abgeschlossen ist, wird ein Layout für das Wörterbuch erstellt, so dass es theoretisch auch druckbar bzw. publizierbar wäre.
6. *Bedenkenswertes:* Mit einer jüngeren Schülerschaft ist ein solches Projekt, zumindest in diesem Umfang, sicher schwierig durchzuführen. Grundsätzlich sollte Wert

darauf gelegt werden, dass die Schüler es nicht nur bei der reinen Übersetzungs-
arbeit belassen. Der kulturelle Hintergrund der Sprache und ihre Geschichte sollten dabei ebenfalls in den Blick genommen werden. Abhängig davon wie sehr die
Lerngruppe an eigenverantwortliches Lernen und Arbeiten gewöhnt ist, bietet dieses Projekt der Lehrkraft die Möglichkeit den Lernprozess unterschiedlich stark zu
lenken.

7. *Material:*

Englisch/Jiddisch

Jiddische Ausdrücke im Englischen werden vornehmlich im Amerikanischen verwendet, da
mit den großen Auswanderungswellen viele Juden vor allem in die Vereinigten Staaten reisten.
Mit den Menschen kam auch ein Teil der Sprache mit ins Land.

Diese, überwiegend aus einzelnen Wörtern bestehende Ansammlung, von der hier leider auch
nur eine kleine Auswahl vorgestellt werden kann, ist in mehrere Gruppen einzuteilen. Da sind
zum einen diejenigen Ausdrücke, die genauso (freilich, Gott) oder beinahe (gefilt, Gevalt) wie
im Deutschen geschrieben und gesprochen werden. Dann gibt es noch die Wörter, die etwa
wie im Deutschen gesprochen werden, deren Schreibweise teilweise radikal von der normal
deutschen abweicht (vuss). Man könnte hier noch eine Menge aufzählen, dies würde jedoch
den Rahmen dieses Unternehmens sprengen.

Wörterbuch Jiddisch/Englisch/Deutsch		
Jiddisch	**Englisch**	**Deutsch/Anmerkungen**
bissel	a little, a bit	ein bisschen, ein wenig
derinnen	thing – in mitn derinnen – in the middle	drinnen
dreck	garbage; something of poor equality	Dreck
freilich	happy, joyous	natürlich
fress	eat, especially a lot or quickly	unfein essen
gefilte fish	fish cakes	Gericht
gelt	money	Geld

geshmak	extremely tasty	wahrnehmen, Geschmack
gevalt	exclamation of help or fear	Hilferuf (Gewalt)
gezunt	health	gesund, Gesundheit
gezuntheit	‚God bless you'	Gesundheit
ghetto	neighborhood; quarter of a city where Jews were required or chose to live	Nachbarschaft
glatt	strictly kosher	glatt
glick	luck	Glück
gott	God	Gott
grosse	big	groß
gutt	good	gut
kind	child	Kind
klug	smart or clever	klug
kop	head	Kopf
kosher	honest	geheuer, richtig
lacht	laughs	lachen
landsman	person from the old neighborhood or country	alter Vertrauter
leben	life	Leben
liebe	love	Liebe
loch	hole	Loch

loyf	run	laufen
luft	air	Luft
machen	make	machen
macher	important person	Macker
mama	mother	Mutter (von Mamel)
mensch	a decent fellow, a decent human being	Mensch
meshugge	crazy person, nuts	verrückt
mir	me	mir
mit	with	mit
mitn	middle, ,in mitn derinnen' – out of the blue	mitten(-drinnen)
nar	a fool	Narr
shluff	sleep	Schlaf
shlug	to beat	schlagen
shlump	sloppy person	Schlampen
shmutz	dirt	Schmutz
un	and	und
veyn	cry	weinen
vuss	what	was
zaftig	juicy plump, buxom	saftig
zits	to sit	sitzen

Auszüge aus dem Projekt: Wörterbuch Englisch/Jiddisch

Wörterbuch Jiddisch/Deutsch/Hebräisch		
Ausdruck	**Bedeutung**	**Hebräischer Ursprung**
Amen	So soll es sein!	amen (fest, wahr, gültig)
ausbaldowern	auskundschaften	ba'al dower (einer, der die Sache kennt)
ausgekocht	raffiniert, klug	chacham, chochem (weise, klug)
Balsam	Balsam	boschem, über Griechisch etc. ins Deutsche gekommen
benebelt	dumm, betrunken	nabal (Tor, dummer Mann)
beschickert	leicht betrunken	schikkor (trunken)
besebeln	betrügen, „bescheißen"	zebel (Mist, Kot)
btucht	verlässlich, abgesichert, wohlhabend	batuach (vertrauenswert), von batach (vertrauen)
blau (sein, blau machen)	betrunken, faul, nichts leistend	be-lo (mit nichts, ohne)
dufte, toffe	gut	tovet (gut), von tov (gut)
einseifen (jemanden)	jemanden etwas einreden, ihn betrügen, „bescheißen"	zebel (Mist, Kot)
flöten gehen	verloren gehen	plejta (Entrinnen, Entkommen) siehe Pleite
Ganove	Betrüger	gannav (Dieb)
Gauner (ursprünglich: Jauner)	Gauner	jana (übervorteilen) oder jawan (Griechenland, „wie ein Grieche")
geschlaucht	erschöpft	schlacha (zu Boden werfen)

Guten Rutsch	Wunsch zum jüdischen Neujahrsfest	Rosch haSchana (hebr. Kopf des Jahres) – Juden wünschen ein „Gut Rosch"
großkotzig	prahlerisch	kozin (vornehm, reich) oder/und qazin (Anführer)
Halleluja	Lobet Gott!	halellu – Jah (Lobt Jah!)
Hals- und Beinbruch (ursprünglich: haloche un broche)	Segenswunsch	baruch (gesegnet), jidd. broche (Segen), hazelach (sei erfolg-reich!), von zalak (gelingen)
Hosanna, Hosianna	Huldigungsruf an Gott und den Messias-König (eigentlich: „hilf doch!")	hoschijah-nna (hilf doch!), von jascha (retten, helfen, befreien)
Jubel, Jubiläum	Jubelruf, Feier	jobel (Freudenruf, Hornschall)
kabbeln	zanken, streiten	kaval (fesseln, binden)
Kaff	armselige Ortschaft	kfar (Dorf)
kess	frech, flott, schick	cheth (hebr. Buchstabe) – hier als Abkürzung für chacham, chochem (klug, gewandt)
Kies	Geld	kis (Beutel, Geldtasche)
Kluft	Gewand	qilluf (Schale, Rinde)
Knast	Freiheitsstrafe, Gefängnis	kanas (Strafe)
Kohl (reden)	Geschwätz, Unsinn	qol (Stimme, Rede, Gerücht)
koscher	in Ordnung seiend, dem jüd. Gesetz gemäß	kascher (tauglich, religiös in Ordnung)
kotzen	speien	qoz (Ekel empfinden)

Macke (eine M. haben)	bekloppt sein	maka (Schlag)
Maloche	schwere Arbeit	melaka (Arbeit)
Massel (Gegenteil: Schlamasel = Schlimm-Massel)	Glück	mazzal (Stern, Schicksal)
mauern	sich defensiv verhalten, zurückhaltend spielen	mora (Furcht), jidd. maure
maustot	tot	mauväth (tot), von moth (Tod)
meschugge	verrückt	meschuga (irr)
Messias	Christus, Gesalbter	maschiach (Gesalbter)
mies	schlecht	me:is (schlecht, verächtlich)
Mischpoche	Sippe	mischpacha (Familie, Stamm)
Moos	Geld	maoth (kleine Münzen)
petzen	verraten	pazah (den Mund auftun)
pfutsch, futsch	verloren, weg	puz (sich auflösen)
Pleite	Bankrott	pletja (Flucht, hier: Flucht vor Schuldhaft)
Ramsch	wertloses Zeug	rammauth (Betrug)
Reibach (machen)	viel Gewinn	rebabah (unzählbare Menge, 10.000, Myriade)
Rutsch (Guten Rutsch!)	Neujahrswunsch	rosch (Kopf, Anfang, Jahresanfang), jidd. rusch
Sack	grober Stoff	saq (Sack), über Griechisch (sakkos), Latein (saccus) etc. ins Deutsche gekommen

Satan	Teufel	satan (Widersacher, Ankläger)
schächten	(rituell richtig) schlachten	schachat (schlachten)
schäkern	flirten	chek (Busen), oder schakar (lügen)
Schickse	Weibsperson (Christenmädchen)	schikkuz (Gräuel, Abscheu)
schleimen (sich einschleimen)	schmeicheln	schäläm (Erstattung, Dank), schalmon (Bestechungsgabe)
Schmiere (stehen)	aufpassen (warnen vor Polizei)	schamar (bewachen, beobachten)
Schmäh	unwahres Gerücht, Witz	schemah (Gehörtes, Gerücht)
Schmus	Geschwätz	schemuoth (Gehörtes, Gerüchte)
Schoah	Vernichtung (der Juden durch NS-Regime)	schoah (Sturm, Verwüstung, Vernichtung)
schummeln	einsagen, schwindeln	schemah (Gehörtes, Gerücht)
Schussel	nervöser Mensch	schut (umherlaufen)
Stuss (reden)	Unsinn	schtuth (Narretei), jidd. stus
Tinnef (reden)	Schund	tinnuf (aramäisch: Kot, Schmutz, Nachgeburt)
Toches	Hintern	tachath (das Untere)
Tohuwabohu	Durcheinander, Wirrwarr	tohu wa bohu (Wüste und Leere) nach Luther ins Deutsche gekommen
Zocker	Spieler	zchok (lachen, scherzen, spielen)
Zoff	Ärger	soph (Ende, Schluss)

Auszug aus dem Projekt: Wörterbuch Jiddisch/Deutsch

17. Planung eines trialogischen Unterrichts im Fach Deutsch in allen Jahrgangsstufen
Durchgeführt vom Georg-Büchner-Gymnasium, Bad Vilbel

1. *Klassenstufe:* Jahrgangsstufen 5–11
2. *Zeitlicher Umfang:* 6 Monate
3. *Beteiligte Fächer:* Deutsch
4. *Außerschulische Kooperationspartner:* keine
5. *Ablauf:* Schon einige Zeit vor Beginn des eigentlichen Projektes wird aufgrund der recht hohen Anzahl der teilnehmenden Schüler eine Fragebogenaktion gestartet, um die Interessenslage der Teilnehmer einzuschätzen und daraufhin passende Themen auszuwählen. Zur Vorbereitung von Unterrichtseinheiten zum Trialogthema im Fach Deutsch wird an alle Mitglieder der Fachschaft Deutsch eine Material-CD mit Texten und Lektüre- bzw. Filmvorschlägen für die Jahrgangsstufe 5–11 zur Vorbereitung des Unterrichts verteilt. So haben alle Lehrer frühzeitig die Möglichkeit, den Trialog in ihren Jahresplan mit einzubeziehen. Ein Beispiel für die Verbindung von den Anforderungen des Lehrplans und der gleichzeitigen Einbeziehung des Trialogs zeigt sich in der 6. Klasse: das vorgeschriebene Thema der Schwänke lässt sich in der Auseinandersetzung mit Hacivat und Karagöz (Protagonisten des nach der Hauptfigur „Karagöz" benannten Schattentheaters) umsetzen. Die Klassen 7 und 8 setzen ihren Schwerpunkt auf die Behandlung von Literatur, z. B. des jüdischen Werkes „Lauf, Junge, lauf" oder „Seidenhaar". Die in Klasse 10 laut Lehrplan vorgesehene Filmanalyse (Behandlung des Mediums Film in Bezug auf Ästhetik und Technik sowie die kritische Reflexion des Sprachgebrauchs, hier: „Alles auf Zucker") kann zu einer kreativen Anregung werden, in der sich Schüler auf filmischen Wegen dem Trialog nähern.

   Die Behandlung des Themas übergreifend in beinahe allen Jahrgangsstufen ermöglicht für die Lehrkraft, aber auch für die Schüler eine selbstständige Auseinandersetzung mit den Inhalten. Dadurch, dass die Befragung erste Interessensschwerpunkte offenbar werden lässt, handeln alle Beteiligten mit mehr Engagement und Initiative als bei vorgegebenen Unterrichtsinhalten. Das Thema des Trialogs lässt sich damit auch in das schulinterne Curriculum einbinden.

6. *Bedenkenswertes:* Da bei diesem Projekt viele verschiedene Altersstufen beteiligt sind, lässt sich auch methodisch eine große Vielfalt finden und bewusst einsetzen: von der Erstellung eigens angelegter Lesetagebücher bis zum Anfertigen von Plakaten offenbaren sich hier viele Möglichkeiten. So kann sehr speziell auf die verschiedenen Lerngruppen eingegangen werden.

7. Material:

Tabellarischer Überblick über die in den einzelnen Jahrgangsstufen gewählten Werke

Jahrgangsstufe 5	**Märchen aus 1001 Nacht** ▸ Die Reisen Sindbad des Seefahrers ▸ Aladdin und die Wunderlampe (Ausgabe: Märchen aus Tausendundeiner Nacht. Nach der Übersetzung von Gustav Weil für junge Leser erzählt von Karl Heinz Berger. Stuttgart 1990)
Jahrgangsstufe 6	**Der Schelm vom Bosporus** Ausgabe: Gerd Frank (Hrsg.): Der Schelm vom Bosporus. Anekdoten um Nasreddin Hodscha. Meerbusch 1994 **Karagös und Hadschiwad** Ausgabe: Karagös und Hadschiwad. In: Sprachschlüssel 5 (1987). S. 44–47. Monika Kühn: **Karagöz und Rumpelstilzchen**. Donauwörth 1994 Inci Hilbert, Senay Karaguz, Volker Mergner: **Karagöz. Türkisches Schattenspiel**. Hückelhoven 2007 (Texte auf Türkisch und auf Deutsch) **Der verlorene Bruder.** Von Monika Kühn frei nach Motiven des Stückes „Die beiden verlorenen Brüder" („Iki Gaip Kardeler"). In: Otto Spies: Türkisches Puppentheater. Emsdetten 1959
Jahrgangsstufe 7	Uri Orlev: **Lauf, Junge, lauf.** Weinheim 2006 Holly-Jane Rahlens: **Prinz William, Maximilian Minsky und ich**. Reinbek bei Hamburg 2005
Jahrgangsstufe 8	Aygen-Sibel Celik: **Seidenhaar**. Wien 2007 Valerie Zenatti: **Leihst du mir deinen Blick**. Hamburg 2006
Jahrgangsstufe 9	Die Auswahl folgt der Pro-Gradu-Arbeit von Katja Viitanen: **Identität in der Fremde**. Dargestellt am Beispiel deutscher Migrantenlyrik. Universität Tampere 2004
Jahrgangsstufe 10	Film: **Alles auf Zucker**. Deutschland 2004, Länge: 95 min. Claudia Kühn: **Türkisch für Anfänger**. Hamburg 2007
Jahrgangsstufe 11	Tevfik Turan: **Von Istanbul nach Hakkari**. Eine Rundreise in Geschichten. Zürich 2005

Leseliste

18. Bau eines „Turms zu Babel"
Durchgeführt von der Königin-Luise-Stiftung, Berlin

1. *Klassenstufe:* Jahrgangsstufen 1–13
2. *Zeitlicher Umfang:* 3–4 Monate
3. *Beteiligte Fächer:* Religion, Kunst, Mathematik, Deutsch, Darstellendes Spiel, Geschichte, Politik
4. *Außerschulische Kooperationspartner:* Kunsthistorisches Institut der Freien Universität Berlin, Institut für Vorderasiatische Archäologie, Institut für Altorientalistik, Pergamonmuseum, Architektenkammer Berlin
5. *Ablauf:* Um einen ersten Zugang zum Thema zu bekommen, beschäftigen sich alle teilnehmenden Lerngruppen zunächst mit dem Mythos und der Wirklichkeit des Turms von Babel. Zu diesem Zweck besuchen einige Lerngruppen das Institut für Vorderasiatische Archäologie und Altorientalistik. Dort erfahren sie vieles über die religiösen Traditionen von Juden, Christen und Muslimen. Dieses Wissen wird dann im Fachunterricht auf verschiedenste Art und Weise bearbeitet. In Mathematik beispielsweise mit der Fragestellung: „Ist die Welt berechenbar? – Der Glaube an die Zahlen"; oder im Fach Darstellendes Spiel mit dem Thema „Vom Mythos zum Logos – ein griechischer Theaterwettstreit", bei dem die Stücke Medea, Amor und Psyche und Odysseus behandelt werden. Den Schwerpunkt bilden dabei die Fächer Kunst, Religion und Geschichte/Politik. Besonders hoch ist das Engagement bei den Schülern im Fach Kunst. Hier wird ein Organisationsteam gegründet, das die Ausstellung vorbereitet, begleitet und betreut. Von der künstlerischen Seite werden verschiedene Aspekte thematisiert, z. B. die Sprachverwirrung (Schablonendruck), oder die Frage „Was ist in meinem Kopf?" (Malerei). Auch werden hier für die Begriffe Liebe, Freundschaft, Hass, Mut, Verrat, Freiheit und Gewalt Symbole entwickelt, die sich in der so entstandenen Form im Turm wiederfinden. Dies ist eine besondere Herausforderung für die Schüler, denn die im Fachunterricht entstandenen Ideen müssen in ein Symbol oder ein Bild umgewandelt werden, um im Turm ausgestellt werden zu können. Einen Schwerpunkt der Ausstellung bildet die Behandlung der Opferthematik in den drei Religionen und in der säkularen Welt. Während des Projektes bietet es sich an, Exkursionen durchzuführen, z. B. zu den Gotteshäusern der drei Religionen oder in Museen, die sich dezidiert mit der Geschichte des Turms von Babel auseinandersetzen (hier das Pergamonmuseum mit einer Ausstellung zur Thematik rund um die Stadt Babylon). Auch Gesprächsrunden oder Expertenbefragungen können methodisch eingesetzt werden.

Um schließlich die Ergebnisse des Projektes angemessen auszustellen, wird ein Turm aus Holz entworfen und gebaut, der verschiedene Fächer bietet, in denen Exponate ausgestellt werden können. So kann jedes dieser Fächer mit einem anderen Themenschwerpunkt ausgestattet werden. Nachdem der Turm gebaut und ausgestattet ist, wird er im Rahmen einer Feier der Öffentlichkeit präsentiert. Hierbei können natürlich auch Eltern und Vertreter der Presse anwesend sein. Schüler erklären dabei, welche Symbole und Ausstellungsstücke was bedeuten und geraten eben auf diese Weise schnell ins Gespräch mit anderen. So können sie ihr neu gewonnenes Wissen zeigen und durch Diskussionen mit anderen vertiefen. Zudem steht der Turm nicht hinter verschlossener Tür, sondern in einem Treppenhaus der Schule, so dass die Schüler immer wieder an das Projekt erinnert und angeregt werden, über den Trialog der Religionen nachzudenken.

6. *Bedenkenswertes:* Wie bei allen Projekten, bei denen handwerklich gearbeitet und etwas gebaut wird, sollte auch hier der sicherheitstechnische Aspekt Vorrang haben. Dadurch, dass der Turm in unterschiedliche Fächer untergliedert ist, können verschiedene Aspekte dar- und ausgestellt werden.

Dieses Projekt hat zudem den Vorteil, dass eine große Anzahl von Schülern mit den verschiedensten Fächern daran teilnehmen kann. Außerdem lassen sich die Arbeitsformen offen gestalten, so dass sie direkt auf die Lerngruppe abgestimmt werden können. Soll nur eine kleine Gruppe sich mit der Thematik des Turms von Babylon beschäftigen, wäre es jedoch übertrieben oder zumindest recht aufwendig, einen solchen Turm auch zu bauen.

7. *Material:*

Detailansichten des Turms

Auszug der behandelten Themen		
Klassenstufe(n)	**Fach**	**Thema des Projektes**
1–3 Grundschule	Religion	Religiöse Symbole und Feste
8–9 Realschule	Mathematik	Ist die Welt berechenbar? Der Glaube an die Zahlen
8–10 Gymnasium	Mathematik	Berechnung von Türmen und Säulen zur Erstellung religiöser Großgebäude; das religiöse Denken der Mathematiker
6 Gymnasium	Kunst	Symbole und Objektbau: „Woran glaubst du?"
7 Gymnasium	Kunst	Schablonendruck: „Sprachverwirrung"
8 Gymnasium	Kunst	Malerei: „Was ist in meinem Kopf?"
9 Gymnasium	Kunst	Schrift, Schreiben, Plakate: „Weißt du, woran du glaubst?"
7–8 Realschule	Darstellendes Spiel	Odysseus
9–10 Realschule	Darstellendes Spiel	Amor und Psyche
12 Gymnasium	Darstellendes Spiel	Medea
11 Gymnasium	Deutsch	Nathan der Weise
5 Gymnasium	Geschichte	Die Kultur im Zweistromland
9 Gymnasium	Deutsch	Der Sündenbock: Max Frisch – Andorra
10 Realschule	Religion	Das Opfer in der Religion und in der säkularisierten Welt
11 Gymnasium	Geschichte	Laokoon: Medien als neue Götter
11 Gymnasium	Religion	Das babylonische Exil und die Geschichte des jüdischen Volkes
7 Gymnasium	Religion	Tora, Scharia und die 10 Gebote

Anlässlich der Zweiten Deutsch-Türkischen Lehrerakademie der Herbert Quandt-Stiftung im Jahr 2009 in Berlin

19. Erarbeitung und Durchführung eines Bußgottesdienstes
Durchgeführt von der Wald-Oberschule, Berlin

1. *Klassenstufe:* Jahrgangsstufen 11–12
2. *Zeitlicher Umfang:* 3 Monate
3. *Beteiligte Fächer:* Religion, Musik
4. *Außerschulische Kooperationspartner:* Referenten: jüdische Religionslehrerin, katholischer Pater, evangelischer Pfarrer, Professor für Islamwissenschaft
5. *Ablauf:* Im Rahmen des einmal im Jahr gefeierten Gottesdienstes zu einem christlichen Feiertag (Buß- und Bettag) regen die Schüler an, sich zu diesem Anlass mit dem Bußverständnis in den drei Religionen zu beschäftigen und dies in einem gemeinsamen Gottesdienst zum Ausdruck zu bringen. Um sich angemessen darauf vorzubereiten, wird die inhaltliche Basis im Religionsunterricht geschaffen. Die Schüler recherchieren selbstständig in Gruppenarbeit etwas über den Stellenwert der Buße in Judentum, Christentum und Islam und präsentieren nach dieser Arbeitsphase ihre Ergebnisse den jeweils anderen Gruppen. Ausgehend von ihrem neu erworbenen Wissen innerhalb einer Religion bilden sie außerdem Expertengruppen, die sich einer offenen Fragerunde stellen, an der alle Schüler sowie Lehrkräfte teilnehmen, die sich an der Gestaltung des Gottesdienstes beteiligen wollen. So soll allen ein erster Einblick in die Thematik ermöglicht werden.
   Für den Gottesdienst selbst werden sodann Referenten gesucht, die dort einen kurzen Überblick über das Bußverständnis ihrer Religion geben. Die Schüler, die für die Organisation zuständig sind, treffen dann evtl. in Absprache mit dem Musikkollegen/der Musikkollegin oder auch in Kooperation mit einem ganzen Musikkurs, die Auswahl für die Lieder und Musikstücke. Falls vorhanden lassen sich zudem literarische Texte, selbstgeschrieben oder bereits vorhandene, in den Ablauf mit einbauen. Inhaltlich muss außerdem die Anzahl und der Text der Fürbitten geklärt werden.
   Organisatorisch sollte bereits früh die Raumfrage entschieden werden, ebenso wie die liturgische Gestaltung des Gottesdienstes.
6. *Bedenkenswertes:* Wenn in einem Gottesdienst verschiedene Religionen zusammengebracht werden, muss man sich Gedanken über die liturgische Ausformung eines solchen machen. Inwieweit Gebete miteinander gesprochen werden können oder wie weit und in welcher Form ein Wortgottesdienst stattfinden soll, muss mit allen Beteiligten, besonders den Vertretern der Religionen, im Vorfeld besprochen werden, um keiner Religion zu nahe zu treten. Die gemeinsame Gottesdienstfeier sollte auf die Ausformungen der Religionen besonders Rücksicht nehmen, z. B. bei der Auswahl des Termins sowie bei Feiertagen nach den jüdischen bzw. islamischen Kalendern. Auch die Auswahl der Lieder oder generell der Musikstücke sollte immer mit Bedacht geschehen. Es könnte sogar sinnvoll sein, auf Gesang zu verzichten und stattdessen nur Instrumentalmusik zu spielen.
   Insgesamt ist der organisatorische Aufwand recht hoch und sollte von Lehrkräften, die Erfahrung mit der Gestaltung von Gottesdiensten haben, begleitet werden. Au-

ßerdem ist der Buß- und Bettag ein christliches Fest, so dass darauf geachtet werden sollte, auch die anderen beiden Religionen ausreichend zu würdigen und z. B. an Jom-Kippur ebenfalls einen Projekttag zum Thema Buße zu veranstalten.

7. *Material:*

Buß- und Bettagsgottesdienst
Ablaufplan

▸ *Musikalische Einstimmung*
▸ Begrüßung und Vorstellung der Gäste/Referenten der drei Religionen
▸ *Klaviermusik*
▸ Einleitende Worte (Priester/Pfarrer)
  (Was ist Buße- im Hinblick auf das Bußverständnis in den monotheistischen Religionen)
▸ Glaubensbekenntnis nach Bonhoeffer (Schüler)
▸ *Lied „Von guten Mächten"* (Gemeinde, Klasse 6)
▸ Buße im Islam (muslimischer Vertreter)
▸ *Musik*
▸ Buße bei den evangelischen Christen (Pfarrer/ev. Vertreter)
▸ *Musik*
▸ Buße bei den katholischen Christen (Priester/kath. Vertreter)
▸ *Musik*
▸ Buße im Judentum (jüdischer Vertreter)
▸ *Musik*
▸ *Lied „Joshua fit the battle of Jericho"* (Chor)
▸ Literarischer Beitrag: Karl Wolfskehl – „Herr! Ich will zurück" (Schüler)
▸ Fürbitten (zur gegenseitigen Toleranz der Religionen) (Klasse 7)
▸ *Lied „Take the shackles off my feet"* (Chor)
▸ Segen (Priester/Pfarrer)
▸ *Ausgangslied* (Schlagzeug und Gitarre)

INFOBOX: BUSSE IN DEN DREI RELIGIONEN

Judentum

Buße nimmt im Judentum einen hohen Stellenwert ein. Mit dem Neujahrsfest Rosh Hashanah beginnen die „Zehn Tage der Umkehr". In dieser Zeit haben Juden die Gelegenheit, über ihre Taten nachzudenken und in Reue die Menschen um Versöhnung zu bitten. Bedingung dafür ist, dass die Initiative von den Menschen selbst ausgeht und sie ihr zuvor begangenes Unrecht an ihren Mitmenschen wieder gutmachen. Äußerliche Bußrituale sind für eine wirkliche Umkehr

▶

bedeutungslos. Diese Zeit der Reue und Wiedergutmachung endet mit dem höchsten jüdischen Fest: Jom-Kippur, dem Versöhnungstag. An diesem Tag wird das Urteil über die Menschen gesprochen. Wenn sie ihre Taten ehrlich bereuen und wieder gutmachen, werden sie freigesprochen. Zur Zeit des Alten Israels wurde von dem Priester ein Bock mit den Sünden des Volkes belegt und in die Wüste geschickt – der Sündenbock.

Christentum

Im Tanach und damit auch im Alten Testament finden sich viele Geschichten, die von Schuld und Umkehr handeln. Im christlichen Kontext wird dies mit Blick auf das biblische Fundament des Bußverständnisses noch um die Perspektive Jesu und damit seine Sicht auf den Umgang mit Sündern erweitert. Hier spricht sich Jesus für eine ständige Bereitschaft zur Umkehr und damit zur geistigen Erneuerung aus. Ausgehend von der Erbsündenlehre des Augustinus veränderte sich von nun an auch die Gestalt und das Verständnis der Buße. So war die Ablasspraxis zur Zeit Luthers ein entscheidender Kritikpunkt von Seiten der Reformatoren. Dennoch genießt die Buße heute in der evangelischen Kirche ein hohes Ansehen, wenn sie auch nicht wie in der katholischen Kirche zu den Sakramenten gezählt wird. Hier ist der Ablauf des Bußsakraments vorgeschrieben: Reue, Bekenntnis, Genugtuung. Auch wenn in der evangelischen Kirche die Buße nicht zu den Sakramenten gehört, verstummen die internen Stimmen nicht, die sich für eine Aufnahme aufgrund eines ausreichenden biblischen Fundaments aussprechen.

Islam

Der Begriff der Umkehr ist im Islam eng verbunden mit der Vorstellung vom Glauben. Umkehr bedeutet hier, sein Leben wieder ganz der Führung Gottes anzuvertrauen und sich seinem Willen hinzugeben (wörtlich bedeutet „Islam" Hingabe an Gott, Unterwerfung unter seinen Willen). Die Schuld gehört zum Dasein des Menschen und daher werden die menschlichen Taten in fünf Kategorien eingeteilt: gebotene, empfohlene, erlaubte, missbilligte und verbotene Handlungen. Zusätzlich werden noch kleine und große Sünden unterschieden. Wer sich aber bemüht, seinen religiösen Pflichten nachzukommen und gute Werke zu vollbringen, darf auf die Vergebung Gottes hoffen. Entscheidendes Kriterium und damit Mittelpunkt des muslimischen Bußverständnisses ist der Glaube an Gott. So mahnt auch der Koran an vielen Stellen zu Reue und Buße (z. B. Sure 5,74).

Weiterführende Literatur

Holzapfel-Knoll, M./Leimgruber, S. 2009: Gebete von Juden, Christen und Muslimen. Modelle für religiöse Feiern in der Schule. München

Sievernich, M./Seif, K. P. 1983: Schuld und Umkehr in den Weltreligionen. (Veröffentlichungen der Rabanus-Maurus-Akademie, Frankfurt am Main) Mainz

Wagemann, G. 2002: Feste der Religionen. Begegnung der Kulturen. München

20. Aufführung eines „Konzertes der Kulturen"
Durchgeführt von der Sankt-Lioba-Schule, Bad Nauheim

1. *Klassenstufe:* Jahrgangsstufen 5–7 bzw. 10–13
2. *Zeitlicher Umfang:* 6 Monate
3. *Beteiligte Fächer:* Musik
4. Außerschulische Kooperationspartner: Evangelische Dankeskirche, Eltern & Freunde-Chor, LehrerChor, ArtChor, Klezmer Ensemble Bad Nauheim, TonArt hungen, Vocal Coaching
5. *Ablauf:* Um bei dem angestrebten „Konzert der Kulturen" möglichst viele verschiedene Gruppen und Chöre mit einzubeziehen, ist eine langfristige Planung nötig. Zunächst werden für die vorhandenen Musikgruppen an der Schule passende Stücke zusammengesucht. Da die verschiedenen Kulturen thematisch im Vordergrund stehen, werden nicht nur bekannte barocke bis klassische und/oder moderne Stücke ausgewählt, sondern auch besonders solche, die dem Hörer wahrscheinlich fremd sind. Die Auswahl gilt es mit der musikalischen Kompetenz der Musikgruppen abzuwägen. Sind Stücke für die Musizierenden zu schwer, führt dies nur zur Frustration. Wenn sich die Möglichkeit bietet, können auch außerschulische Gruppen eingeladen werden, sich am Konzert zu beteiligen. Besonders solche, die kulturell-typische Musik machen, wie z. B. eine Klezmer-Gruppe oder ein muslimischer Gebetsrufer, bieten einen musikalisch authentischen Blick in die jeweilige Religion bzw. Kultur. Auch hier sind organisatorische Absprachen nötig. Ebenfalls in diesen Bereich fällt die Auswahl eines Veranstaltungsortes. In mancher Schule kann dafür die Aula genutzt werden, doch es bestehen auch andere Möglichkeiten, wie z. B. Kirchen oder öffentliche Gebäude (wobei hier an evtl. Kosten gedacht werden sollte). Ebenfalls muss die Frage der Technik geklärt werden: Muss für das Konzert technisches Equipment ausgeliehen werden? Wer betreut den technisch reibungslosen Ablauf? Und so weiter.
Wenn die Auswahl der Stücke getroffen ist, kann mit den Proben begonnen werden. Sind viele Musikgruppen beteiligt, müssen die Probenzeiten sinnvoll organisiert werden, damit weder die Schüler noch die betreuenden Lehrkräfte mit Terminen überlastet werden. Musische Produktionen mit Kindern und Jugendlichen müssen meist über einen längeren Zeitraum einstudiert werden. Daher sollten vorab wichtige Termine wie zentrale Prüfungen oder Abitur im Zeitplan berücksichtigt werden. Die Schüler sollten genügend Zeit für ihre anderen schulischen Verpflichtungen haben. Um die Probenzeit zu intensivieren, kann es sinnvoll sein, ein Probenwochenende oder ganze Probentage (am besten eignet sich der Samstag) durchzuführen. So kann sorgfältig geübt werden, und die Musikgruppen entwickeln oft ein gemeinsames „Wir-Gefühl", das den Zusammenhalt und die Motivation erneut steigert. Durch eine parallel stattfindende thematische Auseinandersetzung mit dem Trialog kann ebenfalls die Motivation gesteigert werden, da die Schüler so ihr Wissen vernetzen können und Hintergründe zu den Musikstücken erfahren, z. B. aus

welchem kulturellen Kontext diese stammen (beispielsweise die Bedeutung des Gebetsrufes im Islam).

Außerdem sollten im Vorfeld noch weitere organisatorische Fragen geklärt werden, wie z. B.: Wer kümmert sich um die Öffentlichkeitsarbeit (Plakate, Programme, Pressearbeit)? Welche Kosten fallen an?

6. *Bedenkenswertes:* Hat eine Schule bisher wenig Erfahrung mit musikalischen Aufführungen, kann ein solches Konzert auch in einem kleineren Rahmen mit weniger Beiträgen stattfinden. So könnte ein engagierter Musikkurs interessierte Schüler sowie Lehrkräfte oder auch Eltern zu einem internen Vorspiel einladen. Wird ein großes Projekt angestrebt, sollten die betreuenden Kollegen Erfahrung mit größeren Aufführungen haben oder auch mit einer Musikschule kooperieren.

7. *Material:* Aus der Programmfolge

Chor der Klassen 5 + 6

Aus Indien, Sanskrit (L. Maierhofer)	„Om Shanti Om"/„Give me Peace"
Trad. Israel	„Toembai"
Nach einem hebr. Volkslied	„Hineh mah tov umah naim" (Ps. 131,1) *(Schön ist's, wenn unter Menschen Liebe und Friede wohnen)*
Trad. aus Botswana (L. Maierhofer)	„Sana, Sananina, Praise the Lord"
Volksweise aus Israel	„Shalom chaverim" *(Friede sei mit euch, Freunde! Lebt wohl)*
Senat Uzeirovski	Gebetsruf
Eltern & Freunde-Chor	„Sing Halleluja" „Jezu Ukukhanya" „We shall overcome" „This little light of mine"
Manfred de Vries	Lesung

LehrerChor

Dov Carmel	„Chodesh yeshua" aus „Piyutim"
(Naomi Shemer/Gil Aldema/arr.)	„Yerushalayim shel zahav"

ArtChor

Henry T. Burleigh	„Deep River"
Larry Farrow	„Swing Low"
Trad. Spiritual	„O Happy Day"
John Clements	„Flower of Beauty"

Senat Uzeirovski „Mein verrücktes Herz"

Klezmer Ensemble Bad Nauheim

„Schoschanat Yaakov"
„Hatikva"
„Bei mir Bistu Schein"

Ernst Widmann Lesung

TonArt hungen

Godorn Youn	„Jubilate"
Johann Seb. Bach	„Psallite Deo nostro"
Sergej Rachmaninov	„Bogorodidse Devo Radusja Mariae"
Trad.	„Nkosi Sikelele (Weeping)"
Joseph Rheinberger	„Abendlied"

Senat Uzeirovski „Unser wertvollster Schatz"

LehrerChor

Aus dem Alten Simonov-Kloster bei Moskau	„Cherubikon" aus der „Göttlichen Liturgie unseres Vaters unter den Heiligen Johannes Chrysostomus"
John Rutter	„God be in my head"

Chor 9–13

Gil Aldema	„Schalom alejchem"
Paul Basler	„Gloria Missa Kenya"

► **Vocal Coaching**

Tova Porat	„El Haderech"
Randall Stroope	„Song of the Earth" – Trad. Mohawk
David Fanshawe	„Kyrie" („Muezzin") – „Gloria", Hochzeitstanz aus African Sanctus
Trad. Zulu	„Mamalye"
James Moore	„Irish Blessing"

Aus der Programmfolge

21. Organisation und Durchführung einer Lessing-Konferenz
Durchgeführt vom Lessing-Gymnasium, Berlin

1. *Klassenstufe:* Jahrgangsstufen 11–12
2. *Zeitlicher Umfang:* 3–4 Monate
3. *Beteiligte Fächer:* Philosophie
4. *Außerschulische Kooperationspartner:* Muslimische Jugend Deutschlands, Otto-von-Guericke-Universität Magdeburg, Ev. Kornelius-Gemeinde Berlin-Wedding, Amadiyya-Gemeinde Berlin, IPAHB (Interessensgemeinschaft Pankow-Heinersdorfer Bürger), Fachseminar Philosophie
5. *Ablauf:* An diesem Projekt beteiligen sich zwei Kurse im Fach Philosophie, die zeitlich parallel arbeiten. Beiden Kursen wird zu Beginn des Projektes ein Reader mit Basisinformationen zu Menschenrechten mit aktuellen Zeitungsartikeln, Dokumenten und Texten als Grundbestand ausgeteilt. Ausgehend von diesem ersten Zugang entscheiden die Schüler sich dafür, bestimmte Aspekte näher zu untersuchen. Dazu werden insgesamt sieben Gruppen gebildet, die sich nun auf ein selbst gewähltes Thema konzentrieren. Schnell wird sichtbar, dass besonders zwischen der von der christlichen Kultur geprägten westlichen Welt und dem Islam das Thema der Menschenrechte umstritten ist.

   Die Schüler recherchieren nun zu ihrem gewählten Thema selbstständig in Bibliotheken, dem Internet oder in ihrer näheren Umgebung. Eine Gruppe entschließt sich, ein Interview mit Vertretern einer muslimischen Gemeinde und einer Interessensgemeinschaft von Anwohnern zur Problematik eines Moscheebaus durchzuführen. Um das Interview auswerten und dokumentieren zu können, wird beschlossen, dieses zu filmen. Andere Gruppen besuchen das Deutsche Zentrum für Menschenrechte; wieder andere interviewen Vertreter von christlichen und muslimischen Gemeinden und bemühen sich, über die israelische Botschaft Experten heranzuziehen. Zudem nehmen sich alle Gruppen vor, zu ihrem Thema einen aktuellen Bezug zum Alltagsgeschehen herzustellen, z. B. die Diskussion um die Abtreibung. Den Abschluss dieser ersten Projektphase stellt eine interne Präsentation aller teilnehmenden Lerngruppen dar, an die sich ein reger Meinungsaustausch über die bisherigen Ergebnisse anschließt. Dies offenbart die Möglichkeit, neue Perspektiven auf ein Thema zu gewinnen und ein direktes Feedback zu erhalten. Außerdem können hier schon erste Varianten der Präsentationsformen mit Blick auf die geplante Lessing-Konferenz, auf der alle Arbeitsgruppen ihre Ergebnisse vorstellen und für die eine Podiumsdiskussion angedacht ist, geübt werden. So profitieren die Schüler nicht nur inhaltlich, sondern auch methodisch. In der zweiten Projektphase werden auf Grundlage der Evaluationen aus der internen Präsentation die Produkte der Gruppen erneut überarbeitet. Auch diese Überarbeitung wird in einer schulinternen Präsentation diskutiert und evaluiert. Die dritte Projektphase widmet sich dann der Vorbereitung der Lessing-Konferenz. Zu diesem Zweck müssen Plakate erstellt, die Filmvorführung vorbereitet und die Podiumsdiskussion organisiert werden; die gesamte Organisation (Flyer entwerfen, Einladungen verfassen, Raum ausstatten, Technik bereitstellen und bedienen, Catering organisieren, Konferenz-broschüre erstellen und drucken lassen) wird von den Schülern geleistet. Die Prä-sentation der Gruppenergebnisse wird dabei mediengestützt durchgeführt. Zudem schließt sich an die Konferenz eine große Diskussionsrunde mit allen Teilnehmern an, die die Schüler moderieren. An dieser Stelle zeigt sich, dass sie dies zum großen Teil auch deswegen bewältigen können, da im Vorfeld eine tiefgreifende Auseinan-dersetzung mit dem Thema stattgefunden hat.

6. *Bedenkenswertes:* Soll das Projekt von den Schülern stark selbstgesteuert sein, muss vorausgesetzt werden, dass diese motiviert und engagiert daran arbeiten und auch dementsprechend betreut werden. Schon durch die Wahl des Faches ist ein solches Projekt auf die Oberstufe festgelegt und sollte auch nur dort durchgeführt werden.

7. *Material:*

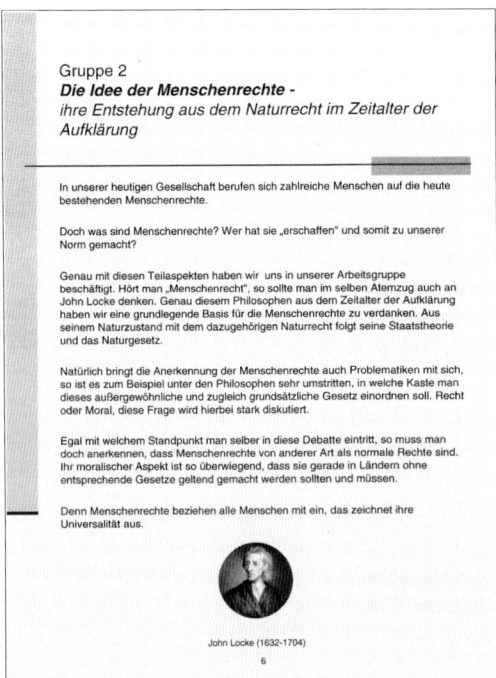

Gruppe 2
Die Idee der Menschenrechte -
ihre Entstehung aus dem Naturrecht im Zeitalter der
Aufklärung

In unserer heutigen Gesellschaft berufen sich zahlreiche Menschen auf die heute
bestehenden Menschenrechte.

Doch was sind Menschenrechte? Wer hat sie „erschaffen" und somit zu unserer
Norm gemacht?

Genau mit diesen Teilaspekten haben wir uns in unserer Arbeitsgruppe
beschäftigt. Hört man „Menschenrecht", so sollte man im selben Atemzug auch an
John Locke denken. Genau diesem Philosophen aus dem Zeitalter der Aufklärung
haben wir eine grundlegende Basis für die Menschenrechte zu verdanken. Aus
seinem Naturzustand mit dem dazugehörigen Naturrecht folgt seine Staatstheorie
und das Naturgesetz.

Natürlich bringt die Anerkennung der Menschenrechte auch Problematiken mit sich,
so ist es zum Beispiel unter den Philosophen sehr umstritten, in welche Kaste man
dieses außergewöhnliche und zugleich grundsätzliche Gesetz einordnen soll. Recht
oder Moral, diese Frage wird hierbei stark diskutiert.

Egal mit welchem Standpunkt man selber in diese Debatte eintritt, so muss man
doch anerkennen, dass Menschenrechte von anderer Art als normale Rechte sind.
Ihr moralischer Aspekt ist so überwiegend, dass sie gerade in Ländern ohne
entsprechende Gesetze geltend gemacht werden sollten und müssen.

Denn Menschenrechte beziehen alle Menschen mit ein, das zeichnet ihre
Universalität aus.

John Locke (1632-1704)

6

Auszüge aus der Konferenzbroschüre

Themen der Lessingkonferenz	
Gruppe 1	Menschenrechte und Religionsfreiheit – am Beispiel eines Moscheebaus in Berlin-Pankow
Gruppe 2	Die Idee der Menschenrechte – ihre Entstehung aus dem Naturrecht im Zeitalter der Aufklärung
Gruppe 3	Menschenrecht und Gottesrecht – Menschenrecht als Aufstand des Menschen gegen Gott?
Gruppe 4	Geschichte der Menschenrechte in den Krisen der Moderne – Sind Menschenrechte als moralische Werte unveränderlich?
Gruppe 5	Menschenrechte und kulturelle Identität – Menschenrechte als kleiner gemeinsamer Nenner
Gruppe 6	Universalität versus Relativität der Menschenrechte – Abtreibung: Gilt das Menschenrecht auf Leben auch vorgeburtlich?

22. Erstellung eines Kochbuches für koschere und reine Speisen
Durchgeführt von der Emil-Fischer-Schule, Berlin

1. *Klassenstufe:* Berufsfachschüler, Jahrgangsstufen 11–13
2. *Zeitlicher Umfang:* 6–8 Wochen
3. *Beteiligte Fächer:* EDV-Klasse, Hauswirtschaftliche Versorgung
4. *Außerschulische Kooperationspartner:* Café Bleiberg (koscher), Jerusalemskirche
5. *Ablauf:* Am Anfang des Projekts steht eine Lehrerfortbildung in der Jerusalemskirche, bei der sich die Lehrer mit den Speisegesetzen in den drei Religionen auseinandersetzen. Die Schüler nehmen ihrerseits etwa einen Monat später in jener Kirche an einem Seminar mit dem Titel „Taste of heaven" teil, bei dem sie an zwei Tagen den Umgang mit Nahrungsmitteln im Judentum und Islam erforschen. Dabei beschränken sie sich nicht nur auf theoretische Hintergründe, sondern unternehmen eine Exkursion in ein koscheres Café und lernen auch etwas über jüdische Feste sowie über die Symbole und religiösen Zeugnisse des Judentums. Auch für den Islam steht ein Experte als Ansprechpartner für die Schüler bereit und erläutert ihnen die Speisevorschriften, die im Islam gelten. Dazu formulieren sie Fragen wie z. B.: „Wie entstand das Fasten?" Im Unterrichtsfach Hauswirtschaftliche Versorgung wird dann eine Unterrichtsreihe zum Thema durchgeführt. In einem Stationengespräch äußern sich die Schüler zum religiösen Einfluss der Esskultur unter folgenden Gesichtspunkten:
   1. Wo begegnet Ihnen in der Stadt Essen aus anderen Religionen?
   2. Kennen Sie persönlich Feste, an denen etwas „Besonderes" gegessen wird?
   3. Gibt es etwas zum Thema Essen, was Ihnen generell oder zu einem bestimmten Ereignis „heilig" oder „besonders wichtig" ist?
   Hier steht also die persönliche Sichtweise im Vordergrund.
   Im zweiten Block der Unterrichtsreihe beschäftigen sich die Schüler konkret mit den Speisegesetzen der drei Religionen. Sie können in diesem Schritt an bisher Erfahrenes anknüpfen und stellen ihr Wissen dann in Form einer Collage zusammen. Um dieses auch praktisch anzuwenden, sollen sie aus einer Auswahl von Lebensmitteln jene zusammenstellen, die „hallal/koscher" bzw. „haram" sind. In einem dritten Schritt verständigen sich die Schüler über geeignete Rezepte für ein Büfett der Begegnungen der drei Religionen. Die Rezepte selbst wählt die Lehrkraft vorher aus, um die Auswahl für die Schüler einzuschränken. Die schließlich ausgewählten Rezepte werden im EDV-Unterricht als Heft zusammengefasst, wodurch ein trialogisches Kochbuch entsteht, bei dem für den Benutzer direkt erkennbar wird, welches Gericht für Juden, Christen oder Muslime geeignet ist. Außerdem entwickelt die EDV-Klasse einen Flyer, der zum Abend der Begegnung einlädt.
6. *Bedenkenswertes:* Dieses Projekt ist an einer Haupt-/Realschule oder einem Gymnasium in der beschriebenen Form schwer durchführbar. Es fehlen adäquate Fächer, in denen eine solche Durchführung lehrplankonform überhaupt möglich ist. Es gäbe allerdings die Möglichkeit, dieses Projekt innerhalb einer Projektwoche

zu realisieren. Dabei wäre aber darauf zu achten, dass die Möglichkeit besteht, die ausgewählten Rezepte in einer Küche, die ausreichend Platz für die Schüler bietet, nachzukochen.

7. *Material:*

Die Berufsbildung der Hauswirtschaft im Trialog der Kulturen

Interkulturelles Lernen mit besonderem Blick auf religiös begründete Speisetraditionen bzw. Speisegesetze des Judentums, des Christentums und des Islams

Rezepte

Zusammengestellt und erarbeitet
von
Schülerinnen und Schülern der Emil-Fischer-Schule, Berlin

✡ Kaschruth- die jüdischen Speisegesetze ✡

Gläubige Juden essen nur, was koscher ist. Koscher heißt so viel wie „rein", „tauglich", zugelassen im Sinne der jüdischen Speisegesetze. Das Gegenteil von koscher heißt „treife" (unrein). Die jüdischen Speisegesetze werden Kaschruth genannt. Sie basieren auf der Torah, den fünf Büchern Moses im Alten Testament und anschließenden Auslegungen der Rabbiner. Durch die Einhaltung der Speisegesetze wollen die Gläubigen ihrer Seele und weniger der Gesundheit ihres Körpers dienen.

Was gilt bezüglich pflanzlichen Lebensmitteln?
Getreide ist als koscher anzusehen, allerdings kann der Zusatz von tierischen Fetten, Butter und Milchpulver in Getreideerzeugnissen problematisch sein, da Juden den Verzehr von Fleisch und Fleischerzeugnissen streng von der Aufnahme von Milch und Milchprodukten trennen.

Wein ist ein Getränk, welches bereits in der Bibel häufig erwähnt wird. Es wird aber auch dort ausdrücklich angemahnt, ihn in Maßen zu genießen. Um koscher zu sein, darf Wein nur von gläubigen Juden hergestellt worden sein.

Gemüse, Obst und Salat sind grundsätzlich koscher.

Welches Fleisch ist koscher?
Grundsätzlich ist nur Fleisch von Säugetieren, die gespaltene Klauen haben, Paarzeher sind und wiederkäuen (Rind, Lamm, Ziege, Reh, Hirsch) koscher.

Das Fleisch koscherer Tiere darf nur gegessen werden, wenn die Tiere geschächtet wurden. Schächten heißt, dass unter Aufsicht eines Rabbiners die Tiere von einem speziell ausgebildeten Schächter mit einem einzigen Schnitt getötet werden. Das Schächten ist mit einem schnellen Ausbluten des Körpers verbunden. Dieses ist für gläubige Juden wichtig, da ihnen der Verzehr von Blut strengstens verboten ist.

Geflügel, d.h. Huhn, Gans, Ente, Pute, Fasan und Tauben sind koscher, sofern es geschächtet wurde.

Bei der Verwendung von Eiern ist streng darauf zu achten, dass diese kein Blut enthalten. Daher müssen rohe Eier vor Verwendung in gesonderten Gefäßen aufgeschlagen werden.

Auszug aus dem Kochbuch

23. „Compassion im Trialog"

Durchgeführt von der Emil-Fischer-Schule, Berlin

1. *Klassenstufe:* Jahrgangsstufen 9–13
2. *Zeitlicher Umfang:* Flexibel von 1–3 Wochen (auch als Tagesexkursionen durchführbar)
3. *Beteiligte Fächer:* Religion
4. *Außerschulische Kooperationspartner:* Jüdisches und christliches Seniorenheim, muslimische Tagespflegeeinrichtung
5. *Ablauf:* In einem Modellversuch wird die Umsetzung des Compassion-Projekts als drei Tage umfassende Exkursion angelegt. Zudem fällt die Entscheidung, diese in Altenpflege- oder Pflegeheimen durchzuführen. Dabei steht zunächst nicht unbedingt der erlebnispädagogische Aspekt (Praktikum über einen längeren Zeitraum) im Vordergrund, sondern die Schüler sollen einen ersten Einblick in die besonderen Herausforderungen bekommen, die eine solche Einrichtung mit Blick auf den Umgang mit Religion und Religiosität leisten muss. Voraussetzung für ein solches Ziel ist, dass in der näheren Umgebung derartige Einrichtungen zu finden sind. Als Vorbereitung im Unterricht werden diese dann herausgesucht und von den Schülern selber oder der Lehrkraft angeschrieben, um grundsätzlich zu sehen, ob es für die Einrichtung möglich ist, Praktikanten oder Besucher aufzunehmen bzw. zu empfangen. Wenn drei oder auch mehrere Exkursionsziele erfolgreich gefunden wurden, kann die Erarbeitung von Frage- bzw. Erkundungsbögen beginnen. Dabei erfolgt die Schwerpunktsetzung individuell nach den Interessensgebieten der Schüler. Sollen spezielle Aspekte verglichen werden, beispielsweise der Umgang mit den Speisegesetzen in den drei Religionen, ist es sinnvoll, die Bögen für alle Einrichtungen ähnlich zu gestalten. Es besteht aber ebenso die Möglichkeit, Fragen zu entwerfen, die genau auf die Einrichtung abgestimmt sind, z. B. der Tagesablauf in einem Altenheim. Diese Fragen sollten alle im Vorfeld geklärt werden, um sich am Tag der Exkursion/des Praktikums voll auf die Sachinformationen konzentrieren zu können. Ebenfalls sollten vorher die Verhaltensregeln er- bzw. geklärt werden. Besonders in Altenheimen sollte sensibel mit den Bewohnern und ihren Gewohnheiten umgegangen werden. Sobald feste Termine vereinbart sind, kann das Projekt beginnen. Falls eine Tagesexkursion geplant ist, muss vorher noch die Gruppengröße festgelegt werden. Mit Blick auf die Besonderheiten eines Altenheimes kann dies auch in Abstimmung mit dem Pflegepersonal geschehen (damit nicht evtl. das Gefühl bei einigen Bewohnern aufkommt, dass zu sehr in ihre Privatsphäre eingedrungen wird). Auch muss beachtet werden, dass es bei bestimmten Einrichtungen schwierig wird, Fotos zu machen oder auch mit den Bewohnern ins Gespräch zu kommen. Darauf müssen besonders Schüler hingewiesen werden, die sich noch nicht näher mit dem Trialog auseinandergesetzt haben.

Nachdem dann alle Informationen gesammelt sind, werden diese im Unterricht ausgewertet und zusammengestellt, z. B. in Form von Postern oder Briefen. Wichtig ist ebenfalls, dass die Exkursion oder das Praktikum im Unterricht reflektiert wird.

6. *Bedenkenswertes:* Besonders in Einrichtungen mit alten Menschen ist eine hohe Sensibilität für deren Situation erforderlich. Das Thema Religion kann bei manchen zu aggressivem Verhalten führen und sollte daher unbedingt im Vorfeld mit dem Personal und den Pflegern angesprochen werden. Einen tiefer gehenden Einblick in das Leben der Menschen und welche Rolle die Religion darin spielt, zeigt sich oft erst nach einer längeren Visitationsphase. Dennoch gibt auch schon eine Tagesexkursion einen gewissen Einblick.

INFOBOX: COMPASSION

Das Compassion-Projekt ist angelegt als Sozialpraktikum und zielt auf ein sozialverpflichtendes Handeln auf Seiten der teilnehmenden Schüler. Sie besuchen dabei über einen bestimmten Zeitraum eine soziale Einrichtung und arbeiten dort nicht in erster Linie mit Blick auf eine mögliche Berufsperspektive, sondern ganz im Zeichen des sozialen Dienstes. Dabei wird der Aspekt des sozialen Lernens mit reflektierendem Unterricht verbunden. Die Erfahrungen in diesem Praktikum finden damit nicht abgetrennt vom Schulleben der Schüler statt, sondern werden im Unterricht thematisiert. So wird die Einsicht zur Notwendigkeit von sozialverantwortlichem Handeln ermöglicht. Die Schüler sind frei von jeglichem Zwang sich über das Praktikum hinaus in der Einrichtung zu engagieren. So kann ein entspannter und erfolgreicher Lernprozess stattfinden.

Das Projekt wurde 1994 ins Leben gerufen und gewinnt angesichts der zunehmenden Konzentration auf den einzelnen Menschen eine immer größer werdende Bedeutung für das soziale Miteinander.

Weiterführende Literatur
Kuld, L./Gönnheimer, S. 2000: Compassion. Sozialverpflichtetes Lernen und Handeln. Stuttgart
Kuld, L./Gönnheimer, S. (Hrsg.) 2004: Praxisbuch Compassion. Soziales Lernen an Schulen. Donauwörth

24. Entwicklung, Herstellung und Durchführung von Spielen (trialogischer Spieleabend)

Durchgeführt von der Emil-Fischer-Schule, Berlin

1. *Klassenstufe:* Jahrgangsstufen 10–13
2. *Zeitlicher Umfang:* 6 Wochen, inklusive 3 Projekttagen (organisiert von der Jerusalemkirche)
3. *Beteiligte Fächer:* Deutsch, Hauswirtschaftliche Versorgung, Betreuung, Betriebslehre
4. *Außerschulische Kooperationspartner:* Jerusalemkirche Berlin, Fachgeschäft für Spiele
5. *Ablauf:* Um sich dem doch recht schulfernen Thema des Brettspiels zu nähern, findet zunächst für die betreuenden Lehrer eine Fortbildung statt (in diesem Fall in einem Fachgeschäft für Spiele). An einem Spielenachmittag, an dem bekannte Brett- und Gesellschaftsspiele ausprobiert werden, suchen die Schüler erste Ideen zur Entwicklung von Lernspielen zum Trialog der Kulturen. Nach einer Phase der Erkundung der Gotteshäuser der drei Religionen werden notwendige Informationen über die Religionsgemeinschaften recherchiert und zusammengetragen. Besonders bei Spielen, die viele Sachinformationen bieten, wie z.B. „Frage und Antwort" oder „Reise durch den Trialog", werden diese benötigt. Um den Arbeitsprozess für alle Beteiligten offen zu gestalten, wird mit Ideenplakaten, auf denen Anregungen gesammelt werden, gearbeitet. Auf diese Weise können die Schüler eigene Entwürfe modifizieren und auch Mitschülern Hinweise oder Tipps für deren Spielideen geben. Um den Prozess der Ideenfindung erfolgreich und in kurzer Zeit zu gestalten, bietet sich hierbei die Durchführung eines oder auch mehrerer Projekttage an. Sobald die endgültigen Konzepte feststehen, wird an der Umsetzung gearbeitet. Da viele Spiele aus diversen Kleinteilen bestehen (Spielfiguren, Spielkarten, Würfel, Spielbrett), sollte der Ideenentwicklung entsprechend in Kleingruppen gearbeitet werden. So können die Schüler sich konzentriert mit „ihrem" Spiel beschäftigen. Bevor sämtliche Teile eines Spiels laminiert und damit zum häufigen Gebrauch tauglich gemacht werden, sollten einige Spieldurchläufe unternommen werden, um zu prüfen, ob das Spiel dem angedachten Konzept und Zweck entspricht oder ob an einer Stelle der Ablauf noch optimiert werden muss. Dabei stehen auch Aspekte im Vordergrund wie z.B. der zeitliche Rahmen: Ist ein Spiel in ca. zwei bis drei Stunden nicht abzuschließen, sollte der Spielablauf erneut überdacht werden. Eine gute Orientierung bieten dabei die „Originalspiele" wie Domino, Memory, Tabu oder Monopoly, die die Schüler hinsichtlich der Themen des Trialogs abwandeln können. Werden alle Spiele für tauglich befunden, können noch letzte Feinheiten vorgenommen werden (z.B. Laminierung). Die Präsentation der Spiele erfolgt an einem Spieleabend, zu dem auch die anderen Schüler, sowie interessierte Eltern oder Mitglieder des Schulkollegiums eingeladen werden können.

6. *Bedenkenswertes:* Dieses Projekt bietet den Vorteil, dass, bedingt durch die Spielauswahl, unterschiedliche Schwierigkeitsstufen für die Lerngruppe angeboten bzw. durchgeführt werden können. So lassen sich Spiele wie Memory oder Domino leichter abwandeln als komplexere Spiele wie „Die Siedler von Catan". Die inhaltliche Seite spielt immer eine wichtige Rolle, jedoch kann der Umfang durch die vorherige Auswahl der Spiele gut gesteuert werden.

Beachtet werden muss allerdings, dass die Schüler nicht allzu viel Mühe auf die kleinsten Details verwenden und so den inhaltlichen Aspekt vernachlässigen. So müssen die Spielkarten nicht unbedingt mit ausschweifenden Verzierungen versehen werden. Im Fokus sollten immer die Ausrichtung auf die inhaltliche Korrektheit und die Spielbarkeit stehen.

7. *Material:*

Reise durch den Trialog

Für 2 – 4 Spieler
Ab 10 Jahre

Zubehör

   1 Spielplan
120 Straßen (rot, blau, grün, gelb)
 25 religiöse Ortskarten
  4 Spielfiguren
  4 Spielmotorräder
  4 Schlüssel
  1 Spielanleitung
 64 Frage- und Antwortkarten (Judentum, Christentum, Islam)
  1 Farbwürfel

Vorbereitung

▸ Der Spielplan wird ausgebreitet.
▸ Jeder Spieler wählt seine Spielfarbe (rot, gelb, grün, blau), stellt seinen Startstein vor sich hin und setzt sein Motorrad als Punkteanzeiger auf den Parkplatz.
▸ Die 120 Straßen werden unter den vier Spielern aufgeteilt (jeder bekommt 30 Straßen von seiner Spielfarbe).
▸ Jeder Spieler erhält einen Schlüssel als Joker.
▸ Alle 25 religiösen Ortskarten werden gemischt und mit der Rückseite nach oben abgelegt. Jeder Spieler zieht vier Ortskarten und sieht sie sich geheim an.
▸ Der jüngste Mitspieler startet mit dem Spiel.

Ziel des Spieles

Ziel ist es, seine vier religiösen Orte mit Straßen zu verbinden. Sobald einem Spieler das gelungen ist, endet ein Durchgang. Die anderen Spieler verlieren Punkte. Gewonnen hat der, der nach mehreren Durchgängen die meisten Punkte übrig hat.

Ablauf eines Durchgangs

▸ Der Startspieler beginnt.

▸ Im ersten Spielzug setzt jeder Spieler seine Spielfigur auf einen beliebigen unbesetzten Kreuzungspunkt. Dies darf auch ein religiöser Ort sein. Der Startstein ist der Ausgangspunkt für das eigene Straßennetz.

Straßenbau

▸ Der Spieler, der an der Reihe ist, würfelt. Die Person gegenüber nimmt eine Fragekarte in der Farbe, die gewürfelt wurde, und stellt die Frage.

▸ Würfelt man eine andere Farbe außer gelb, rot, grün und blau, darf man sich eine Fragekarte aussuchen (also eine Religion).

▸ Bei richtig beantworteter Frage darf man 1 – 2 Straßen bauen.

▸ Bei einer falsch beantworteten Frage darf man keine Straße bauen und der Nächste ist an der Reihe.

▸ Bei einer falsch beantworteten Frage darf der Schlüssel als Joker abgegeben werden. Dann darf man trotzdem eine Straße bauen.

▸ Jeder Spieler darf seine Straße nur an seinen Startstein oder an sein Straßennetz anlegen.

Anmerkungen

Spieler dürfen ihre Straßennetze miteinander verbinden und es wie ihr eigenes Netz nutzen.

Ende eines Durchgangs

Nachdem ein Spieler seine vier religiösen Orte verbunden hat, endet der Durchgang. Ausnahmen:

▸ Wenn ein Spieler seine erste Straße legt und damit den vierten religiösen Ort eines oder mehrerer Mitspieler anschließt, darf er noch seine zweite Straße legen, bevor der Durchgang endet. Gewonnen hat der Spieler, der gerade an der Reihe ist und seinen letzten Ort erreicht hat.

▸ Extrem selten: Der Durchgang endet auch, wenn alle 120 Straßen verbaut worden sind.

Wertung eines Durchgangs

▸ Die Spieler, die noch nicht alle ihre religiösen Orte miteinander verbunden haben, verlieren Punkte für jeden fehlenden Ort.

▸ Man bekommt einen Minuspunkt für jede übrig gebliebene Karte mit den religiösen Orten, die man noch nicht erreicht hat.

▸ Für jeden Minuspunkt zieht der Spieler sein Motorrad ein Feld weiter in Richtung Schrottplatz.

▸ Motorräder dürfen auf demselben Feld stehen und aneinander vorbeiziehen.

Vorbereitung des nächsten Durchgangs

▸ Alle Straßen werden vom Spielfeld geräumt.

▸ Jeder Spieler erhält seinen Startstein zurück.

▸ Die 25 religiösen Ortskarten werden gut gemischt.

▸ Jeder Spieler nimmt sich erneut vier religiöse Ortskarten.

Ende des Spiels

▸ Das Spiel endet nach mehreren Durchgängen, sobald mindestens ein Spieler den Schrottplatz erreicht hat.

▸ Wer die meisten Punkte übrig hat, gewinnt.

▸ Bei Gleichstand können sich mehrere Spieler über den Sieg freuen.

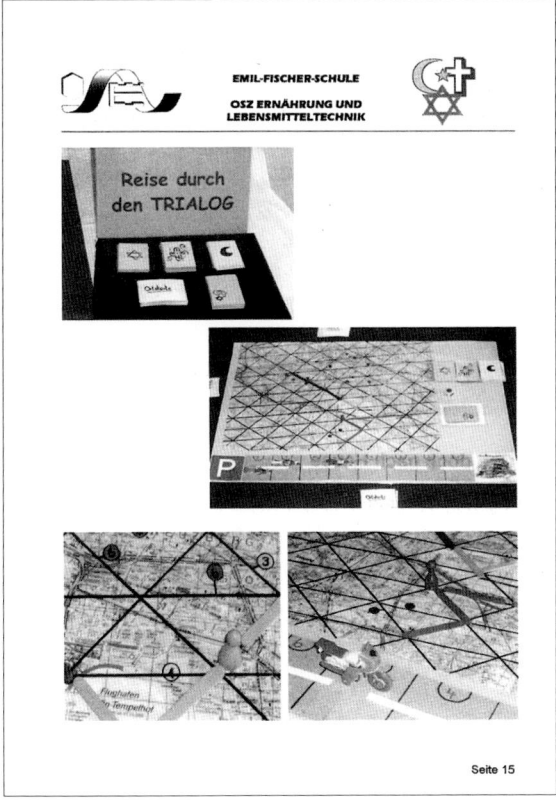

Auszüge aus der Spielanleitung

25. Entwicklung und Aufführung eines trialogischen Theaterstücks
Durchgeführt von der Emil-Fischer-Schule, Berlin

1. *Klassenstufe:* Jahrgangsstufe 12
2. *Zeitlicher Umfang:* 3 Unterrichtsstunden pro Woche verteilt über das gesamte Schuljahr
3. *Beteiligte Fächer:* Darstellendes Spiel, unterstützt durch Berufsausbildungsgänge bei der Erstellung der Kostüme und des Caterings
4. *Außerschulische Kooperationspartner:* Freie Autorin, Berliner Stadtreinigungsbetriebe, Film- und Theaterausstattung Berlin
5. *Ablauf:* Ausgehend von einem Grundanliegen des Faches Darstellendes Spiel (Reflexion von Themen auf einer Metaebene) entsteht bei den Schülern des Kurses die Idee, die drei monotheistischen Religionen zu behandeln, ohne dass dabei Vertreter dieser Gemeinschaften auftreten. Die Positionen und Probleme, die die Religionen heute in der Welt haben, sollen daher von den antiken Göttern des griechischen Olymps reflektiert werden. Um diese thematische Basis mit weiterem Inhalt zu füllen, formulieren die Schüler zunächst Fragen, die für das Stück leitend sein sollen: Welche Informationen über die drei Religionen sind wichtig und sollen dargestellt werden? Damit beginnt die Phase der Recherche, während der sich auch immer neue thematische Denkanstöße ergeben und sich die Struktur des Stückes langsam herauskristallisiert. Parallel geschieht dann zunächst die grobe Erarbeitung des Handlungsganges, der durch die immer umfangreicher werdenden Informations- und Wissensquellen in seinen Details spezifischer ausgearbeitet wird. Auch die im Stück auftretenden Rollen, also der prominente Stab des griechischen Olymps, erhalten auf diese Art ihren charakterlichen Feinschliff. Die Arbeitsformen können dabei auf verschiedenste Weise gewählt werden: die Recherche in Einzelarbeit quasi als Hausaufgaben; die Erarbeitung der Rollen in Partnerarbeit nach vorheriger Festlegung von beispielsweise zwei Schülern, die sich während der gesamten Arbeitsprozesse voll und ganz der Entwicklung dieser einen Rolle widmen; der grobe Handlungsablauf im Plenum, nachdem vorher in Kleingruppen erste Vorschläge gesammelt und präsentiert wurden.

Der auf diese Weise sechs Monate andauernde Erarbeitungsprozess wird von einem freien Autor begleitet, dessen Aufgabe es ist, den vorgegebenen Ablauf zu dialogisieren. Dabei geht es besonders um die sprachlichen Feinheiten und auch einige amüsante Stellen, um die Aufführung für das Publikum unterhaltsam zu gestalten. Dadurch, dass der Autor den Prozess konsequent begleitet, kann er die Ideen und Anregungen der Schüler direkt umsetzen und erhält auch umgekehrt ein spontanes Feedback der Schreibenden. Auf diese Weise können Zeit gespart und neue inhaltliche Anstöße umgesetzt werden. Wenn das Stück in seiner Endform vorliegt, beginnen die eigentlichen Proben. Diese Phase braucht unter Umständen nicht so viel Zeit wie die Einübung eines für die Schüler fremden Theaterstücks. Dabei muss allerdings bedacht werden, dass Kostüme angefertigt oder ausgeliehen werden müssen und auch logistische Aufgaben für eine erfolgreiche Aufführung auf den Kurs zukommen. Für ein Theaterstück benötigt man einen geeigneten Aufführungsraum oder -saal, das entsprechende Licht, eventuell auch Technik für Mikrophone, Bühnenbildner, Requisite, Helfer für den Kartenverkauf usw. Wird für die Probenphase kein langer Zeitraum angestrebt, sollten diese wichtigen Anliegen frühzeitig geklärt sein.

6. *Bedenkenswertes:* Wenn ein Kurs sich dazu entschließt, ein Theaterstück selbst zu schreiben, und dabei Hilfe von Außenstehenden in Anspruch nimmt, stellt sich in solchen Fällen immer die Frage nach den Urheberrechten. Ebenso muss die Frage nach dem Rechteschutz bei solchen Aufführungen diskutiert werden: Was passiert also, wenn eine Schule die Idee oder auch ganze Handlungsteile übernimmt? Bei wem liegen letztlich die Rechte, wenn eine Wiederaufnahme des Stückes an der eigenen Schule geplant ist? Diese Aspekte sollten vor einer Zusammenarbeit geklärt und eventuell juristisch festgehalten werden, damit im Nachhinein keine Probleme entstehen.

Einen zweiten wichtigen und bedenkenswerten Aspekt bildet die Finanzierung. Wird mit einem Autor eine Kooperation angestrebt, sollte geklärt werden, von welcher Stelle das Honorar getragen wird. Hier besteht die Möglichkeit, nach externen Sponsoren zu suchen, die einen Teil oder auch die gesamte Finanzierung übernehmen. In einer Großstadt wie Berlin kann auch eine Kooperation mit einem Kostümausstatter für Theaterproduktionen als Finanzierungshilfe in Betracht gezogen werden. Auf jeden Fall werden für eine solche Produktion helfende Hände nötig sein, insbesondere dann, wenn auch, wie bei der Emil-Fischer-Schule geschehen, ein Catering stattfinden soll.

7. *Material:*

Glauben Sie doch, was Sie wollen! (Inhaltsangabe)

„Göttervater mit vier Buchstaben?" Stille auf dem Olymp. Keinem der anwesenden Götter will die Antwort einfallen – Zeus ist empört. Und dann auch noch die Nachricht von Hermes, dass auf Erden andere Religionen den griechischen Göttern den Rang ablaufen. Ganz vorne mit dabei die drei großen monotheistischen Religionen: Judentum, Christentum, Islam – sie sind bei den Menschen so beliebt, dass ihretwegen sogar Kriege geführt werden und dies nicht selten gegeneinander, obgleich gerade diese drei doch so viel gemeinsam haben. Während Athene den Trialog der Religionen anstrebt, um die Menschheit zu vereinen, plant Zeus das Comeback der griechischen Götter.

Doch zunächst muss eruiert werden, was die Menschen zur Abkehr vom griechischen Götterglauben hin zu der Konkurrenz bewegt hat. Der borniertе Zeus muss sich die Frage stellen: „Was haben die, was ich nicht habe?"

Die Antwort darauf ist schnell gefunden. Seltsamerweise von den Dreien, denen man ein solches Wissen nicht zugetraut hätte. Hermes, Ares und Aphrodite kennen sich in den drei großen monotheistischen Religionen verdächtig gut aus, denn die drei Abtrünnigen haben sich auf Jobangebote anderer Glaubensrichtungen beworben und sind von „ihrer" Religion begeistert. Hera und Athene wissen, wie man sich diese Informationen zu Nutze machen kann, und die Götterschar entwirft gemeinsam ein „Religionsparteiprogramm", in dem die Vorteile der Konkurrenz aufgenommen und die unangenehmen Faktoren wie Buße, Demut oder Hölle weggelassen werden. Unter dem Motto: „Glauben Sie, was Sie wollen!" wird das neue Produkt am Objekt Mensch getestet. Das Versuchskaninchen ist ein Müllmann als Repräsentant des Durchschnittsmenschen …

Aus der Aufführung

26. Vergleich von Bautechnik bzw. Körperpflege in den drei Religionen
Durchgeführt von der Adolf-Reichwein-Schule, Marburg

1. *Klassenstufe:* Jahrgangsstufen 11–13
2. *Zeitlicher Umfang:* 2–3 Monate, inklusive Projekttag
3. *Beteiligte Fächer:* Religion, Chemie, Berufsbildender Lernbereich (Berufsfeld Körperpflege)
4. *Außerschulische Kooperationspartner:* Runder Tisch der Religionen Marburg, Jüdische Gemeinde Marburg, Pfarrgemeinde „St. Johannes Evangelist"
5. *Ablauf: 1. Duft der Religion(en):* Die Lerngruppe stellt sich zu Beginn des Projektes zunächst folgende Frage: „Was haben die drei monotheistischen Religionen mit uns, mit unserem zukünftigen Beruf (Chemie) zu tun?" Um das Thema näher einzugrenzen, wird nach einem Brainstorming („Was hält die Welt zusammen?", „Wie schmecken und riechen Religionen?") und einer unspezifischen Internetsuche die Frage nach dem Duft der Religionen als Leitgedanke des Projektes festgelegt. Dabei wird nicht nur zwischen den Chemie- und Religions-/Ethikkursen kooperiert, sondern angesichts des Themas wird noch die Jahrgangsstufe 12 miteinbezogen. Die Erarbeitung geschieht also parallel in den Religions- und Chemiekursen. Im Religionsunterricht werden Gruppen gebildet, die die (rituelle) Bedeutung von Düften im Judentum, Christentum und Islam recherchieren. Innerhalb der Gruppen organisieren sich die Schüler über weite Teile selbstständig, d. h., dass sie ihr Material sichten, auswerten und für die anderen Gruppen anschaulich präsentieren. Dies kann in Form einer Wandzeitung, Fotocollage oder eines Plakats geschehen. Sollen die Arbeitsergebnisse z. B. auf einem Projekttag ausgestellt werden, können die Schüler dies bei entsprechenden Fähigkeiten auch digital mithilfe eines Computerprogramms bewerkstelligen. Damit die anderen Mitglieder der Lerngruppe auch über den „Forschungsstand" der anderen informiert sind, wird zwischendurch immer wieder eine Gruppensitzung angestrebt, in der das gesammelte Material oder auch die Planung zur Präsentation von allen diskutiert wird. Dadurch, dass dies jahrgangsübergreifend geschieht, können Fragen auch fachlich aus verschiedenen Perspektiven diskutiert werden. Außerdem können so bei einem Thema, das alle drei Religionen betrifft (z. B. Weihrauch), Aspekte verglichen werden („Wo setzt das Christentum/Judentum, der Islam Weihrauch ein? Welche Bedeutung hat er in den drei Religionen?"). Im Chemieunterricht werden äquivalent zum Religionsunterricht ebenfalls Gruppen gebildet, die folgende Arbeitsaufträge erarbeiten:
   1. Orientalische Gewürze: Isolierung und Identifizierung der Inhaltsstoffe, Erstellung einer Riechorgel;
   2. Besamin-Büchse: Isolierung und Identifikation der Inhaltsstoffe;
   3. Weihrauch: Isolierung und Identifikation der Inhaltsstoffe;
   4. Räucherstäbchen: Isolierung und Identifikation der Inhaltsstoffe.

Um ihre Ergebnisse am Projekttag zu präsentieren, haben die Schüler den Auftrag, ihre Projektthemen anschaulich darzustellen. Dafür werden Wandzeitungen erstellt, die Informationen zur chemischen Zusammensetzung der duftenden Bestandteile des Stoffes beinhalten ebenso wie eine Darstellung der durchgeführten Versuche und deren Ergebnisse. Am Projekttag selbst werden dann die Resultate beider Lerngruppen (Chemie- und Religionskurse) zu einer kulturell-wissenschaftlichen Ausstellung zusammengetragen.

2. *Kunst auf der Haut:* Ähnlich zur thematischen Aufteilung des Projektes „Duft der Religion(en)" werden auch hier Arbeitsphasen parallel im berufsbildenden Lernbereich und im Religionsunterricht angesetzt. Die theoretische Ausrichtung findet dabei im Religionsunterricht statt. Es werden den drei Religionen entsprechend drei Gruppen gebildet, die sich mit der rituellen/kulturellen Bedeutung der Gestaltung der Haut/des Körpers im Judentum, Christentum und Islam auseinandersetzen. Ausgehend von den Stichworten „Tätowierung", „Henna" und der Verwendung von Kosmetika wird in den Arbeitsgruppen recherchiert. Dabei steht auch die geschichtliche Entwicklung im Vordergrund ebenso wie die Anwendung bzw. Ablehnung der zuvor genannten Stichworte und deren Praxis (z. B. „Gibt oder gab es im Islam eine Tradition der Körperbemalung mit Henna?", „Falls ja, welche Traditionen und Ausprägungen sind erkennbar?" usw.). Zudem werden die möglichen Gemeinsamkeiten wie auch Unterschiede diesbezüglich zwischen den drei Religionen recherchiert und diskutiert. Als zusätzliche Informationsquelle und authentische Ansprechpartner werden Expertenbefragungen durchgeführt.

Zwischendurch werden wie bei „Duft der Religion(en)" Arbeitsphasen durchgeführt, bei denen sich die unterschiedlichen Gruppen über ihre bisherigen Ergebnisse unterrichten und auch darüber diskutieren. Nach Sichtung, Aufbereitung und abschließender Diskussion werden die Arbeitsergebnisse in Form einer Wandzeitung zusammengestellt. Im berufsbildenden Lernbereich werden vier Gruppen gebildet, die sich den folgenden Themen widmen:

1. Die Henna-Pflanze: Verbreitung, Anbau, verschiedene Sorten, Produkte auf dem deutschen Markt;
2. Henna-Produkte in der Praxis: Farbgebung, Hautverträglichkeit, Anwendungsmöglichkeiten, Haltbarkeit;
3. Henna-Malerei: Bedeutung einzelner Motive;
4. Dokumentation des Projektes.

In diesen Gruppen erarbeiten die Schüler die Themen und präsentieren ihre Ergebnisse am Schluss mit Wandzeitungen, Mindmaps oder Fotodokumentationen. Die Dokumentationsgruppe beobachtet dabei den gesamten Arbeitsprozess, sodass die Schüler in der Lage sind zurückzuverfolgen, welche Arbeitsschritte verbessert werden können. So kann schnell eine Rückmeldung erfolgen, die zu einem erfolgreichen Endergebnis verhilft. Zudem kann die Dokumentationsgruppe die Arbeit der drei Gruppen gut vernetzen und verbinden bzw. Parallelen herstellen. So profitieren alle Beteiligten von der Arbeit der jeweiligen Gruppen. Auf dem Projekttag werden die Resultate der Arbeitsphasen beider Kurse präsentiert.

6. *Bedenkenswertes:* Wenn wie hier mehrere Lerngruppen an einem Projekt arbeiten, sollte eine Phase des Austauschs gewährleistet werden, um eine Vernetzung von Theorie und Praxis bei den Schülern zu ermöglichen. Eine kompetente inhaltliche Begleitung sollte bei diesem sehr speziellen Thema auf jeden Fall gegeben sein. Besonders da der Umgang mit Henna insofern nachhaltig ist, als dass bei längerer Einwirkzeit die Kunst auf der Haut über mehrere Wochen sichtbar ist. Ein vorsichtiger und kompetenter Umgang ist daher unerlässlich.

Soll die Präsentation am Computer vorbereitet werden, müssten zudem Möglichkeiten und Fähigkeiten zum sachgerechten EDV-Umgang bestehen.

7. *Material:*

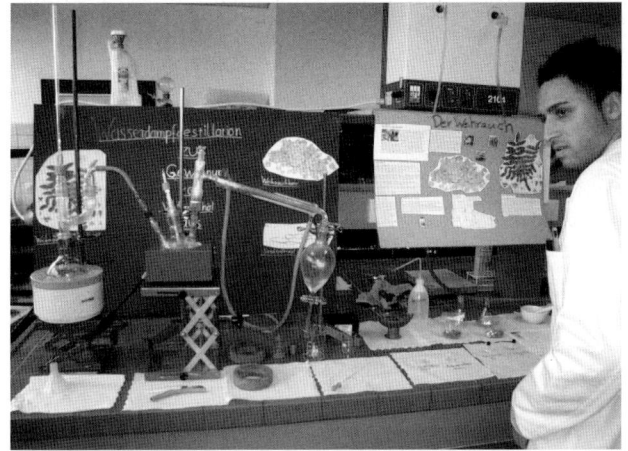

Chemieaufbau

Hennaschablone

Zweite Deutsch-Türkische Lehrerakademie der Herbert Quandt-Stiftung im Jahr 2009 in Berlin

Jurysitzung der Herbert-Quandt-Stiftung im Jahr 2008 in Bad Homburg v.d.H.

Quellenverzeichnis

Bildquellenverzeichnis
S. 15, 23, 55, 91–93, 152, 228, 254 Herbert Quandt-Stiftung, Bad Homburg v.d.H.; S. 96, 123, 129, 178 (o. l.), 180, 188 Clauß Peter Sajak, Haltern am See; S. 94 M. Fichtner, Wetter; S. 98 Christian Wirth Schule, Usingen; S. 100 Dr. Wolfgang Geiger, Frankfurt a. M.; S. 102 Elbe-Schule, Berlin; S. 103 René Fleischmann, Berlin; S. 106 Emil-Fischer-Schule, Berlin; S. 109 Peter Poloczeck, Frankfurt a. M.; S. 111 Dr. Jürgen Stein, Frankfurt a. M.; S. 113 Gesamtschule am Gluckenstein, Bad Homburg v.d.H.; S. 115 Maria Jauregui Ponte, Berlin; S. 117 Lessing-Gymnasium, Berlin; S. 119 Thomas Giesa für Martin-Luther-Gymnasium, Eisenach; S. 121 Maria Jauregui Ponte, Berlin; S. 125 Werner Nissel für Ricarda-Huch-Schule, Gießen; S. 127 Elmar Gerhart, Alzenau; S. 131 Wald-Oberschule, Berlin; S. 133 Thomas Schwarze für Wilhelm-Heinrich-von-Riehl-Schule, Wiesbaden; S. 178 Silvia Maria Isermann, Münster; S. 180 Uwe Ebert, Bad Vilbel; S. 185 Silvia Maria Isermann, Münster; S. 190 f. Regenbogen-Schule, Berlin; S. 193 Regenbogen-Schule, Berlin; S. 195 Gesamtschule am Gluckenstein, Bad Homburg v.d.H.; S. 201 f. Andreas Drescher, Mainz; S. 204 Elmar Gerhart, Alzenau; S. 211 Silvia Maria Isermann, Münster; S. 213 f. Gemälde © Hans Hinz – ARTOTHEK; S. 214 „Normannen, Ungarn und Araber vom 8. bis 10. Jahrhundert", Putzger, Historischer Weltatlas Cornelsen Verlag 2001; S. 226 Königin-Luise-Stiftung, Berlin; Dr. Karim Hassan, Falkensee; S. 237 f. Lessing Gymnasium, Berlin; S. 247 Emil-Fischer-Schule, Berlin; S. 250 Emil-Fischer-Schule, Berlin; S. 253 Carsten Keil, Weimar; Mathias Rine, Gladenbach; Cover: Clauß Peter Sajak, Haltern am See

Textquellenverzeichnis
S. 183 René Fleischmann, Berlin; S. 196 Gesamtschule am Gluckenstein, Band Homburg v.d.H.; S. 198 Ricarda-Huch-Schule, Gießen; S. 201 f. Andreas Drescher, Mainz; S. 206 Thomas Schwarze für Wilhelm-Heinrich-von-Riehl-Schule, Wiesbaden; S. 208 f. Wilhelm-Heinrich-von-Riehl-Schule, Wiesbaden; S. 216–222 Anja Joudon, Bad Vilbel; S. 224 Silvia Agde-Becke, Bad Nauheim; S. 233–235 Dr. T. Angert, Bad Nauheim; S. 237 f. Dr. Karim Hassan, Falkensee; S. 240 f. und 245–247 Emil-Fischer-Schule, Berlin

Musik auf der DVD
Hintergrundmusik Arno Bühler; „Aus Spiel wird Ernst", Matthias Goldbeck-Löwe; „Jeder knüpft am eigenen Netz", Peter Janssens, Hans Jürgen Netz (Text); „Wir singen vor Freude, das Fest beginnt", Peter Janssens, Eckart Bücken (Text); „A city called heaven", domain public

Verzeichnis der Autorinnen und Autoren

Silvia Agde-Becke ist Lehrerin am Georg-Büchner-Gymnasium, Bad Vilbel.

Prof. Dr. Bärbel Beinhauer-Köhler lehrt Religionswissenschaft am Fachbereich Evangelische Theologie der Johann Wolfgang Goethe-Universität, Frankfurt a. M.

Alexa Brum ist Direktorin der I. E. Lichtigfeld-Schule im Philanthropin, Frankfurt a. M.

Prof. Barbara John war Ausländerbeauftragte des Berliner Senats von 1981-2003 und ist jetzt Koordinatorin für Sprachförderung bei der Senatsverwaltung für Bildung, Wissenschaft und Forschung, Berlin.

Dr. Albrecht Graf von Kalnein war bis 2009 Vorstand der Herbert Quandt-Stiftung, Bad Homburg.

Karina Lajchter war Lehrerin an der Mildred-Harnack-Schule, Berlin, und ist jetzt in Bremen am Hermann-Böse-Gymnasium tätig.

Dr. Roland Löffler ist Themenfeldleiter „Trialog der Kulturen" bei der Herbert Quandt-Stiftung, Bad Homburg.

Rabeya Müller ist Leiterin des Instituts für Interreligiöse Pädagogik und Didaktik, Köln.

Ann-Kathrin Muth ist Wissenschaftliche Mitarbeiterin am Lehrstuhl für Religionspädagogik – Schwerpunkt Schulischer Religionsunterricht – an der Katholisch-Theologischen Fakultät der Westfälischen Wilhelms-Universität, Münster.

Annette Nawroth ist Lehrerin an der Emil-Fischer-Schule, Berlin.

Angelika Pantel ist stellvertretende Leiterin des Themenfeldes „Trialog der Kulturen" bei der Herbert Quandt-Stiftung, Berlin.

Prof. Dr. Clauß Peter Sajak lehrt Religionspädagogik – Schwerpunkt Schulischer Religionsunterricht – an der Katholisch-Theologischen Fakultät der Westfälischen Wilhelms-Universität, Münster.

Prof. Dr. Stefan Schreiner lehrt Religionswissenschaft und Judaistik an der Eberhard-Karls-Universität, Tübingen.

Dr. Jürgen Stein ist Lehrer am Georg-Büchner-Gymnasium, Bad Vilbel.

Prof. Dr. Wolfram Weiße lehrt Erziehungswissenschaft an der Universität Hamburg und ist Direktor des „Interdisziplinären Zentrums Weltreligionen im Dialog".